CRISTINA

2017

Hijos y padres felices

ALBERTO SOLER
CONCEPCIÓN ROGER

Hijos y padres felices

Cómo disfrutar la crianza

KAILAS

KNF24

Puedes contactar con el autor mediante correo electrónico en alberto@albertosoler.es, en Twitter: @asolers, y en Facebook: facebook.com/psicologovalencia.

Hijos y padres felices

Calle Tutor, 51, 7. 28008 Madrid
kailas@kailas.es

Diseño de cubierta: Rafael Ricoy
Diseño interior y maquetación: Luis Brea Martínez

ISBN: 978-84-16523-95-5
Depósito Legal: M-26330-2017

Impreso en Artes Gráficas Cofás, S. A.

www.kailas.es
www.twitter.com/kailaseditorial
www.facebook.com/KailasEditorial

Impreso en España — *Printed in Spain*

Índice

A Koke y Sía

Prólogo

Un libro que propone *Momo* como una de las referencias bibliográficas recomendadas es un libro que sencillamente hay que leer sin falta. Kontxín y Alberto, como Michael Ende, nos hacen comprender que el tiempo invertido en la bondad, en el cariño, en el afecto o (en sus palabras) en el «apego seguro», jamás es tiempo perdido, sino más bien ganado. Debemos abrazar a nuestros hijos a menudo con nuestro cuerpo, pero también con nuestro tiempo. Y alejarnos, también, de cualquier entorno que dé la espalda a la infancia, tal y como detallan en el capítulo «El reto de criar niños felices en una sociedad compleja». En su libro también comprenderemos que el aspecto físico y el cerebro de nuestros hijos cambian a una velocidad tan rápida que «si parpadeamos nos lo perdemos». En los primeros años, nos explican, «somos testigos privilegiados de [...] una auténtica colección de primeras veces». Les doy la razón, pero añado que tras dieciocho años como padre todavía hoy siento que con mis tres hijas sigo siendo testigo privilegiado de tan bonita colección.

Llegados a este punto, seguro que alguien se está preguntando qué hace un nutricionista prologando un libro de psicología y educación infantil. Yo mismo me lo pregunto, la verdad.

Recibí la noticia con alegría, sorpresa y sintiéndome, desde luego, muy afortunado. Muchas gracias de nuevo, admirados amigos. El caso es que probablemente estoy redactando este prólogo por el enfoque respetuoso con el que abordé mi libro *Se me hace bola*. Pero quizá escribo estas líneas porque antes que nutricionista soy un padre que siente un amor por sus hijas que, aunque parezca increíble, crece exponencialmente con el paso del tiempo. Quizá, también porque soy un esposo enamorado, mucho, de mi mujer, Olga Ayllón. Olga es alguien tan especial como Momo, a quien intento cuidar como un tesoro, entre otros motivos porque amar a nuestra pareja es la mejor manera de que nuestros hijos se sientan merecedores de un amor semejante. No soy el único que piensa así: Kontxín y Alberto nos explican que «el cuidado de la pareja es necesario también para los hijos». Pero además nos dan pistas para lograr afinar las distintas cuerdas del violín que da música a la familia: cuidarnos, cuidar a nuestra pareja, cuidar a nuestros hijos... e incluso recibir de nuestra pareja y de nuestros hijos los cuidados que necesitamos.

¿Por qué hace falta este libro? Por muchas razones, pero enumeraré cuatro. La primera es que nos han hecho creer, erróneamente, que educar a nuestros hijos pasa por huir de la «sobreprotección» como de un incendio y seguir las normas no escritas (incluso algunas, por desgracia, escritas) de una sociedad competitiva para dormir, para dar el pecho o el biberón, para quitar el pañal, para leer, para evitar rabietas, para comer o incluso para jugar. Unas normas que pueden tener consecuencias negativas para la salud física y mental del niño, dicho sea de paso. La segunda razón es porque nos faltan modelos de crianza respetuosa y de parejas que de verdad se quieran y se respeten. De parejas que entiendan que cuanto más damos al otro, más crecemos y más ganamos todos. Otra razón más: nos ayudarán a entender que más que criar exquisitamente bien a nuestros hijos, lo más importante es no hacerlo muy mal. A mí, por ejemplo, tras leer el libro me ha quedado muy claro lo peligroso que es un «estilo parental autoritario». No entiendo por qué hay tanta gente proclamando bondades de la obediencia ciega. ¿Acaso quieren un mundo lleno de niños ciegos a sus necesidades, a sus aspiraciones, a su «yo» más profundo? Y la cuarta razón (insisto: seguro que hay más) es que nos rodean, silenciosos y fríos como los hombres grises, charlatanes que quieren encasquetarnos peligrosos métodos, productos «naturales» o incluso fármacos para tratar supuestos problemas de nuestros hijos que en realidad no existen. Nada mejor que dos buenos psicólogos para desenmascarar sus tretas, con frases lapidarias como «lo que es normal no se cura».

Y hablando de charlatanes, hace unos días compartí en mi cuenta de Twitter la siguiente ocurrencia: «Nueva expresión: sufres más que un nutricionista en la sección "alimentos infantiles" de un supermercado». Lo explico porque el psicólogo Victor Amat no tardó en responder: «O más que un psicólogo en la sección de autoayuda». Comenté la anécdota poco después con Alberto Soler y, con su contagiosa alegría, me explicó la resignación con la que viven los buenos psicólogos el hecho de encontrar en las librerías obras de referencia de psicología mezcladas con engendros peligrosos (*Terapia Gerson. Cura del Cáncer y Otras Enfermedades Crónicas* —no, no me lo he inventado—) casi siempre muy cerquita de la sección de esoterismo. Espero que los libreros o los bibliotecarios cometan el acierto de clasificar *Hijos y padres felices* en el grupo de los buenos libros, es decir, entre las referencias ineludibles de psicología infantil.

Porque si bien es cierto que hay quien escribe para amasar una fortuna, para ganar fama inmortal, para menoscabar a sus rivales o simplemente para cultivar su ego, también es verdad que hay quien lo hace porque cree que vale la pena el tremendo esfuerzo que supone crear un libro si ello va a servir para mejorar este muy mejorable mundo. Lo bueno del caso es que quien pertenece a este segundo supuesto no suele perseguir enriquecerse a costa de los demás, trepar en la escala social usando de peldaños a espectadores ingenuos, y mucho menos contemplar su reflejo en un espejo mágico mientras este le responde «Usted, majestad, es el escritor más célebre y con más seguidores en Facebook de este reino». Basta una ojeada (u hojeada) a *Hijos y padres felices* para comprender que ni Kontxín ni Alberto han dedicado muchísimas horas bisiestas a escribir esta joya para forrarse, para fanatizar a las masas o por narcisismo. Solo pretenden compartir sus conocimientos, sin más. Unos conocimientos, por cierto, que no surgen solo de estudiar largas carreras universitarias, de navegar en la literatura científica, de publicar complicadas investigaciones o de leer sesudos tratados, sino también de su sabiduría innata, de su sentido crítico, de su criterio forjado en el horno de la escucha sin prejuicio, del amor que profesan el uno por el otro, por los niños en general y por sus hijos en particular.

Casi acabo. Allá por el año 2005, el magnífico pediatra Luis Ruiz me encargó traducir un libro publicado conjuntamente por la Organización Mundial de la Salud y UNICEF titulado *Feeding and nutrition of infants and young children* (Alimentación y nutrición de bebés y niños pequeños). Cosas que pasan, al final la traducción no vio la luz, pero no importa, porque aprendí muchísimo. Aprendí, por ejemplo, que los dos o tres primeros años de vida de un niño son «los más cruciales para el normal desarrollo físico y mental». De esos delicados años, precisamente, hablan con maestría Kontxín y Alberto, y por ello merecen toda la admiración. Cuidar la infancia es cuidar el mundo entero.

Les dejo con este libro tan útil para los que estamos dispuestos a dudar y a aprender. No olviden leerlo siguiendo la norma de la tortuga Casiopea: cuanto más lento, más rápido.

JULIO BASULTO
www.juliobasulto.com

Introducción

«La vida es lo que te pasa mientras estás
ocupado haciendo otros planes».
John Lennon

Es complicado pensar en la felicidad; cuando lo hacemos, o bien la proyectamos hacia el futuro, o bien la recordamos al repasar ciertos momentos que ya hemos vivido. Pero nos resulta muy difícil reconocerla en el momento en que se está produciendo; en cierto sentido podríamos decir que los árboles, en ocasiones, no nos dejan ver el bosque. Andamos tan atareados con las prisas del día a día que no somos capaces de pararnos un momento a tomar contacto con nuestras propias emociones. Y esto es algo tristemente frecuente durante los primeros años de vida de los hijos.

No vamos a ser los primeros que digamos que la crianza de los hijos es una de las labores más importantes y demandantes a las que nos podamos enfrentar. Pero precisamente por lo demandante que es esta época y lo rápido que avanza todo, a veces nos cuesta darnos cuenta de que la felicidad se esconde en los pequeños y grandes detalles del día a día. Entre pañales, noches en vela, mocos o virus, pasan unos años que probablemente echaremos mucho de menos. Porque cuando echemos la vista atrás, entonces entenderemos que estos fueron los mejores años.

Hay pocos momentos en la vida en los que se producen tantos y tan importantes cambios a todos los niveles. En escasos 36 meses nuestro hijo pasa de ser un bebé, desorientado, que no puede hacer mucho más que llorar y mamar, a ser un niño que comienza a preguntarse (y preguntarnos) casi hasta por el sentido de la vida. Su cuerpo y, especialmente, su cerebro cambian a un ritmo vertiginoso: si parpadeamos nos lo perdemos. Y no solo son años de muchos cambios, sino que son unos años críticos para su desarrollo. Todo lo que viven durante estos meses va a dejar una importante huella en ellos, aunque muchas de las cosas que vivan no las recuerden de manera explícita, sí se van a quedar grabadas en ellos para siempre. Del mismo modo, estos años son muy importantes para los padres, ya que estamos fabricando unos recuerdos a los que nosotros sí que podremos volver durante el resto de nuestras vidas.

Los padres de niños un poco más mayores recuerdan estos años con una mezcla de alivio y nostalgia; por un lado reconocen lo dura que fue esa época, en la que faltaba el sueño, no paraban de sucederse asuntos a los que atender, y todo se agudizaba por la falta de experiencia. Pero por encima del alivio está la nostalgia de un tipo de relación que no volverá, porque estos tres primeros años son únicos e irrepetibles.

Durante poco más de treinta meses somos testigos privilegiados de multitud de acontecimientos únicos, una auténtica colección de primeras veces. Desde la noticia del embarazo, las primeras *ecos*, conocer el sexo del bebé, imaginárnoslo, y esas primeras sensaciones de albergar vida en tu interior, que solo conocen las madres, todo se sucede sin pausa; el parto, la llegada a casa, esa sensación de fragilidad que nos transmite cuando vemos su primera sonrisa, sus primeros intentos por alcanzar un objeto, la primera vez que logra sentarse por sí mismo, sus primeras palabras, cuando comienza a gatear y desplazarse, a ponerse en pie o sus primeros pasos. Todo esto en poco más de un año de vida. Pero esto no ha hecho más que empezar; poco a poco irá adquiriendo nuevas capacidades, empezará a entender el mundo que le rodea, a echarnos de menos y alegrarse cuando nos reencontremos, a mostrar ilusión, ocurrencias, sentido del humor e, incluso, alguna mentirijilla. Se enfrentará a retos casi invisibles para los adultos, que no entendemos muchas cosas de su pequeño mundo, como el valor que le da a que una galleta esté rota o entera, la decepción que le puede producir que algo sea distinto a lo que esperaba, o la alegría desbordante por algo imprevisto. Entrará en esa época del «yo solo», del querer hacerse mayor pero a ratos querer seguir siendo un bebé, la época de la rigidez y más adelante, poco a poco, otra de mayor flexibilidad.

Y casi sin darnos cuenta, mientras aún nos estamos acostumbrando a esas primeras veces, de repente comenzamos a ser conscientes de las cosas que ya han pasado y que no volverán: la última vez que lo llevamos en su mochila, la última vez que lloró al ir en coche, la última vez que necesitó nuestros brazos para calmarse después de un golpe, o la última vez que tomó teta. Entonces empezamos a darnos cuenta de que todo pasa, lo bueno y lo que no nos parecía tan bueno. Un día nos despertaremos en medio de la noche, escucharemos su respiración tranquila, y nos invadirá la nostalgia al recordar aquellos paseos por el pasillo de casa hasta que quedara dormido en nuestros brazos.

Y los padres también cambiamos mucho durante todo este proceso; sin duda, tener algo mucho más importante que uno mismo a lo que prestar atención supone una experiencia que marca un antes y un después. Cambian las ilusiones, los gustos, las preocupaciones, las metas, los miedos, los valores... La experiencia de ser madres y padres nos somete a un cambio personal como pocas experiencias en la vida. Pero como decíamos, muchas veces el estrés y el cansancio del día a día no nos dejan apreciar completamente la experiencia hasta que ha pasado. Estamos tan pendientes de resolver esos pequeños (y grandes) conflictos que se suceden uno detrás de otro, que olvidamos levantar la vista y darnos cuenta de dónde estamos. Que estamos atravesando una época maravillosa, llena de cambios, retos, desafíos, siendo unos espectadores privilegiados de los enormes progresos que hace nuestro hijo a diario.

En este libro vamos a hablar de algunos aspectos importantes en esta etapa, desde la llegada del nuevo miembro a la familia hasta su tercer cumpleaños. Pretendemos abordar algunos de los principales temas que suelen preocupar a los padres, con el objetivo de evitar angustias innecesarias, porque muchas veces basta con saber lo que es normal y que lo normal no se cura, para dejar de ver un problema donde tal vez nunca lo hubo. Porque muchas veces estos problemas son más bien cuestión de perspectiva y expectativas. Hablaremos de cómo cambia la pareja con la llegada de los hijos; veremos cómo se establece esa relación de confianza y seguridad entre el bebé y sus padres, hablaremos de la exploración y del juego, de sueño, lactancia, alimentación, rabietas, autoridad, límites, premios, castigos, pañales, y muchos más temas que nos preocupan cuando nuestros hijos tienen estas edades.

Esperamos que disfrutéis de estas páginas y que os sirvan de ayuda, pero sobre todo, que disfrutéis de vuestros hijos y que seáis conscientes de la importancia de unos años que no volverán.

CAPÍTULO 1

El reto de criar niños felices en una sociedad compleja

«No es signo de buena salud el estar bien adaptado a una sociedad profundamente enferma».
Jiddu Krishnamurti

Tener hijos es una experiencia maravillosa, algo que cambia la vida por completo. La mayoría de los padres señalan su familia como lo más valioso que tienen, y la paternidad como la gran experiencia de sus vidas. Pero pese a ello, también hay que reconocer que no es una tarea sencilla. Tener hijos nunca ha sido algo fácil; nuestros abuelos atravesaron unas dificultades; nuestros padres, otras. Posiblemente algunas de las dificultades que ellos tuvieron, ahora las tenemos más o menos solucionadas y, de hecho, a nuestros familiares mayores les puede llegar a costar entender por qué encontramos tan difícil tener hijos hoy en día «con todas las comodidades que tenemos». Es verdad, hoy disfrutamos de muchas comodidades con las que ellos no contaban, pero también tenemos que lidiar con nuevas dificultades que antes no existían, o si existían eran de una dimensión mucho menor en generaciones anteriores.

Cada vez más parejas se lo piensan dos (y tres) veces antes de lanzarse a tener hijos. O al menos es lo que se desprende de las estadísticas: nuestro país se encuentra a la cabeza en el retraso de la maternidad en Europa, y es el país donde más tarde se tiene el primer hijo a nivel mundial. Desde 1985 hasta 2012, la edad media a la que las mujeres tienen su primer hijo ha pasado de 26 a 30 años y medio, y esta es una edad en la que la fertilidad ya ha comenzado a caer de forma acelerada[1]. Pero ¿qué quiere decir este dato? El problema no es tanto tener el primer hijo a los 30 años como que este dato hace referencia a una media, y la media es solo una forma de resumir mucha información. En esa media se recogen las edades de las madres adolescentes que no planificaron serlo, las de chicas jóvenes que decidieron tener hijos mucho antes de los 30, las de muchas mujeres de cerca de esa edad media, pero también los de muchas otras que los han tenido con 32, 35, 37, 40... De hecho, en muchos casos el primer embarazo se trata ya de un embarazo de riesgo debido a la edad de la mujer y, como nos estamos refiriendo al primer hijo, los problemas derivados de la edad se incrementan de forma irremediable de cara a los siguientes, si la pareja decide tener más de uno [2].

Pero ¿qué implicaciones tiene este retraso en la edad a la que se tiene el primer hijo? Este dato esconde a las parejas que por diferentes motivos retrasaron el momento de tener a su hijo, y finalmente nunca llegaron a conseguirlo. De hecho, en el informe del Centre d'Estudis Demogràfics «La infecundidad en España: tic-tac, tic-tac, tic-tac!!!» se calcula que entre un 25% y un 30% de las mujeres nacidas en la segunda mitad de la década de los 70 del siglo pasado no será madre en contra de sus propias expectativas y deseos. Así, España es uno de los países de la Unión Europea con la mayor distancia entre el número de hijos deseados y el número de los tenidos[3]. Por lo tanto, no se trata

---

1. Esteve, A.; Devolder, D., y Domingo, A., (2016): «La infecundidad en España: tic-tac, tic-tac, tic-tac!!!», *Perspectives Demogràfiques, 1*, 1-4.

2. Sin embargo, como señala el nutricionista Julio Basulto en su libro *Mamá come sano,* más allá de la edad cronológica, el riesgo en realidad podría estar asociado más bien a la «edad biológica», que estaría relacionada con la presencia de factores de riesgo como tabaquismo, sedentarismo, mala alimentación, hipertensión, hipercolesterolemia, etc.

3. Castro-Martín, T., y Seiz-Puyuelo, M. (2014): «La transformación de las familias en España desde una perspectiva sociodemográfica», en *VII Informe sobre la exclusión y desarrollo social en España* (Fundación FOESSA).

de un problema de eternos adolescentes, egoístas y hedonistas, que no piensan más que en disfrutar de su juventud. Las parejas hoy en día siguen queriendo tener hijos, pero el entorno en el que vivimos no lo pone nada fácil. El retraso en el momento de buscar el primer embarazo tiene más que ver con las dificultades para reunir las condiciones laborales, familiares y materiales a las que las parejas jóvenes se tienen que enfrentar. En este mismo informe se señalan algunas de las razones que se encuentran detrás del retraso reproductivo en España: «El desempleo, el trabajo precario, el acceso a la vivienda, la consolidación laboral, las largas jornadas, los bajos salarios y las escasas políticas públicas no ayudan a la reproducción, ni los bolsillos de la gente joven, ni las políticas de apoyo a la reproducción (por ejemplo, educación preescolar gratuita). Si a todo esto añadimos que la mayor parte del coste de la reproducción recae sobre las mujeres, la infecundidad está servida».

Por suerte, la mayoría de parejas logran hacer frente a todas estas dificultades y, aunque a veces con cierto retraso, finalmente consiguen tener en brazos a su bebé. Pero claro, llegados a este punto, las condiciones que acabamos de comentar no desaparecen. Estas parejas deberán hacer frente al «desempleo, el trabajo precario, el acceso a la vivienda, la consolidación laboral, las largas jornadas, los bajos salarios y las escasas políticas públicas» mientras atienden al bebé que acaba de llegar, y que les demanda mucho más de lo que quizá esperaban: a las dificultades inherentes a la maternidad (falta de sueño, cansancio, cambios físicos y emocionales, presión social, algún que otro conflicto familiar o de pareja, etc.) se le suman las ya comentadas.

Además, actualmente nos encontramos con algunos factores adicionales que no estaban presentes (al menos al mismo nivel) en generaciones anteriores: el aislamiento al que se ven sometidas las familias en su labor de crianza, la aparición de nuevas estructuras familiares a las que todavía no estamos totalmente adaptados, el cambio en los tradicionales roles de género, los problemas de conciliación y el mito del tiempo de calidad, el hecho de vivir en una sociedad que le ha dado la espalda a los niños o el incremento en el nivel de exigencia de los padres.

Criar desde el aislamiento

En el momento actual y en nuestro entorno social, las familias crían y educan a sus hijos en muchos casos en soledad; hasta hace poco la crianza era una labor compartida con la familia, los amigos, el barrio o el pueblo. Antes era habitual que las familias fueran más numerosas, e incluso que diferentes generaciones convivieran en una misma casa. Sin embargo, los cambios sociales de las últimas décadas han modificado la forma en la que nos relacionamos con nuestro entorno más inmediato, lo que nos ha llevado a un modo de vida mucho más aislado y desarraigado. Nunca hasta ahora una madre debía estar todo el día sola a cargo de su hijo (o hijos), sin ningún tipo de ayuda; hoy en día, especialmente en núcleos urbanos, es una realidad tan triste como frecuente. Esto hace que una tarea que ya es difícil de por sí, se vuelva en muchas ocasiones algo desbordante. Como señala el proverbio africano: «Para educar a un niño hace falta la tribu entera». Una persona sola no puede llegar a todo: la casa, el trabajo, los hijos, el propio aislamiento... Es más de lo que muchas madres pueden sobrellevar. Muchas veces familiares próximos ayudan a los padres en el cuidado de los hijos, lo cual facilita enormemente las cosas. Aunque esto no siempre es así. Si no podéis contar con este tipo de ayuda, podéis valorar la opción de pagar por algunos servicios, aunque hasta este momento nunca os lo hubierais planteado. Recursos como las doulas, niñeras, cuidadoras, madres de día, guarderías, ayuda doméstica, etc., son algunas soluciones que han ido apareciendo frente al problema que supone criar desde el aislamiento.

Independientemente de la ayuda que tengáis, cread vuestra propia red de apoyo. Conectad con otras madres y padres del parque, acudid a talleres de lactancia o crianza, acercaos a sitios donde realicen actividades infantiles en los que os podáis relacionar con otras familias en vuestra misma situación. Si ninguna de estas opciones es viable por el motivo que sea, actualmente a través de Internet es fácil localizar grupos de madres y padres con los que poder compartir intereses, dudas o desahogos.

Nuevos tipos de familia

Por otro lado, la estructura de las familias también está cambiando. Ya no podemos reducir el concepto de familia al típico modelo de padre, madre e hijos que era mayoritario hace algunas décadas. En España se celebran cada vez menos matrimonios, y algunos de estos son entre parejas del mismo sexo. Las tasas de divorcios aumentan, muchos de los cuales corresponden a matrimonios con hijos. Estas parejas divorciadas en ocasiones forman nuevamente familias con parejas que también pueden aportar sus propios hijos, o tener más hijos en común. Igualmente se observa un incremento de hijos nacidos fuera del matrimonio, lo cual se refiere a hijos de parejas que no están casadas, de parejas de hecho o de personas solteras; en España cerca del 40% de los niños nacen en alguna de estas circunstancias. Todas estas situaciones pueden añadir cierta complejidad o nuevos retos a la crianza de los hijos.

Transformación de los roles de género

Nos encontramos en pleno proceso de transformación de los clásicos roles de género atribuidos al hombre y a la mujer. Ahora en muchos casos la mujer también trabaja y el hombre también cuida. Pero estos son unos roles para los que no tenemos modelos establecidos, ya que nuestros padres o nuestros abuelos se enfrentaron a unas circunstancias distintas a las que tenemos hoy en día, y en ocasiones parece que vamos un poco perdidos con el nuevo reparto de tareas. La incorporación de la mujer al mercado de trabajo se ha producido a un ritmo muy rápido en los últimos años, habiéndose duplicado el porcentaje de mujeres que trabajan entre 1986 y 2012. Sin embargo, que ambos miembros de la pareja tengan empleo, no quiere decir que estos sean equiparables, siendo frecuente que los hombres tengan trabajos con mejores condiciones y salarios. ¿Por qué? Diferentes factores culturales, laborales y de políticas gubernamentales empujan a hombres y mujeres en diferentes direcciones[4], de forma que es mucho más frecuente que sea la mujer la que habitualmente se plantee el renunciar, frenar o apartar temporalmente su carrera laboral[5], porque abarcarlo todo en las mencionadas circunstancias es muy difícil, o sencillamente no es lo que se desea mientras los hijos son pequeños.

4. Leahy, M., y Doughney, J. (2006): «Women, work and preference formation: a critique of Catherine Hakim's preference theory», *Journal of Business Systems, Governance and Ethics*, *1*(1), 37-48.

5. Abril, P.; Amigot, P.; Botía-Morillas, C.; Domínguez-Folgueras, M.; González, M. J.; Jurado-Guerrero, T. y Seiz, M. (2015): «Ideales igualitarios y planes tradicionales: análisis de parejas primerizas en España», *Revista Española de Investigaciones Sociológicas (REIS)*, *150*(1), 3-21.

El mito de la conciliación (en España)

Y es que parece que todos tenemos claro que es muy difícil conciliar vida laboral y familiar en España, pero ¿qué es la conciliación?, ¿existe? Según el documento «Conciliación de la vida laboral, familiar y personal», editado por el Ministerio de Igualdad en 2010: «La conciliación de la vida laboral, familiar y personal es una estrategia que facilita la consecución de la igualdad efectiva de mujeres y hombres. Se dirige a conseguir una nueva organización del sistema social y económico donde mujeres y hombres puedan hacer compatibles las diferentes facetas de su vida: el empleo, la familia, el ocio y el tiempo personal». Suena bastante bien, porque contempla no solo el trabajo y la familia, sino que incluso mencionan el ocio y el tiempo personal. Suena maravilloso. Pero claro, cuando los hijos son pequeños parece complicado, si no imposible, abarcar todas estas áreas a la vez. Probablemente, durante los primeros años las áreas de ocio y tiempo personal, deban entremezclarse en gran parte con el tiempo de familia, ya que «tan solo» con hacer encajar los tiempos dedicados al trabajo y a la familia, la tarea ya no parece sencilla. Según ha declarado en numerosas entrevistas el pediatra Carlos González: «La conciliación no existe, porque no se pueden hacer dos cosas a la vez», «Lo que llaman conciliación, en realidad es elegir», «Si prefieres dedicar ese tiempo a tu familia, te quedas sin sueldo y en ocasiones sin empleo, si prefieres apostar por el trabajo te ofrecen una guardería que también hay que pagar». En otros países europeos como Alemania, Dinamarca, Noruega, Reino Unido o Suecia, pero también en otros como Albania, Bulgaria o Lituania, los permisos por paternidad y maternidad son mucho más extensos y disponen de más ayudas para el cuidado de los hijos. Como señala el pediatra, en los países en los que disponen de unos periodos amplios y bien remunerados para el cuidado de los hijos, los padres no sienten la necesidad de volver a trabajar a los pocos meses de haber nacido sus hijos para sentirse realizados en sus trabajos. Si se cuenta con unos buenos permisos de maternidad y paternidad, estos se disfrutan. Sin embargo, en España con 4 meses para la madre, un mes para el padre y unas de las peores ayudas directas por hijo a cargo de la UE parece que, al menos durante los primeros años, sea efectivamente más cuestión de elegir que de conciliar. Pero no se trata de una elección sencilla, y muchas familias sienten que ni siquiera están en disposición de elegir, aunque en principio las cuentas salgan, con lo que conciliar supone para muchas familias separarse de sus hijos antes de lo que desearían, para ir todos corriendo del trabajo a la guarde y de la guarde a casa (o a casa de los abuelos, si tienen la suerte de tenerlos cerca y dispuestos a ayudar), para realizar todas las tareas pendientes ya que ambos progenitores han pasado la mayor parte del día fuera de casa.

Sin embargo, vivir es elegir; resulta complicado tener una casa grande, bonita y céntrica, y tener mucho tiempo libre. Es difícil disfrutar de mucho tiempo en familia si queremos conseguir un ascenso laboral, de la misma forma que es difícil leer más libros si dedicamos el tiempo libre a las redes sociales o a ver la tele. Como dice el refrán, *no se puede estar en misa y repicando,* por lo que tenemos que ser conscientes de que en el camino haremos renuncias. Si escogemos dedicarles más tiempo a los hijos estamos renunciando a dedicarle ese tiempo a nuestro trabajo, e igual sucede a la inversa. No es tarea fácil escoger la fórmula que mejor se adapte a nuestra familia en función de nuestras circunstancias particulares, no todos los trabajos aceptan los mismos ajustes y adaptaciones, no todas las familias disponen de los mismos recursos y apoyos, ni tienen las mismas necesidades. En principio, lo ideal parecería que ambos miembros de la pareja adaptaran su situación laboral a la nueva realidad, pero como hemos dicho, las circunstancias de cada familia son diferentes y, en función de estas, la pareja deberá elaborar la estrategia que mejor les encaje. Por lo general, al menos uno de los dos miembros realiza una adaptación en el tiempo que dedica a su trabajo. En cualquier caso, no suelen ser decisiones fáciles, y una vez tomadas, es más que probable que diferentes personas más o menos allegadas os hagan ver lo mucho que desaprueban vuestras decisiones.

Las presiones en este sentido aumentan especialmente en el caso de las mujeres, sobre todo si han decidido aparcar o ralentizar su trabajo para cuidar de sus hijos. En ocasiones se ve con malos ojos a quienes deciden poner a sus hijos en el centro de su vida: «Estás echando tu vida a perder», «Piensa en tu carrera laboral», «Los estáis malcriando», «Te arrepentirás», etc. Pero las presiones en el sentido inverso también existen, y las mamás que deciden (o se ven obligadas) a apostar por su carrera, también tienen que escuchar comentarios de todo tipo respecto a las decisiones que han tomado. Lo mismo ocurre con la lactancia, la alimentación, el sueño y, en general, con cualquier aspecto relacionado con la crianza de los hijos, ya que parece ser un asunto de interés público en el que mucha gente se otorga el derecho a opinar. Paciencia, parece que es parte de la maternidad. Las mujeres reciben con mayor facilidad la insignia de *Malamadre* o *Malatrabajadora,* mientras que para ellos el calificativo suele ser más bien el de *Padrazo* o *Currante.* Lo dicho, paciencia.

A la hora de encontrar la organización que más encaja con las necesidades de vuestra familia hay que tener en cuenta que, más que el número de horas trabajadas, es el tipo de horario lo que puede influir en el tiempo con los hijos[6]. Las características del actual mercado de trabajo hacen que muchas personas tengan que trabajar en horarios no habituales (horarios noc-

---

6. Bulanda, R. E., y Lippmann, S. (2009): «Wrinkles in parental time with children: Work, family structure, and gender», *Michigan Family Review*, *13*(1).

turnos, de tardes, en fines de semana, festivos, rotando, pero también hay casos de mayor flexibilidad horaria, teletrabajo, etc.), lo que puede facilitar o dificultar la conciliación familiar. Cuando estos horarios no habituales se realizan de manera no voluntaria, es decir, cuando estas condiciones son una parte inherente al trabajo que el empleado debe cumplir, esto puede dificultar la conciliación y el tiempo que los padres pueden estar con los hijos, pudiendo afectar al desarrollo social, emocional, cognitivo y conductual de los hijos. Esto es especialmente problemático en el caso de las familias monoparentales o de bajos ingresos. Sin embargo, cuando estos horarios menos habituales son voluntarios y bajo el control de los padres, los efectos para la conciliación y para los hijos pueden ser positivos. Así, algunos trabajadores altamente cualificados, autónomos y algunas relaciones laborales especiales pueden aprovechar algunas condiciones de flexibilidad temporal o espacial, adaptando los horarios a las necesidades familiares o trabajando desde casa gracias a las facilidades que ofrece Internet.

El mito del tiempo de calidad

Cuando se pregunta a los padres con hijos ya mayores, el principal motivo por el que se arrepienten es por haber pasado demasiado tiempo en el trabajo cuando sus hijos eran pequeños, por no haber jugado suficientemente con ellos, o por no haber tenido unas grandes vacaciones en familia. Y aproximadamente la mitad de ellos se arrepienten porque se han dado cuenta de que esos primeros años no van a volver[7]. Sin embargo,

7. «Spending too much time at work when the children were young is a parent's biggest regret», en *Daily Mail* (2012). Accesible desde http://www.dailymail.co.uk/news/article-2203025/Spending-time-work-children-young-parents-chief-regret.html#ixzz4QjYx7XdX

cuando hablamos sobre lo difícil que es conciliar y el poco tiempo que podemos pasar junto a nuestros hijos es frecuente que alguien, con la mejor de las intenciones nos diga cosas como: «tranquilo, lo que importa es que el tiempo que pases con ellos sea de calidad». De hecho, hay quien incluso ha llegado a sugerir que con media hora al día sería suficiente si ese tiempo es «de calidad»[8]. Pero a menudo estas frases esconden un argumento tramposo: se habla de la cantidad y de la calidad del tiempo como si fueran conceptos incompatibles: o se tiene cantidad o se tiene calidad. Pero esto no tiene por qué ser necesariamente así.

Pensadlo un momento, ¿conocéis algún otro área de la vida en el que se aplique este concepto de «tiempo de calidad»? Parece un concepto necesario para hablar del tiempo con los hijos, con la pareja, o en general con la familia, pero no lo vemos necesario para referirnos al trabajo, al deporte, a la cocina, las tareas de casa, el ocio, etc. Quien hace deporte no le vale con hacer 5 o 10 minutos de calidad, o a quien le gusta el cine no le basta con ver el tráiler de la película, quiere la película entera. Entonces, ¿por qué esperamos que nuestros hijos se conformen con las migajas, si se merecen tener mucho más?

Los padres podemos ofrecer a los hijos principalmente dos tipos de recursos: por un lado, recursos materiales (dinero) y, por otro, nuestra presencia (tiempo). Pero muchas veces nos metemos en una dinámica en la que necesitamos trabajar mucho, para conseguir mucho dinero, para comprar muchas cosas, que compensen el que no hayamos estado tan presentes como nos hubiera gustado. Como veremos en diferentes momentos a lo largo de este libro, los niños no necesitan tantos

8. «Media hora al día haciendo las cosas bien es suficiente para educar a un niño». Entrevista a Eduard Estivill en *La Nueva España*. Accesible desde http://www.lne.es/oviedo/2008/05/20/oviedo-media-hora-haciendo-cosas-suficiente-educar/637940.html

juguetes, ni tantas actividades extraescolares, ni tantos idiomas. Lo que necesitan y desean durante buena parte de su infancia es, simplemente, a sus padres. Y cuanto más, mejor.

Podría pensarse que este concepto del «tiempo de calidad» está más destinado a calmar nuestras conciencias que a referirse a las necesidades de los niños, y que nos conduce a una actitud pasiva y conformista, justificándonos con que «al menos, el poco tiempo que compartimos es de calidad», como si esas horas de más que nos gustaría poder pasar con ellos fuera «tiempo de segunda», como si ese tiempo fuera prescindible y no aportara nada. Pero, como vamos a ver, esto no es así.

Defender de esta forma el tiempo de calidad («con media horita es suficiente») implica en cierta medida menospreciar el esfuerzo de muchas familias por estar más presentes en la vida de sus hijos. Si en verdad lo que importa es solo la calidad del tiempo y no la cantidad, estamos sugiriendo que las personas (habitualmente madres) que han decidido dedicarle más tiempo a su familia, restándoselo a sus carreras laborales, han tomado una decisión absurda. Además, si preguntáramos a los niños, seguramente no querrían un poco de «tiempo de calidad» con sus padres, sino simplemente tiempo con ellos (aunque, por supuesto, cuanto más tiempo «de calidad» mejor). Por mucha «calidad» que tuvieran esos treinta minutos o incluso hora diaria, no serían ellos los que nos dijeran «suficiente por hoy». No han sido ellos los que nos han pedido venir aquí, hemos sido nosotros quienes los hemos pensado y los hemos traído a este mundo. Ellos no son responsables de nuestra organización social, de nuestras prisas o de nuestras necesidades consumistas.

Diferentes trabajos han demostrado que la cantidad (y no solo la calidad) de tiempo que los padres pasan con los hijos se relaciona con su desarrollo cognitivo, emocional y social, problemas de conducta, bienestar, ansiedad, autocontrol, desempeño académico, embarazos no deseados, etc[9]. De hecho, la mayor tasa de problemas conductuales que se observa en los hijos de matrimonios separados, familias reconstituidas o monoparentales, no se explican tanto por variables socioeconómicas, como por el tiempo que los padres le pueden dedicar a los hijos[10]. En este tiempo incluiríamos tanto el tiempo «de calidad» como el tiempo que pasamos con ellos comiendo juntos, preparando la comida, comprándola en el supermercado o realizando actividades de la casa. En esos momentos también están aprendiendo, estamos educando y, sobre todo, se sienten acompañados. Sin embargo, hay que tener en cuenta que este tiempo es necesario, aunque no suficiente para el adecuado desarrollo de los niños, ya que además de estar presentes, los padres deben mostrarse cercanos, disponibles y atentos a las necesidades de sus hijos[11]. Así, es cierto que no basta simplemente con estar delante de ellos, pero esta necesidad de un «tiempo de calidad» no niega la necesidad que tienen los niños de la presencia de sus padres.

Poco a poco, según se vayan haciendo mayores, necesitarán progresivamente nuestra presencia física en menor medida, requiriendo más del apoyo financiero que les podamos brindar para conseguir las metas que se propongan. Así, cuando sean más mayores podremos disponer de más tiempo para nuestros trabajos y nuestros objetivos personales. Y, curiosamente, llegados a este punto, es cuando en muchas ocasiones los padres se arrepienten de no haber pasado más tiempo con sus hijos cuando estos eran pequeños.

---

9. Bulanda, R. E., y Lippmann, S. (2009): «Wrinkles in parental time with children: Work, family structure, and gender», *Michigan Family Review*, *13*(1).

10. Offer, S. (2014): «Time with children and employed parents' emotional well-being», *Social Science Research*, *47*, 192-203.

11. Huston, A. C., y Rosenkrantz Aronson, S. (2005): «Mothers' time with infant and time in employment as predictors of mother–child relationships and children's early development», *Child Development*, *76*(2), 467-482.

Algunas personas pueden pensar que estos argumentos pretenden culpabilizar a quienes no tienen más opciones y hacen lo imposible por estar el tiempo que pueden con sus hijos. Pero no es así, cuando no hay elección, no hay lugar a la culpa. Y probablemente quien se encuentre en esta situación ya haya tomado las medidas necesarias para compensar el tiempo que le restan a la familia los respectivos trabajos. De hecho, se ha observado que las madres trabajadoras suelen reducir el tiempo que emplean en otras áreas para minimizar el tiempo que el trabajo «le resta» a los hijos. Así, realizando los ajustes necesarios, es posible dedicarle tiempo y atención a los hijos, pero esto solo se consigue siendo conscientes de la importancia de este tiempo y esta atención. No obstante, esto no está exento de cierto coste personal, habitualmente para las madres, ya que en muchas ocasiones acaban estando doble o triplemente empleadas (trabajo fuera de casa, trabajo doméstico, cuidado de los hijos, etc.). Además, para poder soportar esta carga se ven reducidas ciertas áreas que en otro momento pudieron suponer un respiro como el ocio o tiempo con amigos y pareja. Como estamos viendo, la conciliación no es sencilla, y mucho menos para las madres.

Por otro lado hay que señalar que no todo el mundo entiende «el tiempo de calidad» de la misma forma. Mientras que la industria del ocio nos presenta el tiempo de calidad como unas vacaciones en Disneyland o una tarde con actividades para niños en un centro comercial, algunos expertos en crianza lo entienden más bien como las interacciones cercanas, sensibles y amorosas entre padres e hijos que ocurren durante las rutinas diarias, sin necesidad de hacer referencia a ningún suceso extraordinario[12]. En cualquier caso, si el concepto sirve para hacernos más conscientes de la importancia de estar realmente disponibles y accesibles para los hijos, bienvenido sea.

12. Snyder, K. A. (2007): «A vocabulary of motives: Understanding how parents define quality time», *Journal of Marriage and Family*, 69(2), 320-340.

Una sociedad de espaldas a la infancia

Vivimos en una sociedad que progresivamente ha ido dando la espalda a la infancia. Pareciera a veces que los niños fueran un obstáculo para el desarrollo personal de los padres y no una parte contribuyente al mismo. En nuestra cultura se ha ido poniendo el foco en las necesidades y comodidades de los padres, desplazándolos así de las necesidades de los niños. Jornadas laborales, salarios, planificación urbana... no parece que les estemos teniendo demasiado en cuenta en nuestra organización. De hecho, se está popularizando una nueva oferta comercial destinada específicamente a población adulta en la que el principal atractivo es la ausencia de niños. Es lo que ya se ha bautizado como «niñofobia»: vacaciones sin niños, vagones sin niños, hoteles sin niños, restaurantes sin niños... ¡hasta hay ya un pueblo sin niños en Escocia! Aunque se ha señalado que este tipo de oferta es solo una estrategia comercial, y no una prohibición real, ya que de ser así sería anticonstitucional[13]. Desde luego, si está de moda este tipo de oferta es porque existe una demanda y entendemos los motivos tanto de la oferta como de la demanda, pero, cuanto menos, llama la atención. Los profesionales de la hostelería se defienden argumentando que la oferta es amplia para las familias y que tan solo ofertan una opción más para cubrir un nicho del mercado. Pero podríamos preguntarnos, ¿sería políticamente correcto ofertar estos mismos servicios sin ancianos? Hoteles sin ancianos, restaurantes sin ancianos, ¡hasta una urbanización sin «viejos»! Parece un poco ofensivo, ¿no? Aunque en realidad la distinción es la misma. ¿Y por sexos? Restaurantes sin mujeres, hoteles sin mujeres, o un pueblo al que no se permita la entrada a

13. «Los hoteles en España no pueden prohibir la entrada a niños, aunque lo anuncien», en *El País*. Accesible desde https://verne.elpais.com/verne/2017/05/24/articulo/1495622837_420194.html

las mujeres... todo un poco extraño, ¿verdad? Si la distinción la ponemos en función de la religión o del color de la piel, entonces ya parece más obvio el carácter discriminatorio de este tipo de ofertas.

¿Demasiado autoexigentes?

Para terminar de complicar el asunto, en muchos casos el nivel de exigencia de los padres se ha incrementado. El retraso en la edad de los padres, el aislamiento al que hacíamos referencia, los mayores niveles de formación académica junto con la falta de experiencia que va de la mano de los bajos niveles de natalidad, hace que muchos padres quieran informarse de cada aspecto relativo a la salud y la educación de sus hijos. Aspiramos a vivir una maternidad y paternidad más conscientes, buscamos información, reflexionamos cada decisión, muchas veces ambos miembros de la pareja quieren implicarse en todos los aspectos de la educación y el cuidado de los hijos, y a pesar de lo positivo que esto pueda ser, cuando son dos a decidir en lugar de uno, hay más espacio para el conflicto. La cantidad de libros (como este) sobre temas de crianza, la avalancha de información disponible a través de Internet, los consejos solicitados y no solicitados de amigos, familiares y a veces hasta de desconocidos por la calle, en ocasiones nos hacen dudar o sentirnos juzgados.

Queremos hijos sanos, felices, excelentemente formados, que tengan las herramientas necesarias en una sociedad competitiva, que no se queden atrás, queremos dárselo todo, pero a la vez sabemos que dárselo todo en bandeja no es bueno para ellos. La insuficiencia de recursos económicos, los problemas de salud y el deseo o la necesidad de trabajar fuera de casa son los principales motivos alegados como causa de tener menos hijos. Todos estos factores, llevan a que muchas familias decidan que con un hijo es suficiente y que buscar un hermanito es demasiado complicado, contribuyendo a la distancia entre el número de hijos deseados y el número de hijos que finalmente se tienen en nuestro país. En cualquier caso, parece que hoy en día nos resulta bastante complicado tener y criar a los hijos.

A veces nos ponemos el listón tan alto que se nos olvida la importancia de relajarnos y disfrutar de la maravillosa experiencia que supone criar a nuestros hijos. Porque es verdad, en la maternidad los días son largos, pero los años son cortos, y cuando nos queremos dar cuenta hay momentos que ya no volverán. Nuestro bebé habrá crecido y esas etapas que parecían eternas son ya parte del pasado. Estamos de acuerdo en que es una tarea difícil, pero bien enfocada puede ser muy divertida y gratificante.

Para saber más...

Ende, M.: *Momo*. Alfaguara, Madrid, 2007.

González, C.: *Bésame mucho: cómo criar a tus hijos con amor.* Temas de Hoy, Madrid, 2003.

Honoré, C.: *Elogio de la lentitud.* RBA, Madrid, 2007.

Merino, P.: *Maternidad, Igualdad y Fraternidad.* Clave Intelectual, Madrid, 2017.

«Las caras de la maternidad», *Documentos TV*, RTVE (2013). Accesible desde http://www.rtve.es/alacarta/videos/documentos-tv/documentos-tv-caras-maternidad/1615306/

CAPÍTULO 2

Empezar con buen pie

«Como resultado de tantas investigaciones científicas, hemos obtenido respuestas de sentido común: el recién nacido necesita estar con su madre. Lo que tenemos que hacer los demás es dejarlos en paz».
Michel Odent

EN EL MOMENTO que recibimos la noticia del embarazo aparecen de golpe un montón de emociones diferentes, entremezclándose la alegría y la euforia, con el miedo y la preocupación: ¿irá todo bien? Hay parejas que viven los nueve meses de embarazo como una carrera, en la que cada visita es una prueba menos que deben superar: «Ya casi hemos llegado a la meta». Y es así, muchas veces vemos el parto como la meta, como si en el momento en el que conseguimos que llegue sano nuestro hijo hubiera acabado todo. ¡Pero en verdad no ha hecho más que empezar! Aunque es verdad; el momento del parto es un momento de una importancia crucial, de una gran intensidad emocional, enormemente anticipado que ha formado parte de los padres durante muchas semanas de ilusiones y miedos. Y sobre todo es el momento en el que, por primera vez, van a conocer a su hijo. Siendo un momento tan crucial, será también muy importante procurar que las condiciones en las que se produzca sean las mejores posibles para todos: bebé, madre y padre. ¿Qué es lo que podemos hacer para que así sea? En este capítulo vamos a analizar algunos aspectos importantes del embarazo, el parto y el posparto que nos pueden ayudar a preparar esos primeros días.

Embarazo y parto

Hay muchas formas de enfrentarse a un embarazo y un parto, casi tantas como madres o parejas. Habrá quien prefiera dejarse llevar durante todo el proceso, lo cual está bien, pero este capítulo le interesará más a las parejas que quieren tener un papel más activo, tomando sus propias decisiones. Son decisiones importantes porque probablemente acabarán teniendo consecuencias más adelante, primero en el posparto y quizá durante los años siguientes. Porque todo lo que se vive en esos momentos quedará grabado a fuego en nuestra mente.

El posparto es un momento especial, las primeras horas y días en los que por fin podemos conocer a nuestro hijo. Pero ¿cómo podemos preparar las mejores condiciones para estos primeros momentos? Es imposible hablar del posparto sin hablar antes del embarazo y del parto. Durante el embarazo podemos prepararnos física y psicológicamente para el parto, pero en esta preparación se puede incluir también el informarnos de las diferentes opciones que tenemos para poder decidir qué es lo que realmente queremos. Pero no podemos decidir si no somos conscientes de que podemos hacerlo, de que no hay una única forma de hacer las cosas y de que tenemos la capacidad para tomar estas decisiones.

¿Qué tipo de parto queremos?, ¿cómo queremos que sea el acompañamiento durante ese proceso? La madre, junto a su pareja, puede decidir entre tener un parto hospitalario o en casa, en un hospital público o privado, acompañada por el equipo médico que previamente ha elegido o el que esté de guardia en ese momento. Son aspectos a tener en cuenta.

Una primera opción sería elegir el camino más sencillo, que es acudir al especialista que nos designa la sanidad pública en función de nuestro lugar de residencia y de las características de nuestro embarazo. Así, el seguimiento del embarazo lo realizará una matrona y/o ginecólogo, ya sea en nuestro centro de salud o en el hospital, y será a este hospital al que acudamos en el momento de dar a luz. Ese sería el camino «por defecto», en el cual se minimizan las decisiones a tomar, pero también el control que podemos ejercer durante el proceso.

Si queremos elegir una opción diferente a la que nos asignan por defecto, podemos comenzar por acudir a los hospitales cercanos y conocer así las diferentes alternativas que tenemos. También podemos informarnos sobre las experiencias de madres que han dado a luz en los hospitales que nos planteamos; podemos preguntar a nuestras amigas o conocidas, o si tenemos algún grupo cercano de asociaciones como El Parto es Nuestro, podemos acercarnos a alguna de sus reuniones.

Parto... ¿natural?

Parto natural, parto normal, parto instrumentado, parto medicalizado, parto fisiológico, parto ecológico... ¿qué es todo esto? Cada vez se habla más del «parto natural» como un tipo de parto «especial» que prefieren algunas mujeres por motivos diversos. Pero ésta no es una etiqueta que nos guste especialmente, ya que pensamos que más que natural (que lo es) sería mejor referirse a él como parto normal o fisiológico, o incluso simplemente como «parto» ya que, y como defienden desde la asociación El Parto es Nuestro, la mayoría de partos pueden ser normales, «salvo que se demuestre lo contrario»[1]. Sin embargo, la realidad sigue siendo que son minoría los partos que discurren sin apenas intervención, por lo que parece que sigue siendo necesaria una etiqueta para diferenciarlos del resto. Lamentablemente, este concepto ha sido empleado en muchas ocasiones de un modo despectivo por los defensores de una

1. «El parto hospitalario: Sanidad pública y/o privada», El Parto es Nuestro. Accesible desde https://www.elpartoesnuestro.es/informacion/parto/que-es-el-parto-fisiologico

dirección activa del parto por parte de un ginecólogo en un entorno hospitalario. A veces se habla de «parto natural» o incluso «parto ecológico» para caricaturizar a la mujer que desea un parto normal, como una «hippy abraza-árboles» que quiere parir sola en el bosque sin pensar en el bienestar de su hijo, de una forma totalmente imprudente.

Y, al final, acaba ocurriendo como sucede con otros términos, que de tanto usarlos acaban perdiendo su verdadero significado. A veces se llega a confundir el «parto natural» con el «parto vaginal», como si todo bebé que llegara al mundo a través del canal de parto hubiera llegado tras un proceso de parto normal. Incluso, en ocasiones, se llegan a escuchar relatos del tipo «he tenido un parto 100% natural, solo me administraron oxitocina y la epidural, luego el cortecito y ya».

Pero entonces, ¿qué es un «parto normal»? El parto normal en realidad sería un parto cuyo «inicio es espontáneo, se desarrolla y termina sin complicaciones, culmina con el nacimiento y no implica más intervención que el apoyo integral y respetuoso del mismo»[2]. Y así es como debería ser en la mayoría de los casos, tanto en los partos hospitalarios como en los atendidos en casa, ya que toda intervención conlleva unos riesgos asociados, y en caso de no ser necesaria dicha intervención, no debieran asumirse estos riesgos.

De forma paralela al empleo del término «parto natural» o «parto normal», surge otro concepto importante, el de parto respetado, y ambos conceptos no tienen por qué ir de la mano. En este caso podríamos hacer la misma observación, ya que por defecto todo parto debería ser, efectivamente, respetado. El respeto mutuo debería formar siempre parte de la relación médico-paciente, aunque lamentablemente esto en demasiadas ocasiones no es así. En nuestro país todavía es frecuente que algunas

2. Federación de Asociaciones de Matronas de España, FAME. «Definición de parto normal», en Jornada Iniciativa Parto Normal. Vélez-Málaga, 2006.

mujeres sientan que no se les permite decidir sobre su propio parto. Así que, de momento, sigue siendo necesaria esta coletilla de «respetado». De hecho, más allá del grado de intervención necesaria durante el parto, el que este sea o no respetado, puede ser uno de los elementos determinantes en la valoración de la experiencia del parto y sus posteriores repercusiones. Así, puede haber un parto por cesárea respetado o uno vaginal no respetado.

Pero las cosas no siempre salen como nos gustaría, y un parto se puede complicar y acabar necesitando de más intervenciones de las que inicialmente se contemplaban. Pero estos casos en los que no hay más opción que tener un parto medicalizado o intervenido, o incluso una cesárea, no deberían estar reñidos con la posibilidad de seguir teniendo un parto respetado, ya que ahí sigue habiendo una madre y un hijo que va a nacer; un momento único en la vida de esa familia que debería tratarse con sumo respeto. De hecho, tendría cierta lógica que fuera necesaria una dosis especial de respeto, empatía y calidez cuanto más intervenido sea el parto y cuanto más se aleje de las expectativas de la madre.

Tomando decisiones

Como hemos visto, no todos los partos son iguales; no es lo mismo un parto normal o fisiológico que uno medicalizado, y hemos visto que en todo caso es muy importante que ese parto sea respetado. ¿Cómo empezar a tomar decisiones referentes al propio parto? Una primera decisión será elegir un hospital público o privado, y en ambos casos hay tanto ventajas como inconvenientes. En nuestro país contamos con un excelente sistema de salud que incluye una red muy amplia de hospitales públicos que cuentan con personal y medios más que suficientes para atender todo tipo de partos. Si elegimos un hospital público hay que tener en cuenta que éstos suelen tener unas tasas más bajas de diferentes intervenciones como, por ejemplo, el empleo de epidural, partos instrumentados y cesáreas, en comparación con los hospitales privados. No obstante, en caso de tratarse de un hospital universitario puede que haya estudiantes en prácticas observando o ayudando a atender el parto. Si tenemos en cuenta que la intimidad es un factor importante a la hora de dar a luz, la presencia de más personas de las estrictamente necesarias, interviniendo o simplemente observando el parto, puede ser un factor que dificulte el proceso.

Por su lado, si nos decantamos por un hospital privado, una ventaja es que estamos eligiendo el ginecólogo que (probablemente) nos atenderá el día del parto, por lo que durante las visitas de seguimiento en el embarazo podemos preguntarle acerca de su forma de atenderlo, expresar nuestras preferencias, conocerle y decidir si queremos que sea esta persona quien nos atienda o preferimos cambiar de profesional. Sin embargo, esta ventaja puede tornarse inconveniente si pensamos que una forma que tienen los profesionales de poder atender el parto es programándolo mediante inducciones o cesáreas (como hemos dicho, las tasas de este tipo de intervenciones son más elevadas en centros privados que públicos) de forma más o menos encubierta[3].

No obstante, la elección del lugar donde tener el parto no acaba en hospital público o privado. Existen otras opciones que, aunque menos frecuentes, cada vez son elegidas por más madres y, en consecuencia, la oferta de este tipo de servicios no hace más que aumentar.

Casas de partos

Otra opción a considerar (si se tiene alguna cerca) son las llamadas casas de partos. Se trata de unidades gestionadas por

---

3. «¿Qué es el parto fisiológico?», El Parto es Nuestro. Accesible desde https://www.elpartoesnuestro.es/informacion/parto/el-parto-hospitalario-sanidad-publica-yo-privada

matronas, con equipamiento para facilitar la progresión de un parto fisiológico, como bañera, ducha, cama y silla de partos, dispositivos para agarrarse, pelotas, diferentes alternativas para el manejo del dolor, etc. en las que se trata de mantener un ambiente cálido y familiar. Atienden partos de bajo riesgo desde un enfoque de mínima intervención, favoreciendo el parto fisiológico. En caso de haber ginecólogos o estar integradas dentro de un hospital, se pueden realizar rápidamente las intervenciones oportunas en caso de ser necesarias. Es un modelo de atención cada vez más demandado, que cuenta con las ventajas de un parto mínimamente intervenido, junto con la seguridad de recibir una atención médica inmediata en caso de ser necesaria. La Consellería de Salud de Cataluña, por ejemplo, tiene proyectado abrir siete unidades de este tipo en hospitales públicos catalanes[4].

Parto en casa

Otras parejas eligen planificar el parto en casa. Aunque en España el parto en casa es una opción minoritaria, en contra de la creencia generalizada, esta opción no entraña más riesgos que el parto hospitalario si se reúnen una serie de requisitos[5]. De hecho, en algunos países como Inglaterra, Holanda, Suecia o Alemania es una opción habitual y se contempla total o parcialmente dentro de las coberturas de la sanidad pública. No obstante, en España el coste debe asumirse de forma privada, lo cual es otro factor a tener en cuenta a la hora de decidir.

Aunque no todos los embarazos son susceptibles de poder finalizar en un parto en casa, muchos de ellos sí lo son. Los principales requisitos para plantearse esta opción serían: estar atendido por un profesional adecuado, que el embarazo sea

4. «El Hospital de Martorell abrirá una casa de partos gestionada por comadronas a final de año», en *El Mundo,* 26 de mayo de 2017. Accesible desde http://www.elmundo.es/cataluna/2017/05/26/5927e869268e3e3a608b462c.html

5. Goer, H.: *Guía de la mujer para un parto mejor.* Ob Stare, Tenerife, 2008.

de un solo bebé, que esté en presentación cefálica y sea considerado de bajo riesgo. El parto debe darse entre la semana 37 y 42, y en ese momento se debe disponer de toda la información de los controles llevados a cabo durante embarazo y haber realizado al menos 4 visitas clínicas por el personal que atenderá el parto. Además, por supuesto, debe tratarse de una decisión libre e informada y que el domicilio en el que se llevaría a cabo el parto cuente con agua corriente, calefacción y que se encuentre a menos de media hora de un hospital[6].

Hay muchas parejas a las que les gustaría poder tener un parto en casa, pero, o bien su caso no cumple con los criterios que hemos comentado, o bien les asusta renunciar a la «seguridad» de acudir a un hospital. En estos casos, además de la opción que hemos comentado de las casas de parto, habría otra alternativa a medio camino entre un parto en casa y uno hospitalario, y sería contratar los servicios de una matrona que atiende partos en casa, pero no con la intención de dar a luz en el propio domicilio, sino para que os acompañe durante el periodo de dilatación, pero con el objetivo de llegar al hospital para el expulsivo. Incluso, en función del hospital que elijamos, en algunos casos permiten que esta persona os acompañe también allí y esté presente durante el final del parto.

El Plan de Parto y Nacimiento

Una vez decidido el lugar en el que queremos dar a luz, y en su caso, el personal que nos atenderá, la mejor forma de dejar claras nuestras preferencias para ese momento es mediante el plan de parto. Según el Ministerio de Sanidad, el plan de parto es un «documento en el que la mujer puede expresar sus preferencias, necesidades, deseos y expectativas sobre el proceso del parto y el nacimiento», y señalan que «disponer de

---

6. «Guía de asistencia al parto en casa», Col·legi Oficial de Infermeria de Barcelona, Barcelona, 2010.

esta información por escrito será de gran ayuda para el equipo profesional que atiende en el momento del parto, facilitará la comprensión del proceso y la participación activa tanto de la mujer como de su pareja o acompañante, y evitará tener que comunicar sus preferencias el día del parto, momento en que el estado emocional y físico es más vulnerable y la mujer se halla centrada en el proceso vivencial».

Este documento es especialmente importante en el caso de los hospitales públicos, ya que como hemos visto, en estos no podemos saber qué profesionales nos atenderán, así que esta información debería aparecer al menos en nuestra historia clínica. Existen diferentes modelos de Plan de Parto disponibles en Internet, pero es recomendable elaborar uno propio con la ayuda de una matrona o ginecólogo alrededor de las 28-32 semanas de gestación, y presentarlo en el hospital donde se va a dar a luz, o al personal que atenderá el parto. En este documento la mujer expresa sus preferencias en relación con las intervenciones que desea evitar o prefiere que le sean practicadas, la persona que desea que le acompañe, o las intervenciones a las que presta su consentimiento para que le sean practicadas al hijo que está por nacer. Evidentemente los profesionales que atienden el parto son los que tienen el criterio para decidir las intervenciones necesarias en función de la evolución del parto, pero en la medida de lo posible deberían respetarse las preferencias de la madre.

Informarse sobre la lactancia y otros cuidados del bebé

Otra forma de preparar el posparto es leer sobre los temas que seguro nos preocuparán llegado el momento. Lactancia, cuidados del bebé, el sueño infantil, etc. Pero también hay otras formas, como estar en contacto con y aprender de otras mamás o acudir a las reuniones de los talleres de lactancia de los centros de salud, o asociaciones de apoyo a la lactancia o crianza que existan en vuestra zona. Por suerte hoy en día existen multitud de recursos para los padres.

Sin embargo, por mucho que nos hayamos preparado para el parto o el posparto, luego las cosas son como son, y no como las habíamos imaginado. Aunque todo vaya bien, y no haya ningún problema específico, son experiencias nuevas y muy intensas, por lo que es frecuente que lo que teníamos claro, ya no lo tengamos, lo que habíamos decidido hacer así, al final lo hagamos de otra forma o que no nos sintamos como esperábamos sentirnos. No podemos preparar el parto y el posparto como si fuera un examen, porque la realidad ya se encarga de cambiarnos las preguntas y a veces también las respuestas, pero todo este trabajo previo sí que puede amortiguar hasta cierto punto algunas inquietudes y preocupaciones, que en la mayoría de las ocasiones tienen fácil solución, o solo implican un poco de paciencia y aceptación. Estas lecturas pueden proporcionar a los padres una dosis adicional de confianza, que es lo que en realidad les va a ayudar más allá de los conocimientos concretos.

Cuando hay hermanos mayores...

Cuando ya hay algún (o varios) hermanos mayores, la vivencia del embarazo es diferente. Estamos más entretenidos con el mayor, la experiencia previa hace que ya sepamos un poco mejor a lo que nos enfrentamos, por lo que algunas dudas que surgieron ante el primer hijo ya están resueltas. Sin embargo, la situación ahora es diferente por lo que pueden aparecer nuevas dudas o dificultades. Una de las primeras en aparecer es en referencia a cuándo decírselo a los mayores. El momento y la forma de hacerlo obviamente es una decisión familiar, pero puede ser una buena idea esperar a que haya pasado el primer trimestre, ya que es más frecuente de lo que se suele pensar que un embarazo se detenga durante las primeras semanas, por lo que si nos esperamos un tiempo prudencial, les podemos evitar algún disgusto a los pequeños. Por otro lado, si a los mayores se nos puede hacer largo un embarazo, para los pequeños este tiempo puede parecer una eternidad. De esta forma también les acortamos un poco la espera. Con los otros dos trimestres, es tiempo más que suficiente para que se hagan a la idea.

Si alguno de los mayores aún toma pecho, es el momento de decidir si queremos una lactancia en tándem, o si preferimos que finalice esta lactancia. Ambas opciones tienen sus pros y sus contras. Es una decisión de la madre, pero hay que tener en cuenta que los cambios hormonales del embarazo pueden facilitar el destete, por lo que en caso de no querer continuar con una lactancia en tándem, el momento para destetar sería ahora. De hecho, muchos niños se destetan solos durante el embarazo de la madre. Una vez nacido el pequeño, el destete puede ser mucho más complicado, así que esta es una decisión a tomar durante el embarazo.

Si alguno de los mayores duerme con vosotros, pero queréis dormir con el bebé (lo cual ayuda muchísimo con la lactancia y el descanso), es el momento de pasarle a su habitación (o, al menos, a un espacio separado de donde va a dormir el bebé), ya que por motivos de seguridad no se recomienda que un bebé comparta cama con hermanos más mayores durante los primeros meses de vida.

Durante este tiempo también podemos hacerles partícipes de las compras, elecciones y decisiones que preparan la llegada de su hermano. Incluyéndoles en todo lo que se pueda en relación con el hermanito, contribuimos a que se ilusionen más aún y a que no se sientan amenazados o desplazados con su llegada.

Otro aspecto a planificar será la logística del parto y la estancia en el hospital (si es que se pretende dar a luz en el hospital): es importante decidir con suficiente antelación con quién se queda el niño mientras nace su hermano, cuándo puede ir al hospital, etc.

El posparto

Las primeras horas

La primera vez que unos padres ven a su hijo recién nacido es un momento único y muy especial; todo el estrés del parto ha pasado y por fin tienen a su hijo con ellos, mirando atento a su madre. Las hormonas del parto, junto con la intensidad emocional que supone conocer por fin a un hijo, harán que estos momentos se queden grabados a fuego en la memoria. Estos primeros momentos suelen encontrarse entre los más importantes de la vida de quienes los protagonizan, y en consecuencia deberían ser tratados con especial delicadeza por parte del personal que atiende el parto. Las primeras dos horas tras el parto son especialmente importantes; en esos primeros momentos, madre e hijo se encuentran en un estado de alerta para que el bebé se pueda adaptar al mundo exterior y la madre pueda conocerle, por lo que es importante que la madre pueda estar tranquila con el bebé sin ser molestada. Si el bebé está bien, las intervenciones y revisión del bebé podrían esperar para respetar así este momento tan especial, aunque en la práctica en los hospitales, especialmente en los quirófanos, esto no es así y todo sigue un ritmo mucho más acelerado.

Como estamos viendo, estas primeras horas son de gran importancia, no solo desde un punto de vista emocional, sino también fisiológico; la naturaleza tiene previstas una serie de tareas para que madre e hijo cumplan en este momento. Las primeras horas deberían reservarse para que ambos puedan mirarse, acariciarse, olerse y conocerse. Nada más nacer, el bebé ya es capaz de reconocer el olor del pecho de su madre y de localizarlo, pero para que esto pueda producirse es importante que ambos puedan disfrutar de un tiempo en contacto piel con piel. Un gesto tan sencillo como éste, se ha visto que facilita el establecimiento de la lactancia, del vínculo entre madre e hijo, el mantenimiento de la temperatura corporal, así como el sistema inmunitario del pequeño, ya que contribuye a la colonización de su piel por las bacterias de su madre, bacterias «buenas» que le servirán para defenderse de las «malas». El bebé hasta ahora solo ha conocido el espacio limitado y calentito del útero de su madre, por lo que una vez en el exterior, se siente más seguro contenido en sus brazos, especialmente en ese contacto directo piel con piel.

Al principio, nada más se le coloca sobre su madre parece estar muy atento mirándola fijamente, sin mostrar mucha actividad, en un estado de alerta tranquila, pero al cabo de 30 o 40 minutos empezará a buscar su pecho. La succión del pezón produce la liberación de una hormona llamada oxitocina, lo que contribuye a la contracción del útero y el control de la hemorragia posparto. Tras el nacimiento del primer hijo estas contracciones apenas se notan (en caso de cesárea pueden notarse más), pero con los siguientes hijos pueden resultar realmente dolorosas. Es lo que se conoce como «los entuertos», que algunas mujeres describen como peores que las contracciones de parto. Sin embargo, aunque resulten dolorosas, en realidad estas contracciones son buenas, porque significan que el útero se está contrayendo y esto contribuye a disminuir la hemorragia. En ocasiones, algunas mujeres rechazan la lactancia materna para evitar este dolor, ya que estas contracciones son facilitadas por la succión del pezón. Si resultan dolorosas, no hay ningún problema en pedir a los médicos un analgésico para sobrellevarlas mejor.

Sin embargo, el parto no siempre se desarrolla del modo previsto. En caso de un parto difícil o con complicaciones, la madre puede estar agotada y no estar en condiciones para brindarle esta atención al hijo, por lo que hay que aplazar este primer contacto. En estos casos, este primer contacto puede realizarlo el padre, preferiblemente al lado de la madre, donde ésta pueda tenerlos a la vista y el padre pueda hablarle.

Al cabo de un par de horas, después de ese periodo inicial de alerta, los bebés suelen dormir profundamente, pero las madres muchas veces ni quieren ni pueden dormir. La excitación y la felicidad son tales que no pueden conciliar el sueño, estando aún en alerta por los efectos de las hormonas del parto. Esta primera noche «a solas» con su bebé, es otro momento importante para el establecimiento del vínculo.

Cuando hay hermanos mayores

Cuando nazca el bebé es importante que en la medida de lo posible dejéis a su hermano seguir siendo protagonista. Todos los ojos, cuidados y atenciones van a estar dirigidos a su hermano pequeño, pero él también os necesita. Está viviendo un momento de mucha incertidumbre, no entiende los cambios que están sucediendo y la implicación que pueden tener.

De hecho, un motivo que contribuye a elegir a veces el parto en casa cuando existen hermanos mayores es precisamente que no se les tiene que excluir de este evento tan especial. En los partos en casa, tanto los padres como los hijos pueden disfrutar del privilegio que supone poder acompañar a la madre en la intimidad de su propia casa, lo que convierte este tipo de partos en una experiencia muy especial para toda la familia.

El momento de presentarle al hermanito pequeño, es un momento muy emotivo del que merece la pena sacar algunas fotos o vídeos, que seguro servirán como recuerdo para toda la familia. Las reacciones pueden ser de lo más variadas. Los hay que se interesan mucho por el pequeño, lo miran con curiosidad, y tal vez le den besitos o caricias. Otros parecen indiferentes, como si la cosa no fuera con ellos. Algunos, de lo primero que se preocupan es del estado de su mamá y de prestarle mimos y atención a ella. No hay formas correctas o incorrectas de reaccionar, lo importante es que el mayor se sienta comprendido y querido.

Las visitas en el hospital

A las pocas horas del parto las hormonas que han inundado el cuerpo de la madre hacen que ésta sienta una energía y una euforia sorprendentes después de todo el esfuerzo que acaba de realizar. Esta energía y euforia, que se mantienen durante dos o tres días, darán luego paso a un bajón, producto del cansancio, el dolor, los cambios hormonales, la asimilación de lo ocurrido durante el parto, etc. Es un bajón normal que da paso a una etapa más tranquila en la que dedicarse al bebé y a la lactancia.

Durante estos primeros días, si la madre se encuentra bien, puede ser un buen momento para recibir a los familiares y amigos más cercanos, que seguro tendrán ganas de conocer al bebé. A veces los padres prefieren (y algunos médicos recomiendan) reservarse el primer día para estar más tranquilos recuperándose del parto sin recibir visitas. Aunque esto puede parecer lógico, a veces a los familiares les cuesta comprender o respetar esta decisión. Es algo a decidir en pareja, aunque llegado el momento de la verdad, podemos cambiar de opinión en un sentido u otro.

¿Cómo dar la noticia? Durante estos primeros días es más cómodo avisar a todo el mundo de cómo ha ido todo a través de un único mensaje de texto, y así evitar cantidad de llamadas telefónicas para explicar una y otra vez lo mismo, y así poder dedicar más atención a lo que está ocurriendo en la habitación del hospital y no a lo que pasa fuera.

El padre debería ser el encargado de gestionar las visitas para que la madre y el hijo estén a gusto en todo momento. Por ejemplo, si la madre no está cómoda para dar el pecho ante la presencia de las visitas (que producen distracción y tensión, lo que dificulta la eyección de la leche), es bueno pedirles que se marchen cuando el bebé necesite mamar. También puede ocurrir que, por no sentirse cómoda, la madre retrase el momento de dar el pecho hasta que las visitas se marchen, dificultando así el inicio de la lactancia. Por eso es importante que los padres puedan disponer de mucho tiempo de tranquilidad, ya que esos días son muy importantes para el buen comienzo de la lactancia.

Especialmente durante los primeros días, las visitas no deberían ser demasiado largas, ni en horarios que dificulten el descanso. Además, es importante recordar que en estos momentos el bebé donde debería estar es en brazos de su madre, que es el lugar en el que más relajado se encontrará y con el pecho a su alcance para cuando necesite mamar. Es comprensible que los familiares y amigos estén deseosos de tenerle en brazos, pero hay que tomárselo con calma; es recomendable que el bebé no vaya de brazo en brazo, ya que es muy sensible a estímulos y olores, y esto puede producirle sensación de inseguridad. Si así lo desean los padres, los familiares más directos pueden cogerlo brevemente en brazos, pero en general, es mejor tanto por el bebé como por la madre, minimizarlo. Y, por supuesto, quienes cojan al bebé deberían haberse lavado antes las manos, evitar el uso de perfumes, y abstenerse de cogerlo (o, de visitarlo) en caso de estar enfermos. Algo tan sencillo como el olor de una colonia, puede resultar muy molesto para la madre reciente y para el bebé.

La llegada a casa con el bebé

Aquí empieza todo. Ya tenemos al bebé, estamos todos razonablemente bien (si no, no nos habrían dado el alta), y hemos llegado a casa con él. Empezamos una nueva vida como madres y padres, una vida que nunca volverá a ser como era. Es un nuevo inicio, lleno de cambios a los que nos tenemos que adaptar, y no es fácil para nadie. El bebé se tiene que acostumbrar a la vida en el exterior, los sonidos, las luces, los olores, las nuevas sensaciones de gravedad ya sin el líquido amniótico alrededor, el espacio sin límites que supone estar fuera del útero, el hambre, el dolor... una cantidad de nuevas sensaciones y experiencias que cuesta digerir.

Pero para los papás también es todo nuevo; para la madre se ha producido un cambio radical. Durante 9 meses ha llevado dentro a su hijo y lo ha alimentado. Y de repente ya no está. Se lleva las manos al vientre y este ha cambiado. Ya no es el que era algunos días antes, cuando aún estaba dentro el bebé, pero desde luego tampoco es el cuerpo con el que ella se reconoce. La tripa ha ido creciendo poco a poco a lo largo de los meses, pero el cambio desde el parto ha sido radical en poco tiempo. Incluso puede costarle reconocerse en el espejo, hinchada, dolorida, agotada... Su cuerpo tardará un tiempo en volver a ser el que era y esto, a veces, es algo que cuesta asimilar. La experiencia del parto todavía es muy reciente, y es una experiencia intensa, que puede haber resultado muy diferente a lo que se esperaba o deseaba. Hay partos maravillosos que discurren sin mayor problema, y aun así suponen una de las experiencias más intensas en la vida. Si, además, las cosas no han sido tan bonitas y ha habido complicaciones, o el trato recibido no ha sido adecuado, el proceso de asimilación puede ser más complicado. Además, ahora hay una personita totalmente dependiente, reclamando su atención y cuidados las 24 horas.

Pasar de una vida activa e independiente a estar en casa con un bebé que depende totalmente de una, es un gran cambio que puede resultar abrumador. Las visitas se agolpan y queremos llegar a todo. Podemos estar peleando por establecer una lactancia, lo cual no es siempre fácil, y aún con las molestias y dolores a consecuencia del parto, pueden aparecer nuevos dolores o dificultades por la lactancia. La falta de sueño, el cansancio y las dudas... las dudas se amontonan, por muchos libros que hayamos leído o por muchos sobrinitos que hayamos visto crecer. El mundo parece ir a un ritmo diferente del que la madre y el bebé necesitan. Una vez pasada la euforia inicial, las energías empiezan a faltar y pueden producirse altibajos.

Pero las cosas para el padre tampoco son fáciles. No ha vivido los cambios físicos del embarazo y el parto, y quizá por eso mismo, le toca aterrizar de una manera más brusca en su nueva vida. A veces le cuesta un poco más que a la madre, ya que ella le lleva algunos meses de ventaja. De repente se ve con un bebé en brazos que no entiende de horarios, ni del día y la noche, una mujer en muchos casos agotada y dolorida por el parto, gestiones y una casa por atender, la comida, el supermercado, la ropa, las visitas, etc. Todo esto es más que suficiente para que también pueda sentirse sobrepasado. Además (como es lógico) la atención de toda la gente que pasa por casa, suele centrarse en la madre y el bebé, y esto es algo a lo que a veces tampoco está acostumbrado.

Así, un bebé implica un pequeño caos en casa para todos. Por eso es tan importante disponer de momentos de tranquilidad para estar juntos padres e hijos, disfrutando los unos de los otros, conociéndose, y favoreciendo las condiciones para el correcto establecimiento de la lactancia. Como hemos visto, esa liberación de oxitocina que se produce cada vez que el bebé mama, además de favorecer la contracción del útero y el control de la hemorragia posparto, también influye en la conducta, las emociones, el apego y las relaciones sociales. De hecho, parece ser que esta presencia de oxitocina ayudará a las madres a gestionar el estrés durante el resto de sus vidas[7].

7. Smulders, B.: *Posparto seguro y los primeros meses tras el parto.* Medici, Barcelona, 2010.

La primera semana sirve para recuperarse del parto, establecer el vínculo, el reconocimiento mutuo entre mamá y bebé, y el comienzo de la lactancia. Durante las siguientes semanas la madre no está aún totalmente recuperada y necesitará todavía la ayuda de otras personas. En diferentes países se trata este periodo de diferentes formas, desde países como Estados Unidos donde no existe ni siquiera la baja maternal, hasta otros como Países Bajos en los que durante la primera semana después del parto las madres recientes pueden disfrutar de los servicios de una asistente maternal pagada por el Estado, quien ayuda en la asistencia al parto, el inicio de la lactancia, se encarga de preparar comida, ordenar la casa, lleva un registro del estado de la madre y el hijo, de las curas del ombligo, avisa a la matrona o al pediatra en caso de que algo no vaya bien, escucha y asesora a los padres. En España tenemos una situación intermedia, en la que muchas de estas funciones suelen realizarlas familiares o amigos cercanos.

Las visitas en casa

Durante los primeros días hay una gran euforia y apenas hay diferencia entre el día y la noche, pero al cabo de los días, cuando las energías empiezan a escasear, y el cansancio y las molestias físicas se hacen más evidentes, puede darse un bajón en el estado de ánimo de la madre. A partir de entonces es mejor echar el freno y dosificar las visitas, limitándolas a una al día, y respetando los horarios de descanso y dedicarle el tiempo que necesita el bebé para favorecer un buen inicio de la lactancia. Además, es bueno tener algunos momentos al día libres de visitas, llamadas o mensajes, para poder pasar tiempo los padres y el bebé a solas. La casa puede esperar. Incluso la familia puede esperar. Lo más importante ahora es lo que tenemos en casa.

Cuando hay hermanos mayores...
Pese a que la experiencia del primer hijo haga que ya tengamos más idea de lo que vamos a vivir con el segundo (o siguientes), la realidad es que cada hijo es diferente y lo que nos funcionó con el primero no tiene por qué funcionar con el segundo. Además, aunque nos funcionara, quizá no podríamos aplicarlo igual porque ya no tenemos solo un bebé, sino que hay otro hermano mayor con su propio ritmo y sus propias necesidades. Si en el posparto del primer bebé la madre necesitó ayuda, ahora esta ayuda va a ser aún más necesaria. Es algo a considerar para poder planificarlo bien con antelación.

Puede que el hermano mayor se comporte diferente a como acostumbraba. Después del nacimiento del hermano menor, es frecuente que se den algunas conductas regresivas (como volver a pedir teta, decir que es un bebé, tener más accidentes de pipí o caca, etc.). También es frecuente que se den más rabietas y llamadas de atención (como por ejemplo romper o tirar algo al suelo a propósito). A veces esto ocurre desde poco después del nacimiento, otras veces pueden pasar algunas semanas o meses. En realidad, es normal que pida atención. Es mejor hacerle sentir importante y protagonista, porque esa atención que pide es totalmente legítima. Si siempre hay que ser paciente con los niños, ahora es el momento de ser más pacientes todavía con el mayor. Hay que tener en cuenta que, además del cambio en su conducta, también hay un cambio en la percepción de esas conductas por parte de los padres; cosas que antes aceptábamos con más o menos facilidad, ahora nos pueden irritar y enfadar mucho más. No hay que sentirse culpables, ya que también es una reacción normal por querer proteger al pequeño, pero sí ser conscientes de ello, para intentar suavizar nuestras respuestas.

Además, hay que tener en cuenta al hermano mayor (si existe) a la hora de planificar las visitas; en ese caso puede ser práctico organizarlas cuando él estuviera en el colegio o guardería, especialmente las visitas de familiares o amigos sin hijos, para que no le «roben» más tiempo de atención. *Si es necesario, animad a las visitas a prestar más atención al hermano mayor;* el bebé acaba de aterrizar por aquí y no se entera de mucho, no necesita tanta atención, pero su hermano, sí. Quizá le alegra tener alguien más con quien jugar esa tarde, a quien enseñar su libro favorito o alguien a quien demostrar lo bien que sabe pintar. Si esos familiares, además de llevar un detallito al bebé, también tienen ese gesto con su hermano (algo simbólico), esto le ayudará a que no se sienta tan desplazado.

Es frecuente que, tras unos días o semanas de aceptación y amor por el recién llegado, llegue un momento en el que su hermano diga algo así como: «Pero hasta cuándo se va a quedar el bebé en casa», «Quiero que vuelva a la tripa de mamá" o que, como hemos escuchado en algunos casos, pida «Tirar ese bebé a la basura» o cosas por el estilo. No os asustéis, es algo normal. Se le pasará. Los celos existen. Son normales y se van a dar. No hay que juzgar ni castigar esos celos sino intentar poneros en su lugar: a vosotros tampoco os haría gracia si de repente llegara alguien con quien tenéis que compartir todo los que tenéis de manera forzosa. Incluyendo vuestra cama, coche, móvil, pareja, etc. Todo. ¿A que no os haría gracia? Pues eso. De todas formas, implicarlo en la atención y cuidados de su hermano pequeño puede ayudar a que no se sienta tan desplazado.

También hay que tener en cuenta que las relaciones van a cambiar, es frecuente que el recién nacido pase a estar de manera casi exclusiva con la madre, mientras que el padre es quien se encarga de su hermano o hermanos mayores. Esto puede hacer que temporalmente se fortalezcan más esos vínculos, pero con el tiempo las aguas volverán a su cauce. Muchas veces la madre puede vivir con tristeza esta separación de los mayores, o la preferencia de estos a estar con su padre cuando antes la preferían a ella. Esto en realidad lo que hace es facilitarlo todo, ya que ella así puede disponer de más tiempo para dedicarle al pequeño. Aun así es bueno que la madre pueda disponer de tiempo para dedicarle a los mayores, preferiblemente sin tener que estar atendiendo también al pequeño. A todos les puede costar un poco adaptarse a la nueva situación, tanto a los hijos como a los padres, pero poco a poco se va consiguiendo un nuevo equilibrio.

Además hay un tema de enfoque o de perspectiva: tenéis que tener presente que de repente no tenéis un hijo mayor y un hijo pequeño. Cuando se llevan pocos años, tenéis dos hijos pequeños; uno que es pequeño y uno que es más pequeño todavía. No hagáis madurar a la fuerza al mayor simplemente porque haya nacido su hermano. Este sigue teniendo unas necesidades que hay que atender.

Tristeza posparto y depresión posparto

Durante las primeras semanas tras el nacimiento del bebé, pueden aparecer en la madre una serie de emociones que pueden pillarnos por sorpresa. A veces la madre reciente puede preguntarse si será capaz de ser una «buena madre». Le asaltan las inseguridades, las dudas y los sentimientos abrumadores. En un momento que «tendría que ser el más feliz de su vida» de repente comienza a sentirse triste, melancólica, con miedo a poder hacer daño a su bebé, o dudas acerca de si tenerle ha sido una buena idea o no. Se puede sentir incompetente, incapaz de darle a su hijo lo que necesita o incomprendida por quienes la rodean (de hecho, esa incomprensión muchas veces es una realidad), especialmente por su pareja. Esto es lo que se conoce como la «tristeza posparto» y es algo tan frecuente que se estima que lo pueden experimentar más de tres de cada cuatro madres recientes, por lo que lejos de ser algo extraordinario se podría considerar como un fenómeno normal tras el parto. Es algo que no requiere tratamiento, ya que la intensidad de estos síntomas (aunque muy molestos) es leve y suele remitir de manera espontánea al cabo de unas dos semanas.

Pero hay otros casos (entre un 10 y un 15%) en los que esas sensaciones no desaparecen al cabo de este tiempo[8], sino que se mantienen o incluso aumentan; aquí ya no hablamos de tristeza posparto, sino que recibe el nombre de «depresión posparto» y es un problema serio que requiere abordaje, ya que si no se interviene, tiende a cronificarse. En el caso de la depresión posparto los sentimientos de tristeza, ansiedad o desesperación son tan elevados que pueden impedir a la madre llevar a cabo las tareas más cotidianas.

¿Por qué ocurre? No se puede hablar de una única causa, sino más bien de una combinación de factores físicos y emocionales. Además de las molestias físicas tras el parto, la falta de sueño o el cansancio, en muchas ocasiones se habla de «alteraciones hormonales» como causa de la depresión posparto, y se señala a la rápida caída tras el parto de estrógenos y progesterona como la culpable. Isabel Fernández del Castillo, autora de *La nueva revolución del nacimiento* y una de las fundadoras de la asociación El Parto es Nuestro, señala que lo que genéricamente se llaman «alteraciones hormonales» tras el parto podrían estar relacionadas con algunas intervenciones ocurridas durante el mismo. De hecho, en esta línea, hay investigaciones que relacionan el empleo de oxitocina sintética durante el trabajo de parto con mayores tasas de depresión

8. Aunque lo más frecuente es que la depresión posparto se inicie en las dos o tres semanas siguientes a dar a luz, en verdad puede comenzar en cualquier momento durante el siguiente año; de hecho, en muchos casos puede ser incluso antes: se estima que hasta la mitad de las depresiones «posparto» comienzan, en verdad, antes del propio parto. Por eso se ha propuesto hablar de«depresión periparto», más que posparto en la última edición del DSM.

posparto o trastornos de ansiedad durante el año siguiente[9], siendo estos síntomas mayores cuanto mayor ha sido la dosis empleada[10].

Sea como sea, la madre no es culpable de nada de lo que está sintiendo, y necesita comprensión y apoyo de su entorno (al igual que cualquier otra madre, pero en este caso un poco más). Hay que entender como normales estos sentimientos de los primeros días o semanas, ya que todo lo que ocurre durante este periodo es tremendamente agotador. Saber que ocurre hasta a un 80% de las madres ayuda a llevarlo mejor. Pero también hay que saber que en el caso de que no mejore de manera espontánea en un par de semanas es necesario buscar ayuda profesional, específicamente profesionales sanitarios acreditados y colegiados, como psicólogos o psiquiatras. Afortunadamente la terapia psicológica es muy efectiva en el manejo de esta sintomatología, especialmente la terapia Cognitivo Conductual. En algunos casos también puede estar indicado emplear fármacos antidepresivos durante algunos meses, y afortunadamente muchos de ellos son compatibles con la lactancia materna[11].

Integrar la experiencia del parto

Durante los primeros días todo es tan nuevo y emocionante que la madre apenas puede ser consciente de sus propias emociones. Al cabo de un tiempo empieza a tomar contacto con sus

---

9. Kroll-Desrosiers, A. R.; Nephew, B. C.; Babb, J. A.; Guilarte-Walker, Y.; Moore Simas, T. A., y Deligiannidis, K. M. (2017): «Association of peripartum synthetic oxytocin administration and depressive and anxiety disorders within the first postpartum year», *Depression and Anxiety, 34*(2), 137-146.

10. Gu, V.; Feeley, N.; Gold, I.; Hayton, B.; Robins, S.; Mackinnon, A., y Zelkowitz, P. (2016): «Intrapartum Synthetic Oxytocin and Its Effects on Maternal Well-Being at 2 Months Postpartum», *Birth, 43*(1), 28-35.

11. Olza Fernández, I.; Serrano Drozdowskyj, E., y Muñoz Labián, C. (2011): «Lactancia para psiquiatras: recomendaciones sobre el empleo de psicofármacos en madres lactantes», *Archivos de Psiquiatría,* 2-16.

sentimientos. Entonces, es recomendable que la mujer pueda comentar el parto con su pareja y con amigas o familiares de su confianza, no solo explicando la sucesión de acontecimientos, sino especialmente centrándose en cómo se sintió ella y cómo lo vive ahora. A veces son experiencias tan intensas que puede no recordar algunas partes del mismo (especialmente si la mujer estaba totalmente concentrada en su parto, o debido a un estrés muy intenso). En estos casos es muy útil reconstruir el relato de lo ocurrido con la ayuda de la pareja, quien lo ha vivido desde un punto de vista muy distinto y aporta su propia experiencia. Puede ayudar observar fotografías o vídeos del parto, si se dispone de ellas. Si es posible, se puede hablar también del parto con el equipo médico que le atendió para resolver dudas o malentendidos que puedan haber quedado pendientes. A veces el parto de los segundos hijos o posteriores puede transcurrir de una forma tan rápida que a la madre le cuesta hacerse a la idea de que ya haya pasado todo. En estos casos es útil tratar de hacer más vívidos esos recuerdos, intentando recordar cada detalle, cada gesto, cada comentario, cada sensación, cada olor y cada sentimiento.

Otras veces el parto no ha sido como se esperaba. Puede haber habido complicaciones y haber sido necesario un parto instrumentado, una cesárea, el ingreso hospitalario del hijo o de la madre por alguna complicación, etc. Más allá del grado de intervención necesaria o de las posibles complicaciones, la experiencia puede vivirse de formas muy diferentes, en gran parte en función del acompañamiento y trato recibido. Si se mantiene informada en todo momento a la pareja, con un trato amable y cercano, este contacto humano es capaz de amortiguar hasta cierto punto el impacto emocional de estas experiencias. En estos casos ayuda pensar que todas las intervenciones o separaciones se han realizado en beneficio del bebé y que en realidad es una suerte que haya nacido en nuestra época, con una medicina tan desarrollada, y con un montón de recursos disponibles para sacar adelante a nuestro hijo.

Pero en algunos casos, más allá del grado de intervención al que han sido sometidos madre e hijo, podemos estar hablando de casos de verdadera violencia obstétrica. Evidentemente lo primero es la seguridad y el bienestar del bebé y la mamá, pero que hayan salido los dos «enteros» de la experiencia no es lo único que importa. La experiencia del parto puede resultar traumática para muchas mujeres, experimentando sentimientos de miedo, indefensión y terror, que posteriormente pueden tener como consecuencia pensamientos, recuerdos vívidos del suceso, *flashbacks,* pesadillas o irritabilidad. Cuando se pregunta a estas mujeres traumatizadas por sus partos suelen hablar de la sensación de total pérdida de control, haber recibido un trato autoritario, sentimientos de haber sido traicionadas, tratadas de forma deshumanizada, irrespetuosa y descuidada. Para describir el trato recibido emplean expresiones como «bárbaro, invasivo, terrible y degradante» o haber sido tratadas «como un cacho de carne» o «como una baldosa de la pared»[12]. Obviamente el haber sido maltratadas en un momento tan importante como el nacimiento de un hijo, tiene un impacto mucho mayor en la mujer que un maltrato en cualquier otra situación. Si las formas siempre son importantes en el trato al paciente, especialistas como los ginecólogos, obstetras y matronas, deberían ser muy conscientes de la importancia de tratar con amabilidad y respeto a la mujer en su proceso de parto. En estos casos es más importante si cabe, poder compartir lo vivido con personas cercanas, y en caso de sentirlo necesario, buscar ayuda profesional.

12. Fernández, I. O. (2013): «PTSD and obstetric violence», *Midwifery today with international midwife,* (105), 48-9.

Una nueva vida...

Una vez pasado el pequeño terremoto del posparto, las aguas vuelven a su cauce y la familia va encontrando un nuevo equilibrio. La madre se recupera físicamente del parto, la lactancia coge ritmo, el bebé va realizando sus pequeños grandes avances y la familia al completo se prepara para disfrutar de la gran aventura que supone acompañar al pequeño en sus primeros años de vida. Unos años que el pequeño no recordará, pero que sentará las bases de todo su desarrollo posterior. Los padres por su parte, un poco liados entre pañales, ropita, preparar comidas, noches complicadas, mocos y algunos llantos, cuando se detienen a observar al pequeño, se dan cuenta de lo rápido que crece. Comienza una etapa apasionante llena de primeras veces, las primeras sonrisas, los primeros dientes, las primeras palabras, los primeros pasos, las primeras rabietas... Es importante aterrizar de vez en cuando, respirar, observar y disfrutar de esta etapa agotadora, pero única e irrepetible.

Para saber más...

Goer, H.: *Guía de la mujer consciente para un parto mejor.* Ob Stare, Barcelona, 2008.

Paricio, J. M.: *Tú eres la mejor madre del mundo.* Ediciones B, Barcelona, 2013.

Smulders, B.; Croon, M., y Feenstra, C.: *Embarazo seguro: la guía más completa y actual.* Medici, Barcelona, 2001.

—, *Parto seguro: una guía completa.* Medici, Barcelona, 2002.

Smulders, B.: *Posparto seguro y los primeros meses tras el parto: las primeras semanas de vida del bebé.* Medici, Barcelona, 2009.

The Business of Being Born, Abby Epstein (2008).

Neixer, Ana Victoria Pérez (2013).

CAPÍTULO 3

La pareja ante la llegada de los hijos

«Amar a la madre de sus hijos es lo mejor que un padre puede hacer por sus hijos».
Theodore Hesburgh

CON EL INICIO de la vida adulta, somos dueños de todo nuestro tiempo, no tenemos la responsabilidad de compartirlo con nadie. Podemos invertir ese tiempo en nuestros amigos, en nuestra familia, en el ocio, los estudios, el trabajo... y todo esto de un modo bastante flexible. Esta libertad nos permite implicarnos en numerosas actividades sociales, lo que nos facilita entrar en contacto con muchas personas, alguna de las cuales, quizá se acabe convirtiendo en pareja estable. En una relación de pareja, ese tiempo que anteriormente era solo para nosotros, vamos a tener que compartirlo con esa persona; no es algo que cueste un esfuerzo especial, dado que la relación es algo muy satisfactorio, pero esto implica numerosos cambios en nuestras rutinas diarias. En esta etapa es cuando suele producirse un cierto distanciamiento del grupo de amistades y un cambio en los patrones de ocio. Habitualmente nuestra pareja nos aporta tanto en diversas áreas que no necesitamos recurrir a muchas más fuentes para obtener gratificación, además las responsabilidades y obligaciones que implica la vida adulta hace que el tiempo libre disponible se reduzca.

Una evolución frecuente de la relación de pareja es cuando ésta decide tener un hijo; llegados a este punto, el espacio personal de ambos miembros de la pareja se ve reducido, teniendo que invertir una enorme cantidad de tiempo y recursos en la personita que acaba de llegar a casa. A partir de este momento, podríamos decir que el tiempo o dedicación de cada uno se divide en tres áreas principales: por un lado tendríamos un área personal, aquella área original de la que forman parte solo los elementos que afectan a ese miembro de la pareja de manera individual, en la que incluimos trabajo, relaciones de amistad, aficiones, tiempo ocioso, etc. Luego nos encontramos con el área de pareja, que engloba todas las actividades que se realizan en común con la pareja, pero que no están relacionadas directamente con los hijos. Aquí encontraríamos el ocio en común, las relaciones sexuales, el tiempo de intimidad, etc. Y finalmente tendríamos el área de la paternidad/maternidad que engloba todo aquello relacionado con el cuidado de los hijos y el mantenimiento del equilibrio familiar.

Como es comprensible, durante los primeros años de crianza, el área de la paternidad acaba por absorber la mayor parte del tiempo de la pareja; el poco que queda se invierte en el área personal (trabajo, fundamentalmente), quedando el área de la pareja relegada al último lugar. En nuestro afán por ser los mejores y más responsables padres, trabajadores comprometidos y amigos de nuestros amigos, es relativamente frecuente que se acabe dejando a la pareja en el último lugar.

Muchas parejas comienzan a debilitarse llegados a este punto, porque han olvidado seguir cultivando su relación. Pero esto es algo que habitualmente no vemos evidente en un primer momento. A veces, esta afectación de la pareja tarda en notarse, porque los primeros años de la crianza son tan demandantes que ni queda tiempo para reflexionar sobre el estado de nuestra relación. Cuando los hijos comienzan a ser algo menos dependientes y demandantes (alrededor de los 3 o 4 años de edad, en ocasiones cuando son algo más mayores, quizá en la adolescencia o cuando estos se independizan) es cuando en muchas parejas se hace evidente el abandono al que ha sido sometida la relación.

La pareja como equipo

Muchas parejas entran en crisis durante el primer año de vida de su hijo; todos los cambios y retos que implica el nacimiento de un hijo es algo a lo que no todas las parejas pueden hacer frente sin que la relación se vea resentida, por lo que muchas parejas deciden acudir en busca de ayuda profesional para tratar de encauzar de nuevo su relación. Algo que comparten la mayoría de parejas que acuden a consulta es el hecho de haber abandonado el trabajo en equipo y haber pasado a competir entre ellos. Los campos de batalla para esa competición son variados: quién tiene la razón, quién hace bien determinadas cosas, quién tiene la culpa de que las cosas no marchen como antes, etc. Al final, incluso acaban viéndose el uno al otro como «el enemigo»; el otro es el responsable de mi malestar, de no tener tiempo, de haber dejado mis aficiones, etc.

Habitualmente cada miembro de la pareja proviene de contextos familiares con valores y características diferentes. Con el inicio de la convivencia, y especialmente con la llegada de los hijos, las diferentes formas de abordar la vida se hacen evidentes, desde los aspectos más pequeños relacionados con las tareas cotidianas o rutinas, hasta valores más centrales para la pareja. Pero por encima de las diferencias que una pareja pueda mantener, les une el deseo de ser felices y transmitir esa felicidad a sus hijos. En lo que difieren, a veces, es en la idea que cada uno tiene de cuál es el mejor modo de lograrlo.

Pero si la pareja no funciona como un equipo va a ser muy complicado hacer frente a todas las dificultades que pueden aparecer: a nivel laboral, de conciliación, redefinición de los roles y relaciones con las familias de origen, dificultades inherentes a la crianza, cansancio físico, etc.

Alimentar la relación de pareja

Así, se hace necesario recuperar un equilibrio en ese reparto de tiempo y energía, de modo que la relación de pareja recupere algo del espacio que por inercia ha ido sacrificándose en pro de la paternidad. Como hemos visto, a veces nos volcamos tanto en los hijos que podemos descuidar a la pareja, pero si lo pensamos, el cuidado de la pareja es necesario también para los hijos, ya que una buena relación de pareja va influir de manera muy positiva en la paternidad. Podríamos decir, incluso, que *ser unos excelentes padres implica necesariamente cuidar la relación de pareja,* porque si no cuidamos de nuestra relación el estrés y la tensión que se generen acabarán influyendo en la crianza. Los niños pequeños necesitan muy pocas cosas, pero si hay algo que necesitan, además del cariño de sus padres, es un ambiente tranquilo y amoroso en casa.

Mantener una sana relación de pareja y cierta parcela personal solo puede lograrse con determinación y esfuerzo por parte de ambos miembros de la misma. Si hay colaboración se puede lograr, si hay una lucha para evitar que el otro invada su terreno, ambos pierden. El equilibrio al que habrá que aspirar, obviamente no será uno en el que cada área ocupe un tercio de nuestro tiempo o espacio mental; probablemente entraríamos en algún tipo de negligencia si actuáramos así, ya que durante los primeros años el área de la paternidad aún va a requerir una gran parte de nuestro tiempo. Ese equilibrio debe ser dinámico, en el cual invirtamos de manera flexible nuestro tiempo y esfuerzo en cada área en función de las necesidades que existan: obviamente el momento en el que nuestro hijo está ingresado en la planta de pediatría por una bronquiolitis no es el más idóneo para fortalecer la relación de pareja con una cena romántica, o de recuperar la autonomía perdida con una cena entre amigos. Hay un tiempo para todo. Lo que sí que debería estar equilibrado, en la medida de lo posible, es el tiempo que ambos miembros de la pareja tienen para sus parcelas personales, y tratar de sacar siempre algo de tiempo para la pareja. Sin embargo, es frecuente que solo uno de los miembros de la pareja disfrute de «privilegios» como poder practicar deporte o disponer de tiempo libre para actividades de ocio, mientras que el otro miembro no dispone de estos momentos.

A veces, las parejas tras años de relación funcionan movidas por la inercia. Han aprendido a funcionar el uno junto al otro, a hacer frente a ciertas dificultades, y se han acomodado. Pero para que la relación vaya bien, ha de construirse día a día. Si no lo hacemos así, existe el riesgo de continuar en una relación cómoda por conocida, pero que probablemente nos dificultará construir una vida feliz. Llegados a este punto muchas parejas encuentran difícil retomar ese área de pareja con la que tanto disfrutaban tiempo atrás.

¿Pero por dónde empezamos? Podéis revisar fotos y recuerdos de vuestro noviazgo y primeros años de relación, para recordar las actividades que os hacían felices: acudir a conciertos, dar largos paseos en bicicleta, hacer deporte juntos, excursiones, cine, cenas, escapadas de fin de semana, etc. Los momentos que solemos inmortalizar en las fotografías suelen ser los que mayor carga afectiva encierran, y revisar estas fotos os puede ayudar a retomar alguna de estas actividades o simplemente recordar los buenos momentos en los que disfrutabais haciendo cosas juntos. Es obvio que muchas de estas actividades pueden ser inviables en esta etapa de crianza en la que los hijos aún son muy pequeños y requieren mucho de nosotros, pero algunas podrán realizarse con alguna ligera modificación, y otras se podrían integrar en la rutina diaria. Para ello, es necesario establecerlo como una prioridad máxima, solo por detrás del trabajo o los cuidados de los hijos. Si lo dejamos «para cuando nos venga bien» o «para cuando tengamos un rato» y ponemos por delante cualquier otro compromiso con amigos, familiares, recados, vagabundear por Internet y redes sociales, etc., seguiremos en la inercia del abandono de la relación.

Además de reservar un tiempo especial para recuperar la complicidad en la pareja, también es necesario convertir lo cotidiano en reforzante, ya que una relación no se puede sostener a base de «escapadas de fin de semana» o de cenas románticas, si en el día a día no hay espacio para una caricia, un beso, palabras amables o echarse unas risas. Para ello debemos huir de ese modo mental en el que solo nos fijamos en nuestra pareja para señalarle aquello que debe cambiar, y pasar a observar con otros ojos más positivos a la persona a la que hemos escogido como compañera de vida. *¿Qué es lo que le hace especial?, ¿qué es lo que mejor hace con vuestros hijos?, ¿qué es lo que más te gusta hacer con él/ella?, ¿qué se le da especialmente bien?, ¿qué ha mejorado durante los últimos meses?, ¿en qué te ha sorprendido como padre/madre?* Responder a cuestiones como estas va a ayudarnos a alejar el foco de la crítica y orientarlo hacia algo más constructivo. Pero con reflexionarlo no basta, a todos nos resulta agradable escuchar de nuestra pareja aquello que hacemos bien: asegurémonos que no pasa un solo día sin que reconozcamos a nuestra pareja alguna de esas cosas por las que ocupa un lugar tan especial en nuestra vida.

Además de este tiempo en pareja y del reconocimiento a todo lo que nos gusta de ella, vamos a recordar algunos ingredientes que no deben faltar en una buena relación de pareja:

- Saber ceder: recuerda que vivir en pareja es diferente de vivir solo y ambos debéis realizar algunos sacrificios por el bien común (quizá te gustaría mucho ir a jugar a padel, pero sabes que en casa haces falta ese rato). Este reparto del esfuerzo por la relación debería estar equilibrado, no depender de uno de los miembros que es quien apuesta por la relación.

- Comunicación: una comunicación sincera y transparente es esencial para el avance de la relación. Hablar de los sentimientos, expectativas, miedos, etc. es fundamental. Pero los temas más cotidianos también son importantes: cómo me ha ido el día, a qué hora llegaré a cenar, si he quedado con mis amigos/as... Recuerda, ¡vivir en pareja es distinto a vivir solo!
- Respeto: el respeto en la relación es mucho más que no agredir a la pareja física o verbalmente. Respetar a su familia, sus amigos, formar parte de su vida, de sus ilusiones, sus proyectos, etc. Tener en cuenta sus necesidades y hacer un esfuerzo por satisfacerlas.
- Compartir: no basta con compartir los gastos, una relación es mucho más. También se comparten proyectos, ilusiones y metas. En la medida de lo posible, se comparten aficiones, amigos, familia, tiempo, problemas y dificultades. Una buena pareja demuestra lo que vale en las situaciones más complicadas.
- Compromiso: el compromiso implica muchas de las ideas que ya hemos señalado, saber ceder, respeto, compartimiento, etc. Sin compromiso no puede haber una meta común ya que no hay estabilidad ni perspectivas de futuro. Muchas parejas temen dar pasos importantes en la relación porque no saben si seguirán juntos en el futuro; ¡está claro que si no dan esos pasos importantes, es mucho más complicado que sigan juntos en el futuro!
- Creatividad: al igual que no existe una máquina de movimiento perpetuo, no existe relación que avance sola. Crear nuevas ilusiones, nuevas aficiones, nuevos objetivos y metas, enfrentarse a nuevos desafíos; evolucionar al lado de nuestra pareja consolida nuestra relación.
- Intimidad: una relación de pareja debería ser exclusiva y no solo en términos sexuales. Si la pareja no es la persona nú-

mero uno para la mayoría de las áreas de la vida, la relación hace aguas por algún lado. Tu pareja debería ser tu mejor amiga, tu confidente, tu amante. Debe ser esa persona con quien deseas estar, por encima de cualquier otra y cualquier circunstancia. Para eso la escogiste.

- Pasión: es un área que no se debe descuidar, además es una forma perfecta para divertirse en pareja y transmitir lo mucho que nos gusta estar juntos.

Pero ¿qué pasa con el sexo después de ser padres?

Los cambios físicos y emocionales que vienen de la mano de la maternidad afectan también a la vida sexual de la pareja, que en el mejor de los casos experimenta una drástica reducción durante algunos meses. Habitualmente tras el nacimiento de un hijo la vida sexual de la pareja se resiente en mayor o menor medida, ¿por qué sucede esto? No tenemos que buscar los motivos en la pérdida de interés por el otro; esta afectación de la vida sexual de la pareja responde, al menos, a tres factores que actúan en interacción: factores físicos, hormonales y contextuales.

A nivel físico es sencillo comprender como, tras el embarazo y el parto, el cuerpo de la mujer ha experimentado tantos cambios que no se encuentra en las mejores condiciones para disfrutar de una relación sexual con penetración. Cuanto más intervenido haya sido su parto (episiotomías, cesáreas, etc.), más dificultades para recuperar una vida sexual normalizada; por ejemplo, la episiotomía, cuyas tasas siguen siendo aún excesivamente elevadas en nuestro país, es frecuente que cause relaciones sexuales dolorosas a largo plazo. Además, los cambios físicos que experimenta el cuerpo de la mujer durante el embarazo y parto pueden afectar a su autoimagen y a su predisposición a mantener relaciones sexuales.

A nivel hormonal, hay también una reacción que dificulta las relaciones sexuales y baja la motivación hacia ellas, que suele prolongarse al menos durante los primeros meses de la lactancia. Por ejemplo, una consecuencia de la lactancia es la ausencia de lubricación vaginal, lo que puede producir dolor en la penetración, aunque esto se puede solucionar fácilmente empleando un gel lubricante. Se ha señalado que estos cambios quizá supongan una especie de mecanismo evolutivo de protección que empujaría a la mujer a estar más centrada en criar al bebé que acaba de nacer que en «fabricar» otro.

Finalmente, a nivel contextual, los cambios que se producen desde el nacimiento del bebé hacen que muchas veces sea complicado encontrar las energías, motivación y ocasión para poder disfrutar de las relaciones sexuales. Además, este factor contextual está muy relacionado con el estrés: una de las consecuencias de la respuesta de ansiedad/estrés (y estaremos de acuerdo en que la maternidad implica mucho estrés) es una inhibición de la respuesta sexual. La respuesta de estrés inhibe el sistema nervioso parasimpático, lo cual produce en los hombres una inhibición de la erección; en mujeres, la disminución de los niveles de estrógenos, que altera el ciclo reproductivo e inhibe el deseo sexual.[1]

Pero además,[2] habría algunos factores que serían incluso más importantes que estos que acabamos de ver en relación con el deseo de la mujer en el postparto: los pensamientos que tenemos acerca de lo que piensa nuestra pareja sobre nuestras relaciones sexuales (si pensamos que nos desea o al revés, si pensamos que ya no se interesa por nosotros). Un estudio

1. Mas, C. S., y Blanch, G.: *Fundamentos de neurociencia*. Editorial UOC, Barcelona, 2007.

2. Hipp, L. E.; Kane Low, L., y Van Anders, S. M. (2012): «Exploring women's postpartum sexuality: Social, psychological, relational, and birth-related contextual factors», *Journal of Sexual Medicine*, 9(9), 2330-2341. Accesible desde http://dx.doi.org/10.1111/j.1743-6109.2012.02804.x

realizado a más de 300 madres encontró que la percepción que tiene la mujer acerca del deseo sexual de su pareja y su nivel de fatiga, influyen más en el deseo sexual de la mujer que los factores físicos más frecuentemente estudiados como la lactancia materna, molestias genitales o factores psicosociales como el estrés, la autoimagen o el apoyo social. Así factores psicológicos como lo que se siente o piensa sobre los cambios ocurridos a consecuencia de la maternidad y/o de la lactancia, pueden afectar a las relaciones sexuales. Pero una buena comunicación en la pareja puede contribuir a superar algunas de estas dificultades.

No obstante, todos estos cambios que estamos enunciando no solo afectan a las mujeres; los hombres también experimentan algunos cambios a nivel fisiológico tras el nacimiento de sus hijos, y es algo que también parece tener que ver con un mecanismo evolutivo que les haría estar más apegados a sus parejas y a la descendencia y no tanto en seguir un impulso biológico por seguir procreando (con su pareja o especialmente con otra distinta).

Se ha observado que en la mayoría de especies donde los machos colaboran en el cuidado de las crías, los niveles de testosterona de éstos tienden a ser altos durante la época del apareamiento, para luego bajar en el momento de criar a la descendencia. Así se ha observado que los padres que pasan al menos tres horas diarias cuidando de sus pequeños presentan niveles de testosterona más bajos. Según Christopher Kuzawa, antropólogo de la Universidad Northwestern de Estados Unidos y uno de los autores de este estudio, «criar a una descendencia humana supone un esfuerzo tan grande que la cooperación es necesaria. Nuestro estudio demuestra que los padres humanos están preparados biológicamente para ayudar en la tarea»[3]. Incluso se ha demostrado que cuando el hombre com-

---

3. Gettler, L. T.; McDadea, T. W.; Feranilc, A. B., y Kuzawa, C. W. (2011): «Longitudinal evidence that fatherhood decreases testosterone in human males», *PNAS, 108* (39), 16194–16199.

parte la habitación con el hijo, éstos niveles de testosterona bajan todavía más, y lo hacen de manera más significativa aún cuando se practica colecho. Es destacable que la inmensa mayoría de los padres de este estudio, el 92%, dormía con sus hijos en la misma superficie[4].

Viendo todos los cambios que experimentamos tanto mujeres como hombres a raíz del nacimiento de los hijos, es sencillo comprender que hay un *handicap* biológico muy potente que hace que las relaciones íntimas tarden un tiempo en recuperar la normalidad.

Como hemos visto, la crianza genera estrés, y a mayor nivel de estrés, menor motivación y deseo sexual. De este modo, todos los factores que incidan en una mejor gestión del estrés van a redundar en una mejor relación de pareja y una vida sexual más sana.

Para poder superar estas dificultades en las relaciones sexuales es imprescindible la comunicación. Por lo general, los hombres suelen estar motivados más pronto que sus parejas para retomar su vida sexual después del nacimiento de su hijo. Pueden darse situaciones en las que uno de los miembros desee reanudar las relaciones, pero el otro necesite únicamente muestras de cariño y comprensión. Debido a esta falta de sincronía, hablar de las necesidades de cada uno, de los sentimientos que se tienen al respecto y respetar los tiempos es imprescindible. Si no se habla y se aborda el tema, el problema se puede hacer cada vez más grande y puede pasar de ser un tema natural y pasajero, a convertirse en un gran problema para la relación. Hay que tener en cuenta que el sexo no deja de ser otra forma de comunicación en la pareja, por lo que es normal que, si la comunicación falla, el sexo se resienta.

---

4. Gettler, L. T.; McKenna, J. J.; McDade, T. W.; Agustin, S. S., y Kuzawa, C. W. (2012): «Does Cosleeping Contribute to Lower Testosterone Levels in Fathers? Evidence from the Philippines», *PLOS*. Accesible desde https://doi.org/10.1371/journal.pone.0041559

Como explica la comadrona e IBCLC (consultora certificada de lactancia materna) Inma Marcos,[5] «en el posparto, la mayoría de madres necesita el amor, afectividad y protección por parte de su pareja. Quieren abrazos y palabras de cariño, pero no les apetece practicar el sexo. El padre puede malinterpretar la demanda de cariño con demanda de sexo, y sentirse mal al ser rechazado. La madre puede intentar solucionarlo evitando el contacto físico y no demandando más cariño. El padre puede reaccionar pensando que la culpa es del bebé, pues desde que nació su mujer ya no es la misma, se ha vuelto distante y el bebé la tiene totalmente absorbida». Este círculo vicioso solo puede superarse mediante la comunicación y la empatía. Si el padre comprende cuáles son las necesidades afectivas y sexuales de su pareja, y es capaz de satisfacerlas sin tratar de ir más allá de lo que ella necesita, el clima de la relación mejorará enormemente y se tardará menos tiempo en volver a una vida sexual normalizada. Además, la mujer debe comprender que al igual que es normal que ella no necesite tanto el sexo durante una temporada, ésta no tiene por qué ser necesariamente la situación de su pareja, lo cual no implica una falta de sensibilidad por su parte. Simplemente puede tratarse de una cuestión de diferentes ritmos.

Pero más allá de cuidar la comunicación y aceptar que esta caída del deseo es algo normal, es necesario generar las condiciones adecuadas para que ese deseo pueda ir apareciendo de nuevo de manera progresiva. Como hemos visto, es muy difícil poder llegar a todo: trabajo, casa, crianza, pareja, etc. por lo que, en ocasiones, es necesario un apoyo. Aunque no siempre es posible, si podemos recibir esa ayuda (tener alguien como abuelos, tíos, amigos o una niñera que nos eche un cable durante unas horas a la semana y nos permita tener un rato

5. Inma Marcos, «Lactancia materna y sexualidad». Accesible desde http://albalactanciamaterna.org/lactancia/tema-7-lactancia-familia-y-sociedad/lactancia-materna-y-sexualidad/

como pareja) va a ser muy positivo. Esto nos permite generar situaciones favorables para la intimidad, al tiempo que ayudará también a que disminuya el estrés (recordemos que el estrés inhibe la respuesta sexual).

Cuando la pareja no comparte una misma visión de la crianza

Cada vez más los hombres quieren tener algo que decir respecto a la crianza y educación de los hijos, pero sus puntos de vista no siempre son iguales a los de su pareja, lo cual es una fuente potencial de conflictos. Así lo señala un estudio realizado en 2011[6], en el que se observa que las parejas tienen una relación más sólida y de más apoyo cuando el padre pasa más tiempo jugando con el niño, pero participando menos en su cuidado. Sin embargo, encuentran que las parejas tienen más problemas y diferencias cuando el padre adopta un papel más activo en la crianza de su hijo. Los resultados de este estudio pueden sorprender, pero son hasta cierto punto lógicos, ya que si dos personas son las responsables de tomar las decisiones hay más probabilidad de conflicto que si es una sola quien las toma. Por eso, el modo en el que la pareja aborde tales discrepancias va a ser determinante para que estas ayuden a construir una relación más firme y un mejor ambiente en casa del que se pueden beneficiar los hijos, o bien para enfrentar y distanciar a los miembros de la pareja.

Por lo general, decidimos embarcarnos en la aventura de la paternidad teniendo como base una relación de pareja lo sufi-

---

6. Jia, R., y Schoppe-Sullivan, S. J. (2011): «Relations between coparenting and father involvement in families with preschool-age children», *Developmental Psychology*, 47(1), 106-118. Accesible desde http://dx.doi.org/10.1037/a0020802

cientemente sólida y estable. Pero cada miembro de la pareja procede de una familia y contexto diferente, lo cual va a influir en diferentes modos de abordar la crianza.

Desde que nace el primer hijo se hacen más evidentes estas diferencias: «¿Otra vez al pecho?», «Mejor no cogerle tanto para que no se acostumbre, ¿no?» y conforme pasa el tiempo éstas no dejan de aparecer: «Ya sería bueno que pasara a su habitación, que para eso la compramos...», «Bueno, pues en septiembre a la guarde, ¿no?», «No deberíamos triturar un poco más la comida, con trozos tan grandes se va a atragantar», etc.

Ser pareja no implica compartir en todo momento los mismos puntos de vista sobre la crianza de los hijos, pero sí lleva implícita la responsabilidad de poder trabajar sobre estas diferencias de un modo constructivo y respetuoso para ambos. Porque igual que vuestro hijo merece respeto, vuestra pareja también lo merece (igual que cualquier otra persona, aunque decida criar de otra forma).

Una primera herramienta que vamos a necesitar para hacer frente a estas diferencias será, como no puede ser de otro modo, el diálogo. Pero no un diálogo para convencer al otro y que nos dé la razón, sino un diálogo enfocado a la comprensión y la negociación, sin asunciones previas más que la responsabilidad de llegar a un acuerdo. A veces hay parejas que, más que dialogar, se esfuerzan por replicar los argumentos del otro sin llegar a comprender su punto de vista, parece que traten de convencer y «ganar» sin llegar a escuchar y comprender. Si nos enfrentamos de este modo, lejos de ganar la batalla a nuestra pareja, ambos perdemos. Porque no debería haber batalla, sino un trabajo conjunto por encontrar el mejor encaje posible a diferentes modos de abordar un mismo «problema». Deberíamos participar en este diálogo con la sincera disposición de comprender al otro y ceder, si es necesario, para poder llegar a un acuerdo. Sin una buena dosis de flexibilidad el diálogo no es posible.

En la diferencia está la riqueza

Padres y madres somos y debemos ser diferentes; cada uno aportamos algo distinto a nuestros hijos, y esto es algo que se mantiene en las familias homoparentales. Esperar que nuestra pareja tenga en todo momento la misma opinión y visión que nosotros no solo es ingenuo, sino que empobrecería la calidad de la relación que se establece entre los miembros de la familia. Muchas parejas se distancian porque consideran que la forma de actuar propia es *la correcta,* por lo que el otro debería cambiar y actuar en consonancia.

Daniel Gabarró, maestro y psicopedagogo, hablando sobre las diferencias de criterio en la pareja, o entre pareja y otros miembros de la familia (como los abuelos) en su sección «Educar para la felicidad» del programa de radio *L'ofici d'educar,* insiste en derribar el mito de la necesaria uniformidad de opiniones; defiende que un niño puede vivir con ciertos criterios diferentes, lo cual no supondría mayor problema (o al menos, no más que ser bilingüe y hablar un idioma distinto con cada padre o familiar). En función de la edad del niño se puede hablar directamente con él de estas diferencias de criterio, por ejemplo, «los abuelos lo hacen así, y está bien porque es una forma válida de ver el mundo; pero nosotros lo hacemos de esta otra manera». Esto mismo también sería aplicable cuando existen diferencias dentro de la propia pareja. Otro modo de expresarlo podría ser: «nosotros lo hacemos así por este motivo, pero también se podría hacer de esta otra manera». Gabarró pone como ejemplo una niña que se definía como «vegetariana por parte de madre», que para ella significa «mi madre me ha transmitido una forma de relacionarme con la comida, y cuando estoy con ella lo hacemos de esta manera». Pero en cambio con el padre es diferente: con el padre «no soy vegetariana y comemos otras cosas y valoramos otras cosas». Con los años esta niña podrá escoger lo que ella quiera y lo que más se ajuste a su modo de ver el mundo. En este momento, para ella, igual que hablar dos idiomas, esto no le supone ningún conflicto.

Pueden surgir problemas si no somos capaces de aceptar que el otro tenga una visión diferente a la nuestra. No todos tenemos que ser iguales: lo diferente es rico, y dentro de esta riqueza el niño, al crecer, podrá escoger la opción que más se ajuste a él. En todo caso en el contexto de la pareja es importante poder tener una comunicación fluida, basada en una visión de la pareja como equipo, en la que seamos conscientes de las diferencias y las valoremos como elemento que enriquece la familia, no como una amenaza a la misma, y tratemos de integrarlas en una estrategia conjunta.

No todos los temas son igual de importantes

No todos los temas son igual de importantes, y esto debemos tenerlo en cuenta a la hora de negociar con nuestra pareja: no es extraño ver en el contexto de terapia a padres y madres que se enzarzan con la misma beligerancia para hablar sobre qué fruta es mejor para merendar, que cuando hablan sobre qué escuela quieren para sus hijos o la reducción de jornada de uno de ellos. Si le concedemos a todo la misma importancia, de repente todo la pierde. Priorizar y ceder son recursos imprescindibles en la relación de pareja.

Mientras que hay asuntos en los que es posible (y deseable) respetar los distintos modos de actuar de cada progenitor, hay otros en los que esto no es posible. En los asuntos menores debería ser sencillo llegar a acuerdos y respetar la diferencia, pero asuntos que tienen implicaciones a más largo plazo, mayor componente emocional o que requieren de la implicación total de ambos progenitores van a requerir mayores dosis de diálogo y negociación. Algunos ejemplos de estas «grandes decisiones» son la lactancia, colecho, escolarización, papel de la familia, conciliación laboral, etc. Es recomendable comenzar a tratar estos temas antes del nacimiento de los hijos; es una buena idea incorporar el diálogo sobre estos temas a la preparación de la llegada del hijo, junto a otros temas «menores» como la elección del nombre o la decoración de la habitación, ya que su importancia en la vida familiar va a ser mucho mayor que el color de una pared o la marca del carrito.

Las discusiones

Llegados a este punto muchas parejas dicen: «Sí, pero es que nosotros cuando hablamos de estos temas acabamos discutiendo». Todas las parejas discuten, y este hecho en sí no es algo negativo, ya que discutir no es lo mismo que pelearse. Es importante controlar la intensidad, la frecuencia y la utilidad de las discusiones. Nunca hay que faltar el respeto, agredir física o verbalmente a la otra persona, tolerar menosprecios o humillaciones. Si las discusiones se dan con demasiada frecuencia es probable que la pareja haya entrado en una fase en la que, en lugar de luchar codo a codo para lograr un objetivo común, luchan entre ellos para evitar invasiones en su terreno. La discusión debe servir para llegar a un punto en el cual solucionemos la situación que nos ocupa, y si no somos capaces, nos podemos plantear buscar ayuda profesional que ayude a la pareja a salir del bloqueo en el que se encuentra.

¿Y qué pasa si discutimos delante de los hijos? Pues dependerá de *cómo* se discute. Si estamos hablando de discusiones enriquecedoras, civilizadas, llenas de respeto por el otro y de buenas formas, estaremos transmitiendo a nuestros hijos un modelo de un elevado valor educativo. Si por el contrario simplemente nos estamos «peleando» por cualquier nimiedad, primero es mejor que no lo hagamos, y si no es posible, al menos no habría que hacerlo en su presencia.

El papel del padre en la crianza

Desde una perspectiva clásica, por ejemplo, con los trabajos de Bowlby, Ainsworth o Harlow, se ha estudiado el desarrollo emocional de los niños en relación con su principal figura de apego, la cual en la inmensa mayoría de los casos es la madre. Pero más recientemente, y a raíz de los cambios en los roles de género, la investigación científica comienza a interesarse por la influencia que tiene la figura del padre en el desarrollo físico y emocional de los niños.

La tendencia actual a la que cada vez más padres se suman es que el hombre no «ayuda a su mujer» con los hijos (o con las tareas domésticas), sino que se corresponsabiliza de estas tareas como actor principal. Un reciente estudio[7] viene a poner en valor precisamente el papel del padre en la crianza de los hijos por su rol diferenciado respecto a los cuidados maternos. Como comentábamos, padres y madres son y deben ser diferentes en la crianza de los hijos, y esta idea es la que se encuentra detrás de este estudio: la implicación del padre en la crianza de los hijos es positiva (y necesaria) precisamente porque lo que hace es distinto a lo que hace la madre. El modo de jugar y relacionarse de los padres con sus hijos aporta numerosos beneficios a éstos, que van desde un mejor desarrollo del lenguaje a una menor incidencia de enfermedades mentales en la edad adulta.

La forma que tienen de jugar los padres con sus hijos es esencialmente distinta a la de las madres; el tipo de juego que se establece con los padres tiende a ser más intenso, más enérgico, y lleva a los niños a asumir más riesgos, ser más atrevidos

7. Yogman, M., y Garfield, C. F. (2016): «Fathers' Roles in the Care and Development of Their Children: The Role of Pediatricians», *The Committee On Pshychosocial Aspects of Child, Family Health*. Accesible desde http://pediatrics.aappublications.org/content/early/2016/06/10/peds.2016-1128

y más exploradores. Por su lado, el juego materno tiende a ser más pausado e implicar más seguridad y estabilidad. Ninguno de estos modos es mejor al otro, sino que su valor viene por lo complementarios que son: ambos aportan distintos beneficios a los hijos.

Los padres también se comunican de un modo diferente con sus hijos a como lo hacen las madres. Mientras que las madres suelen emplear palabras que el bebé o niño suele usar más a menudo y que mejor comprende, los padres por su lado no tienen tanto en cuenta si el bebé o niño les comprende o no, lo cual facilita que incorporen en la conversación nuevas palabras que acaban por enriquecer el lenguaje de sus hijos. Desde un punto de vista más biológico, también se señala en este estudio que la presencia del padre durante el desarrollo de las hijas se ha asociado con un menor riesgo de pubertad temprana, un retraso en la edad de las primeras relaciones sexuales y una menor incidencia de embarazos durante la adolescencia.

Pero el papel del padre no necesariamente tiene que quedar relegado a un mero complemento del rol cuidador de la madre; los padres también pueden ser los principales cuidadores de sus hijos, y cuando esto sucede, su cerebro cambia[8]. El cerebro de madres y padres funciona de modo diferente, lo cual posibilita (y es la causa) de sus diferencias a la hora de relacionarse con sus hijos, pero cuando es el padre quien ocupa el rol de cuidador principal, la plasticidad neuronal le facilita la activación y desarrollo de ciertas áreas cerebrales que equiparan su funcionamiento con el de la mujer (por ejemplo, la activación amigdalina —responsable de la activación emocional— del cerebro de aquellos padres que ocupaban el rol de cuidadores principales era cinco veces mayor que la del resto, e

8. Feldman, R., y otros (2014): «Father's brain is sensitive to childcare experiences», *PNAS*. Accesible desde http://www.pnas.org/content/111/27/9792.abstract

igual a la de las madres, mientras visualizaban imágenes suyas interactuando con sus hijos).

Así, tanto padres como madres aportamos mucho a nuestros hijos, pero no les aportamos las mismas cosas, y en esa diversidad está la riqueza, por lo que no deberíamos preocuparnos tanto de convencer al otro para que haga las cosas como nosotros queremos, sino aprender a valorar estas diferencias como un valor añadido a lo que les podemos aportar nosotros mismos.

La pareja y la familia

Cuando un hijo se independiza para iniciar su vida en pareja, se produce un cambio muy importante: lo que hasta ese momento había sido la familia nuclear pasa a ser considerado como familia de origen o familia extensa. Este es un cambio que puede pasar más o menos desapercibido hasta la llegada del primer hijo, que es el momento en el que los roles de cada miembro de la familia cambian de forma más clara: hijos que se convierten en padres, padres que se convierten en abuelos, hermanos que se convierten en tíos y parejas que se convierten en madres y padres. Con tanto cambio de rol en tan poco tiempo, no es extraño que en ocasiones puedan aparecer algunas dificultades de ajuste derivadas de la confusión de los papeles:

La pareja debería acordar y establecer los límites que considere adecuados con la familia de origen. Cuando hablamos de límites no lo hacemos solo en referencia a grandes asuntos relacionados con la educación o los valores, sino especialmente a cuestiones más cotidianas. La alimentación, los horarios, cuándo son aceptables o no las visitas, los regalos, etc. Para establecer estos límites deberíamos buscar un equilibrio entre, por un lado, la protección de los valores propios y, por otro, la flexibilidad. Es necesaria la protección (hasta cierto punto) de los valores familiares, entre otros motivos, para evitar conflictos en la pareja. Pero también es necesaria la flexibilidad para permitir a cada miembro de la familia relacionarse con los pequeños con suficiente libertad, sin sentirse coartados o presionados. Los padres son los que educan y quienes establecen las normas de funcionamiento, pero también tienen que encajarse en un contexto más amplio, en el que otros familiares como abuelos o tíos también van a relacionarse con los hijos, y no pueden coincidir en todas nuestras decisiones. Encontrar un equilibrio entre estos extremos es un arte que requiere de práctica y probablemente de realizar algunos ajustes en base al ensayo-error.

No obstante, se darán situaciones de conflicto que será necesario gestionar. Para ello es importante tener claras las prioridades y proteger a nuestra pareja. Ante un conflicto con alguna de las familias de origen (y estos conflictos se dan prácticamente en todas las familias), tenemos que evitar crear un frente con nuestra propia familia de origen y en contra de nuestra pareja: «Cariño, mira, es que mis padres y yo pensamos que el mejor colegio para el pequeño es...», «Si para mi madre esto es importante, se hace, que no cuesta tanto». Sin darnos cuenta nos podemos encontrar en un conflicto de lealtades: o defendemos a nuestra familia de origen, o defendemos a nuestra recién creada familia nuclear. Y para evitar el conflicto no hay nada mejor que tener las cosas claras desde el principio: la pareja es la que decide y la que pondera las aportaciones externas. Tomar decisiones individuales (o lo que es peor, alianzas con otras personas) no va a hacer otra cosa que distanciar la pareja.

Cada miembro de la pareja aporta a la misma su propia familia extensa o de origen, y los conflictos intergeneracionales e intrafamiliares no son precisamente un fenómeno novedoso, siempre han existido y es poco probable que dejen de hacerlo.

Muchos están relacionados con un conflicto en los roles esperados entre los diferentes miembros de la familia: quién hace qué y quién espera que ese alguien haga o no haga algo.

Antes hablábamos de la pareja como equipo y ese es un concepto de especial relevancia al tratar los conflictos con la familia. El abordaje de esas situaciones será mejor en tanto que la pareja sea capaz de afrontar desde la unidad los conflictos. Cada decisión es importante que pase el siguiente filtro: «¿Qué es mejor para nuestro/s hijo/s?», y «¿Qué es mejor para nosotros como pareja?». Los momentos de conflicto familiar son los menos indicados para actuar movidos por el individualismo ya que, si nos comportamos de ese modo, podemos acabar convirtiendo un conflicto con la familia de origen en un conflicto de pareja.

Para saber más...

Álava-Reyes, M. J.: *Amar sin sufrir: ni los hombres son imposibles, ni las mujeres incomprensibles.* La Esfera de los Libros, Madrid, 2006.

Gottman, J. M.: *Siete reglas de oro para vivir en pareja: Un estudio exhaustivo sobre las relaciones y la convivencia.* Debolsillo, Barcelona, 2012.

Jiménez, M.: Amor con ojeras: *Cuando de dos pasamos a ser tres.* Lunwerg, Barcelona, 2016.

«Hombres y mujeres», *Tres14,* RTVE (2010). Accesible desde http://www.rtve.es/alacarta/videos/tres14/tres14-hombres-mujeres/944301/

«La gran historia de la pareja», *La Noche Temática,* RTVE (2011).

CAPÍTULO 4

Las madres en el punto de mira

«Pensar es difícil. Es por eso que la mayoría de la gente prefiere juzgar».
C. J. Jung

Vivimos en una época en la que la crianza de los hijos tiene un papel cada vez más central en la sociedad; no es que antes no se prestara atención a la crianza o educación de los hijos, sino que no existía tanta y tan diversa información como la que tenemos hoy sobre estos temas. En ciudades y pueblos de todos los tamaños se celebran con bastante frecuencia charlas, jornadas o conferencias relacionadas con la maternidad o la crianza; existen grupos de apoyo entre madres, grupos de crianza, de lactancia, «escuelas de padres», y gran cantidad de recursos que hace algunas décadas no existían (o, al menos, no de manera tan extendida). Quizá no existían por innecesarios, ya que hoy en día vivimos más aislados y necesitamos buscar otras formas de mantener la relación con iguales en momentos especialmente importantes de la vida: y la llegada de los hijos es, quizá, de los más importantes. Basta una consulta en los libros publicados en las últimas décadas para ver cómo el interés por estos temas no ha hecho más que aumentar[1]:

1. Datos obtenidos de Google Books N-Gram Viewer. Accesibles desde https://goo.gl/8jF837

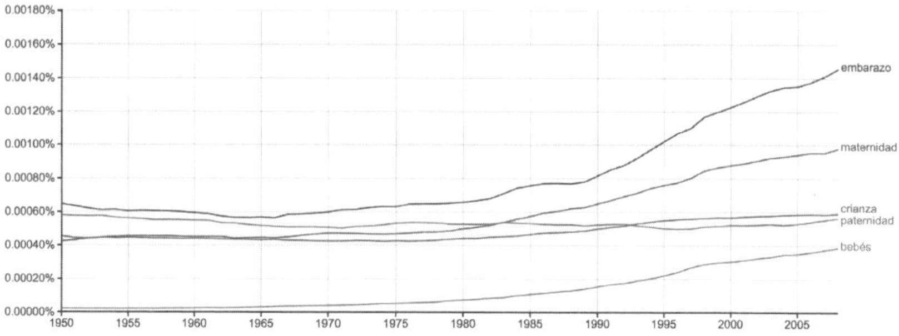

Cada vez más personas comienzan a prestar una atención diferente a la crianza de sus hijos, buscando información y cuestionándose aquello en lo que siempre han creído o se les ha dicho. Como vemos, actualmente existe gran motivación por temas relacionados con la crianza y los principios que la sustentan, y son muchas las familias que han convertido la crianza de sus hijos en una cuestión identitaria: «Yo soy como crio». Muchas veces, estas «nuevas» ideas chocan frontalmente con las de aquellos que practican una crianza más tradicional, basada en principios similares a los que emplearon para educarles a ellos (obediencia, disciplina, castigos, etc.). Ninguna de estas ideas es realmente nueva, ni este fenómeno tampoco lo es, pero con la eclosión de las redes sociales y su efecto amplificador se ha dado mayor visibilidad y virulencia al conflicto.

Coger al niño en brazos cada vez que lo pide, o no hacerlo para que no se acostumbre; dar el pecho o el *bibe* a demanda o cada equis horas; llevarle a la guardería para que socialice o tenerle en casa el máximo tiempo posible; que duerma en su cuna o que duerma con los padres. Al fin y al cabo, adaptarse al hijo, o que el hijo se adapte a los padres. Así podríamos resumir este conflicto con un importante corte ideológico. Éstas son tan solo algunas de las áreas en las que se libran estas «batallas de la crianza»; los padres que practican una crianza de corte más tradicional ven que los otros malcrían a sus hijos, que les consienten, que no les saben poner límites, que son blandos y no se hacen respetar. En el otro bando tenemos a los defensores de otro tipo de crianza (recibe diversos nombres: crianza con apego, crianza respetuosa, crianza consciente, crianza natural, etc. Aunque a veces de tanto emplear estas etiquetas pueden llegar a perder su significado original) que opinan que «los otros» son autoritarios, adiestradores de sus hijos, que no respetan sus emociones y que no confían en sus capacidades naturales, etc. Desde luego es un tema que levanta pasiones, y no solo entre los que están inmersos en estos años de crianza de hijos pequeños, sino que sigue levantando pasiones entre los que ya hace años que pasaron por ahí, los que ni siquiera han pasado aún o los que han decidido que ni han pasado, ni pasarán por ahí: ¿a quién no le han dado consejos sobre cómo criar a sus hijos personas en cualquiera de estas situaciones?, ¿por qué le preocupa tanto a la gente cómo crían a sus hijos los demás?, ¿de verdad piensan que están creando delincuentes en potencia?, ¿tanto miedo da lo diferente?

El problema, si es que lo podemos llamar «problema», es que este debate sobre principios educativos o pedagógicos ha bajado de los despachos de investigadores y teóricos de la educación para instalarse en los parques infantiles, en las redes sociales, en las conversaciones entre los padres y en casi cualquier contexto en el que los niños estén más o menos implicados. Y es en estos contextos donde se libran unas batallas ideológicas en las que se analiza, juzga y critica hasta límites bochornosos a los padres que actúan de un modo diferente al suyo. ¿Por qué actuamos así? En parte lo hacemos de un modo inconsciente para protegernos, porque nos va la autoestima en ello: un hijo no deja de ser ese gran proyecto vital en el que un día decidimos embarcarnos, y el resultado de ese proyecto está a la vista de todo el mundo. Su éxito o fracaso también es nuestro éxito o fracaso. Y a veces, para proteger nuestra autoestima dirigimos el foco hacia la paja en el ojo ajeno. Aunque no haya paja. Porque si algo falla, «la culpa siempre es de los padres»[2], o especialmente de la madre.

La inseguridad en la crianza de los hijos

Los padres nos sentimos inseguros, es normal, esa inseguridad no deja de ser algo natural. No obstante, a veces esa inseguridad tiene como consecuencia que nos embarquemos en un seguimiento casi ciego de ciertos principios e ideas sobre la crianza para intentar conseguir una seguridad o certeza que, de otro modo, serían difíciles de lograr. En general las personas (y en especial los padres, que estamos llenos de inseguridades, miedos y dudas) necesitamos aferrarnos a algo para sentirnos seguros, y huimos de esa sensación de duda que nos lleva a cuestionarnos si, quizá, hemos emprendido el camino equivocado. Por este motivo, los padres pueden tomar algunas de las orientaciones o principios de la corriente con la que más se identifiquen, como dogmas a seguir hasta la última consecuencia, llegando a mantener posturas extremas, lo que contribuye al conflicto con quienes actúan y piensan de modo diferente.

Juzgamos lo diferente porque nos da miedo lo desconocido. Pero si lo pensamos fríamente, ¿qué amenaza puede suponer que una persona eduque a sus hijos de un modo diferente al nuestro? Existe en psicología un concepto llamado *disonancia cognitiva,* que hace referencia a un estado emocional desagradable que surge como consecuencia de la discrepancia entre diferentes ideas o creencias que tenemos acerca de algo,

2. Parte de este capítulo contiene fragmentos del artículo «La culpa es de los padres», publicado en *El País Semanal* en febrero de 2016. Accesible desde http://elpais.com/elpais/2016/02/11/eps/1455216025_078347.html

o entre estas ideas y lo que finalmente hacemos. La disonancia cognitiva produce una sensación desagradable que nos lleva a hacer determinadas cosas o crear justificaciones para eliminar o reducir ese malestar. Evitar la disonancia cognitiva se acaba convirtiendo en un objetivo básico de nuestro día a día, y de este modo, empleamos una gran cantidad de esfuerzo en mantener nuestras ideas a salvo de las peligrosas amenazas externas. Esto puede llevarnos a justificar del modo más exótico posible, ciertas conductas que llevamos a cabo para que encajen en nuestro sistema de creencias, al mismo tiempo que nos lleva también a negar de un modo frontal cualquier pensamiento o idea que pueda poner en riesgo aquellas que ya teníamos previamente. Esta disonancia cognitiva está en muchas ocasiones detrás de las feroces críticas que vierten algunos padres sobre aquellos que piensan y actúan de un modo diferente al suyo, porque perciben estas diferencias como amenazas.

Y también ocurre lo contrario: cuando encontramos algo que creemos que encaja con nuestras creencias e ideas, lo aceptamos rápidamente sin juzgarlo, llegando a dejarnos llevar por los estereotipos de lo que se supone que debemos hacer para no alejarnos del concepto que hemos ido formando de nosotros mismos. Es lo que el pediatra Carlos González[3] llama «paquetes ideológicos». Según sus propias palabras, «es como si hubiera una especie de paquete ideológico raro-progre-natural, y si defiendes la lactancia materna o coger en brazos a los niños, también debes estar, "lógicamente", en contra de las vacunas y creer en la medicina "alternativa" y en la era de Acuario». Sin embargo, parece más adecuado detenernos a examinar cada decisión de forma independiente, especialmente si estas afectan a la salud de nuestros hijos. Adelantar o atrasar algunos meses el momento del destete, el cambio a su habitación o la

3. González, C.: *En defensa de las vacunas: Protege la salud de tu hijo*. Planeta, Barcelona, 2011.

introducción de la comida sin triturar, el optar por cochecito o mochila, cogerlo más o menos en brazos, son decisiones personales o familiares que pueden tener mayor o menor importancia en función de las características del niño, de la familia o de las circunstancias, pero que en la mayoría de los casos no van a suponer consecuencias irreversibles. Sin embargo, hay algunas decisiones, especialmente las relacionadas con temas de seguridad y salud, a las que se debería prestar una especial atención, como la decisión acerca de las vacunas o el sistema de retención infantil, porque en estos casos las consecuencias sí pueden ser importantes.

La presión sobre las madres

La educación de los hijos es una labor que, en principio, llevan a cabo los padres de manera conjunta. No obstante, a pesar del cambio de roles que se ha producido en las últimas décadas, la sociedad sigue mirando a la mujer como la última responsable de la educación de los hijos, y es ella también la principal perjudicada por estas batallas. La presión y el juicio social al que son sometidas explicarían estas «guerras» entre madres, debido a que generan un estado de tensión e inseguridad que acaban desembocando, tal y como hemos visto, en el juicio y crítica a los otros como modo de defensa y autoafirmación.

Madres las hay de muchos tipos: madres solteras, madres con un solo hijo, con varios, hijos con dos madres, madres que dan teta, que dan *bibe,* que llevan carro, que portean, que llevan a sus hijos a la guardería, que los tienen en casa con ellas, que duermen con sus hijos, que les enseñan a dormir en su habitación, madres que trabajan más o menos tiempo dentro o fuera de casa, etc. Hay muchos tipos diferentes o más bien, cada madre es diferente. Pero todas tienen algo en común: que simplemente por ser mujeres lo tienen más difícil que sus parejas (si son hombres, claro), y que están en el punto de mira del juicio social. ¿Qué madre no se ha sentido juzgada por dar el pecho en público?, ¿o por dar el biberón? Muy probablemente incluso lo hayáis vivido en vuestras propias carnes desde el mismo momento del embarazo, con ese paternalismo con el que muchas veces se trata a una mujer embarazada. Pero ese es tan solo el principio del camino, un camino que para los hombres y los padres es muchísimo más sencillo, como también sucede en otros aspectos de la vida: que son más fáciles cuando eres hombre. Es verdad que actualmente hay padres que cambian pañales, friegan el suelo y hasta ponen el lavaplatos. Pero ¿cuántos hombres deciden reducir su jornada al convertirse en padres? Del más de un cuarto de millón de reducciones de jornada que se solicitaron en 2015 para el cuidado de los hijos, menos del 5% fueron solicitadas por hombres[4]. O dicho al revés, más del 95% fueron solicitadas por mujeres. Las madres son las que amortiguan la mayor parte del peso de la crianza, y eso sigue sucediendo a día de hoy por muy modernos que nos creamos. O al menos es lo que nos dicen los datos. Las madres trabajan más, cobran menos, tienen menor proyección laboral, menos reconocimiento social y en demasiados casos, también familiar.

Por este motivo, para poder empezar a revertir esta situación parece una buena idea hacer caso de la conocida frase «piensa globalmente, actúa localmente», porque el mundo exterior reproduce los roles que se aprenden y transmiten en el hogar. Si nuestra casa no es un sitio donde prima la igualdad, el respeto y, sobre todo, el reconocimiento, ¿cómo podemos esperar que eso empiece a darse fuera? Muchas veces lo que

4. «Padres despedidos por pedir una reducción de jornada», en *El País*. Accesible desde http://elpais.com/elpais/2016/12/06/mamas_papas/1481013181_941256.html

ocurre es que es en el propio hogar donde la madre no obtiene el reconocimiento por aquellas tareas que realiza en relación con el cuidado de los hijos, porque sigue considerándose que es «algo de ellas», es algo que se da por supuesto. Lamentablemente, hoy en día sigue habiendo madres que después de estar todo el día cuidando a sus hijos, tienen que escuchar a su pareja cuando llega a casa soltar frases de «Pero ¿no has puesto la lavadora?, ¿y la cena?, ¿cómo está la casa así?, ¿qué has estado haciendo todo el día entonces?».

El cuidado de los hijos se ha visto devaluado hasta el punto que cuando una mujer decide poner en pausa su carrera laboral para poder dedicarles más tiempo (ya hemos dicho que algunos hombres lo hacen, pero son minoría, así que hablaremos de mujeres), ya sea con una excedencia, reducción de jornada, cambio de puesto o cualquier otra fórmula, recibe golpes por todos los lados: desde el mundo laboral se le advierte que está cavando su propia tumba, muchos amigos y familiares no entienden qué es lo que está haciendo, y en muchos casos hasta su propia pareja piensa que ha decidido tomar unas largas vacaciones. Pero ojo, que las presiones en el sentido inverso también existen, y las madres que deciden apostar por su carrera, también tienen que escuchar comentarios de todo tipo respecto a las decisiones que han tomado. Parece imposible ser madre sin recibir críticas.

Cualquier pasado no necesariamente fue mejor

Y es que en el momento que llegan los hijos, desde el embarazo, o incluso desde que la pareja empieza a pensar en formar su propia familia, no faltan personas alrededor que avisan de los peligros o incomodidades que están por llegar: «Qué fácil lo tenéis ahora... preparaos, que lo que viene sí que es duro».

Y esto es algo que se repite prácticamente en cada fase de la crianza de nuestros hijos. El embarazo es un periodo en el que las dudas invaden a todos los padres, tanto los que se encuentran en su primer embarazo (¿cómo será esto?, ¿podremos hacerlo bien?, ¿cómo será nuestra vida en unos meses?) como los que ya han pasado por esa experiencia (¿seremos capaces de darle lo mismo que a su hermano?, ¿cómo influirán en el mayor todos estos cambios?, ¿cómo podremos atender al pequeño y al mayor al mismo tiempo?). Durante el embarazo es normal que haya un montón de preocupaciones de este estilo, además, la futura madre tiene que hacer frente a las molestias y dificultades que muchas veces se presentan: está hinchada, cada vez se mueve con más dificultad, está cansada pero no puede descansar como antes... Y en medio de todo esto, se acerca esa amiga con un hijo un poco mayor y le dice: «¡Ay!, ¡qué envidia el embarazo! Disfruta ahora, disfruta... que cuando nazca no sabrás lo que es descansar... ¡aprovecha!». Y la pobre madre embarazada, como es natural, se asusta con lo que está por venir.

Pero pasa el tiempo, pasa el parto, ya ha llegado el bebé... y la madre no da abasto: cuando el bebé no llora, está a la teta, o hay que preparar biberones y limpiar cacharros. Que si duerme, que si no duerme, los pañales. Y esa sensación de fragilidad al ver al bebé que parece que se vaya a romper en cualquier momento. Y entonces llegará nuevamente la visita de un amigo o familiar con su hijo algo mayor que le dice: «¡Qué envidia cuando son tan pequeños y están tan quietecitos! Disfruta ahora, disfruta... que cuando gatee la cosa se complica». Y sigue pasando el tiempo, y el pequeño empieza a gatear, y en ese momento os dais cuenta de que vuestra casa es un peligro. El bebé trepa por todos los muebles, parece que intenta darse golpes con todo lo que encuentra, y mientras estáis forrando de espuma las esquinas de los muebles, aparece otra vez esa visita que dice: «¡Qué gusto cuando solo gatean y no pueden ir muy lejos!, ya veréis cuando empiece a andar...».

Y así pasa con cada etapa, casi hasta que el niño entra en la universidad. La cuestión es que, en temas relacionados con la crianza (y en muchos otros también) en ocasiones pecamos un poco de egocentrismo: tendemos a hacer más grandes las dificultades del momento en el que nos encontramos, y nos olvidamos con mucha facilidad de las que tuvimos que enfrentar en el pasado. Es como si nuestra mente nos dijera: «Aquello ya pasó, no será para tanto. Lo difícil es lo que tienes ahora entre manos». Además, también olvidamos que cada niño y cada familia son distintos, lo que para unos puede ser sencillo, para otros quizá supone una gran dificultad y les preocupa muchísimo. Envidiamos al niño que «come bien», pero no valoramos todas las horas seguidas que duerme el nuestro. Envidiamos al niño ese tan tranquilo que «no da guerra», pero no somos tan conscientes de lo sociable y valiente que es el nuestro.

El desarrollo de un niño es un proceso fascinante, que hace sentir vértigo con lo rápido que avanza todo. Y algo que es bueno recordar de vez en cuando es que casi todo es pasajero, tanto lo bueno como lo malo. Esos momentos tan dulces mirando dormir a tu bebé, pasarán. Esas noches en vela y ojeras hasta el ombligo también pasarán. Cada etapa tiene sus cosas positivas y otras no tanto, cada niño es diferente, y sus circunstancias también lo son. A veces ayuda ser conscientes de todo esto, en primer lugar, para no desesperarnos ante las dificultades, pero también para poder empatizar más con otras personas a nuestro alrededor que están en otras etapas o atravesando dificultades distintas a las que nosotros hemos vivido.

Vive y deja vivir

Cuando nos convertimos en padres no es extraño que acabemos viéndonos hacer cosas que antes pensamos que nunca haríamos, desde hacer el tonto por la calle y enfrentarnos a situaciones que antes nos habrían hecho morir de la vergüenza, hasta tragarnos nuestras propias palabras cuando pensábamos lo mal que lo hacían otros padres y que nosotros no caeríamos en sus errores. Pero la vida da muchas vueltas, y la experiencia de ser padres y madres lo cambia todo.

Excepto algunas prácticas que han mostrado ser claramente positivas (como ser cariñosos con los hijos) o negativas (como el castigo físico), la mayoría de las decisiones respecto a la crianza o educación de los hijos tienen un carácter esencialmente personal y dependen en gran medida de las preferencias y circunstancias de la familia que educa. Si juzgamos las formas de criar distintas a la nuestra, estamos cayendo en una gran falta de empatía, ya que por lo general desconocemos los motivos que llevan a cada persona o familia a actuar del modo en que lo hacen. Es peligroso apropiarse de conceptos como los de respeto o apego cuando hablamos de crianza, sobre todo cuando son usados a modo de arma arrojadiza: ¿qué quiere decir «criar con respeto», o «criar con apego»?, ¿es que el resto de padres no respetan o no quieren lo mejor para sus hijos? Con sus virtudes y sus defectos, la mayoría de los padres lo hacen lo mejor que pueden (o saben).

Como comentábamos en el primer capítulo, hace mucho tiempo que la educación dejó de ser algo que se hacía en grupo y pasó a ser una tarea que hace la familia desde la soledad y el aislamiento, lo cual contribuye a percibir las opiniones externas como amenazas a nuestros valores e ideas. En lugar de mostrar una actitud defensiva ante quienes actúan de un modo distinto a nosotros, podemos comenzar a ver la diversidad como una oportunidad de aprendizaje y descubrimiento de nuevos recursos y maneras de hacer.

Puede ser recomendable tratar de ignorar en la medida de lo posible esta presión que la sociedad ha ido dejando caer sobre nosotros, especialmente sobre las madres: ya sabemos que no somos perfectos y nuestros hijos tampoco lo son. Hay muchos modos diferentes de lograr un mismo objetivo, y las recetas mágicas no existen. Lo que sirve en una familia, puede no funcionar en otra. Aceptarlo es un camino necesario tanto para minimizar el impacto de las críticas como para evitar caer en ellas. Si rechazamos esa presión por la perfección podemos comenzar a hacer las paces con nuestros defectos como padres, podremos dejar de fingir que nada nos es difícil y podremos comenzar a empatizar con las dificultades que experimentan otros padres. Buscar aquello que nos une resulta mucho más reconfortante que profundizar en las diferencias, porque pese a ellas, lo que nos une como padres es mucho más importante que lo que nos diferencia. Buscar los puntos de unión es un modo muy sencillo de facilitar nuestra empatía hacia los demás y sentirnos parte de un mismo equipo, no como competidores.

No obstante, participemos o no en estas críticas a otros padres, habrá ocasiones en las que seamos nosotros el blanco de comentarios o juicios por parte de terceras personas. Llegado el momento conviene evitar el conflicto y ser capaces de resolver la situación sin entrar en disputas estériles. No tenemos por qué justificar nuestras decisiones ni estamos obligados a entrar en ningún debate. Negarse a ello no es signo de falta de argumentos sino de mayor inteligencia emocional. Debemos evitar «morder el anzuelo» ante comentarios como «Ah, ¿que aún duerme con vosotros?», o «¿Es que no toma pecho?». Comentarios como esos no buscan el aprendizaje ni el compartir experiencias, sino competir por quién acierta y quién se equivoca. Como escribió Antonio Machado, «es propio de aquellos con mentes estrechas, embestir contra todo aquello que no les cabe en la cabeza».

Tenemos que tener claro nuestro derecho a tener nuestras propias opiniones, creencias y formas de actuar, y no tener que justificarlas ante los demás; incluso, tenemos derecho a cambiar de opinión en el momento que sintamos que la estrategia que estábamos empleando ya no nos resulta igual de eficaz. Reconocernos estos derechos nos ayudará a sobrellevar mejor las críticas o juicios de los demás.

Parece más saludable renunciar a formar parte de esa competición por la perfección, por quién acierta y quién se equivoca. Aceptar nuestra imperfección (y la de los demás) nos ayudará a hacer las paces con nosotros mismos, reconocer nuestras limitaciones y que no tenemos la respuesta a todas las preguntas. Algunas las podremos descubrir si dejamos de protegernos.

Para saber más...

Galán Bertrand, L.: *Eres una madre maravillosa*. Planeta, Barcelona, 2017.

Paricio, J.M.: *Tú eres la mejor madre del mundo*. Ediciones B, Barcelona, 2013.

Santos, C.: *Supermamis. Mil maneras de ser una mamá feliz*. Grijalbo, Barcelona, 2009.

Thomas Balmès (2010): *Bebés* (documental).

CAPÍTULO 5

La teta es más que alimento

«Son infinitas las razones por las que una madre puede decidir no amamantar, y cada una de ellas merece el máximo respeto. Lo que verdaderamente necesitan todos los recién nacidos, sin excepción, es sentirse queridos, no solo por sus madres sino por toda una familia o comunidad. Las madres siempre necesitan respeto, apoyo y reconocimiento».

Ibone Olza

¿PIENSAS DARLE PECHO o biberón? Esa pregunta es quizá el primer contacto que tiene una madre con la nutrición de su hijo, y se produce mucho antes de nacer. Quizá se la hace la matrona, su madre, su hermana, su pareja o la vecina del segundo. Pero es una pregunta que se hace a veces como si ambas opciones fueran equivalentes, cuando a la luz de las evidencias científicas esta pregunta no habría casi que hacerla, especialmente por parte del personal sanitario. Al menos, no plantearla como si fueran dos opciones análogas. La lactancia artificial debería quedar reservada para los casos en los que no ha sido posible el establecimiento de la lactancia materna por causas médicas[1], psicológicas o de otro tipo que así lo justifiquen. Se debería entender la leche de fórmula como un medicamento que es necesario administrar cuando hay algo que no funciona como

1. Por ejemplo, las recogidas en el documento de la OMS y UNICEF «Razones médicas aceptables para el uso de sucedáneos de leche materna». Accesible desde http://apps.who.int/iris/bitstream/10665/69939/1/WHO_FCH_CAH_09.01_spa.pdf

debería, no como una opción equivalente o alternativa a la lactancia materna. Al menos, debería considerarse el «plan B».

Una vez dicho esto, que lactancia materna y artificial no son equivalentes, también es necesario aclarar que la defensa y promoción de la lactancia materna no es, o no debería ser, un ataque contra las madres que por el motivo que sea han decidido o se han visto obligadas a dar leche de fórmula a sus bebés. Como hemos dicho, hay muchos motivos para no dar el pecho, especialmente cuando el contexto no es propicio (y nuestro contexto, a día de hoy lamentablemente no lo es), y la madre que toma esta decisión merece tanto respeto y apoyo como cualquier otra. Pero a nivel de consejo sanitario no se pueden plantear como opciones equivalentes, de la misma forma que no se podría plantear la equivalencia para la salud el llevar una vida sedentaria o activa, la elección de alimentos frescos preparados en casa frente a los procesados, el agua frente a los refrescos o bebidas alcohólicas, o las actividades al aire libre frente a ambientes cargados de humo de tabaco; por muy extendidos que estén estos hábitos en la población, o por mucho que el propio sanitario que realiza el consejo los adopte en su propia vida. A este respecto, se ha observado que la propia experiencia de las madres médicas con sus lactancias, condiciona su defensa clínica de la lactancia[2]. Si la evidencia es clara en una dirección, el consejo sanitario debería ser igualmente claro en el mismo sentido, sin que esto pretenda ofender ni atacar a quienes no siguen tales recomendaciones.

Hoy en día nadie duda de que el mejor alimento que puede tomar un recién nacido es la leche de su propia madre. Desde un punto de vista médico, nutricional o incluso emocional, no hay nada comparable a la lactancia materna: puede prevenir

2. Sattari, M.; Levine, D.; Neal, D., y Serwint, J. R. (2013): «Personal breastfeeding behavior of physician mothers is associated with their clinical breastfeeding advocacy», *Breastfeeding Medicine*, *8*(1), 31-37.

múltiples problemas de salud, proporciona todos los nutrientes y la energía que un bebé puede necesitar, y facilita un contacto íntimo y estrecho con la madre que favorece el desarrollo cognitivo y el establecimiento de una relación de apego. Porque, como se dice en ocasiones, «la teta es mucho más que alimento».

Las recomendaciones de la Organización Mundial de la Salud (OMS) en cuanto a la alimentación de recién nacidos son claras: hasta los 6 meses de vida un niño solo debería alimentarse mediante lactancia materna, la cual se debería mantener al menos hasta los 2 años junto con otros alimentos que la complementan. Lamentablemente en nuestro país tan solo el 28% de los bebés logra[3] llegar a esos 6 meses de lactancia materna exclusiva, y muchísimos menos a los 2 años. ¿Por qué?

Desde que la futura madre sale de las clases de preparación al parto con un chupete, un biberón y una revista con publicidad sobre leche de fórmula en una bonita caja con fotografías de Anne Geddes, comienza un pulso que no debería existir para poder mantener su lactancia; una lactancia que todavía no ha comenzado, ya empieza a estar amenazada. Una visión que aún perdura nos dice que la lactancia materna es algo que «se intenta», no algo que «se hace». Parece que ante cualquier dificultad el recurso del biberón siempre está ahí, que «no pasa nada y hoy en día casi no hay diferencia». Sin embargo, no solemos dudar a priori del funcionamiento de otros órganos. No pensamos que nuestros riñones, páncreas o hígado vayan a fallar así como así cuando los necesitamos. ¿Por qué se duda tanto del funcionamiento del pecho? En la cultura del usar y tirar, del camino fácil y las soluciones rápidas, tienen mucho mérito las madres que logran llegar a lactancias más allá del año. Pese a que biológicamente es lo normal, socialmente no lo es.

3. «Por qué la lactancia en niños mayores de un año no es una moda», de Julio Basulto. *El País,* 26 de mayo de 2017. Accesible desde https://elpais.com/elpais/2017/05/26/ciencia/1495790630_084064.html

El inicio de la lactancia

La duración media de la lactancia materna en nuestro país no supera los tres meses, y como hemos dicho, tan solo uno de cada tres niños llega a cumplir los 6 meses habiendo recibido exclusivamente lactancia materna como recomienda la OMS. ¿Cuáles son los factores que nos han hecho llegar a esta situación? Existen una serie de factores que estarían influyendo tanto en el establecimiento como en el mantenimiento de la lactancia materna. En la siguiente tabla podemos observar algunos de ellos [4].

Factor	
Favorecedores	**Desfavorecedores**
Mayor edad materna	Madre adolescente o factor de riesgo psicosocial
Nivel de estudios materno	Trabajo materno
Decisión materna y confianza	Regalos de la industria
Apoyo familiar	Prácticas hospitalarias erróneas
Multiparidad	Hijos previos
Educación maternal	Embarazo no controlado por matrona
Control del embarazo en centro de salud	Etnia gitana
Ausencia de factores de riesgo social	Recien nacido varón
Vivencia favorable del embarazo	Hospital grande
Hospital pequeño	Biberones en hospital, chupetes
Prácticas hospitalarias adecuadas	Cesárea
Parto eutócico	Enfermedad materna o neonatal
Rooming in [5]	Prematuridad
	Bajo peso al nacimiento

En cuanto al establecimiento de la lactancia son especialmente importantes los factores asociados al sistema de salud

4. Hernández-Aguilar, M. T. (2004): «Epidemiología de la lactancia materna. Prevalencia y tendencias de la lactancia materna en el mundo y en España», *Lactancia Materna: guía para profesionales*, pp. 31-45.

5. Se refiere al hecho de no separar a madre y bebé después del parto, permitiendo que permanezcan en la misma habitación las 24 horas del día hasta que reciban ambos el alta.

y la atención a las madres antes, durante y después del parto. Entre estos factores, llaman la atención «la entrega de "paquetes regalo" a las madres postparto, la introducción de algún biberón de suero o fórmula en la maternidad y la falta de apoyo a la lactancia o de detección y solución de los problemas más frecuentes al inicio» como relacionados con el fracaso de muchas lactancias. Un hallazgo que llama especialmente la atención es la influencia del hospital donde se da a luz sobre el posterior inicio y mantenimiento de la lactancia materna, incluso un año después. Según la doctora María Teresa Hernández Aguilar, este factor, que ha sido observado en diversos estudios españoles y europeos, «refuerza la necesidad de poner en marcha iniciativas en la línea de la Iniciativa Hospitales Amigos de los Niños (IHAN)».[6]

La lactancia materna debería comenzar en la primera hora de vida del recién nacido y realizarse a demanda, siempre que el niño lo pida, tanto de día como de noche. Pero el éxito de la lactancia comienza mucho antes del momento del parto; durante todo el embarazo, e incluso desde antes, podéis empezar a preparar el terreno para una lactancia exitosa. Pero no estamos hablando de aplicar cremas, pomadas o masajes en los pezones, usar sujetadores especiales, o dejar de usarlos para evitar la aparición de grietas, ni de explorar posibles problemas anatómicos en los pezones que pudieran dificultar la lactancia. Hablamos más bien de buscar información sobre la lactancia y observar a otras madres cómo dan el pecho a sus hijos.

Y quizá el primer paso a dar sería buscar información. La información es necesaria para poder decidir en libertad y no dejarnos llevar por la corriente o los falsos mitos. Pero cuando hablamos de información, nos referimos a información contrastada, no ruido: información que viene de fuentes fiables

6. Actualmente, iHan (Iniciativa para la Humanización de la Asistencia al Nacimiento y la Lactancia).

y autorizadas. ¿Por dónde empezar? El pediatra Carlos González ha escrito prácticamente todo lo que una madre (y un padre) necesitan saber sobre lactancia materna en *Un regalo para toda la vida*. Un libro que debería estar no solo en la mesilla de noche de la futura madre, sino también en la del futuro padre, ya que su papel de apoyo a la madre será muy importante. Además de leer, que es importante, también es muy recomendable que desde el mismo embarazo la pareja (no solo la madre) comience a acudir a algún taller de lactancia de los que diferentes asociaciones llevan a cabo de manera altruista. Estos talleres suelen realizarse en los centros de salud y habitualmente están dirigidos por una matrona. Un buen punto de partida para localizar asociaciones y talleres de lactancia es FEDALMA, la Federación Española de Asociaciones Pro-Lactancia Materna. En su página web[7] existe un listado de las asociaciones que la forman, así como sus datos de contacto. Además de las asociaciones y talleres, es recomendable contar con el asesoramiento y apoyo de profesionales especializados en lactancia materna como pediatras, matronas o consultoras de lactancia certificadas (IBCLC) a quienes recurrir si se presentan dificultades. Las mismas asociaciones pro-lactancia pueden poneros en contacto con profesionales de vuestra zona, bien formados en lactancia.

Como hemos visto, otro factor que puede influir en el éxito de la lactancia materna y que formaría parte de la preparación previa sería la elección del hospital; ya que la lactancia materna debería comenzar en la primera hora de vida, el papel del personal sanitario y los protocolos hospitalarios cobran una especial importancia en facilitar o dificultar el inicio de la lactancia. La inmensa mayoría de madres en nuestro país dan a luz en hospitales, pero lamentablemente no todos los centros

7. http://www.fedalma.org

hospitalarios cuentan con unos protocolos ni con profesionales adecuadamente formados para facilitar, o al menos no interferir, en el inicio de la lactancia. Por ejemplo, si un hospital separa a madres e hijos tras el nacimiento, es un motivo para plantearse buscar otro hospital que no realice esta práctica. Para poder ayudar a las familias en la elección de hospitales comprometidos con la lactancia materna, OMS y UNICEF han creado la Iniciativa para la Humanización de la Asistencia al Nacimiento y la Lactancia (IHAN), para animar a los hospitales, servicios de salud, y en particular las salas de maternidad, a adoptar prácticas que protejan, promuevan y apoyen la lactancia materna exclusiva desde el nacimiento. Actualmente (2017) en nuestro país tan solo existen 15 hospitales que han logrado esta estricta acreditación por la que, para lograrla, los centros hospitalarios deben adaptar su funcionamiento a las recomendaciones de estos organismos[8]. Especialmente deben cumplirse los siguientes 10 pasos para humanizar la asistencia al nacimiento y favorecer la implantación de la lactancia. Aunque no dispongamos de un hospital IHAN cerca de nuestro domicilio, estas medidas nos pueden servir como indicación a la hora de buscar información sobre el centro donde dar a luz, así como para dejar constancia de ellos en el plan de parto. Aquí vemos algunos elementos de suma importancia (la formación y actualización del personal sanitario, el contacto piel con piel, la no separación tras el nacimiento, no dar nada al recién nacido más que leche materna, evitar el uso de chupetes o tetinas, etc.) que unidos a la información, motivación y deseo de la madre van a contribuir a que el inicio de la lactancia sea exitoso:

---

8. IHAN: Calidad en la asistencia profesional al nacimiento y la lactancia. Informes, estudios e investigación 2011. Ministerio de Sanidad, Política Social e Igualdad.

1. Disponer de una normativa escrita de lactancia que sistemáticamente se ponga en conocimiento de todo el personal.
2. Capacitar a todo el personal del Centro para que pueda poner en práctica la normativa.
3. Informar a todas las embarazadas de los beneficios de la lactancia y ofrecer formación sobre los aspectos más relevantes del manejo de la lactancia en los primeros días tras el parto.
4. Ayudar a las madres a iniciar la lactancia tras el parto. Este paso implica: colocar a los bebés en contacto piel con piel con sus madres inmediatamente después del parto, por lo menos durante una hora, y ayudar a las madres a reconocer cuándo sus bebés están listos para amamantar, ofreciendo ayuda en caso necesario.
5. Mostrar a las madres cómo amamantar y cómo mantener la lactancia incluso si tienen que separarse de sus hijos.
6. No dar a los recién nacidos otro alimento o bebida que no sea leche materna, a no ser que esté médicamente indicado.
7. Practicar el alojamiento conjunto madre-hijo las 24 horas del día.
8. Alentar a las madres a amamantar a demanda.
9. No dar a los niños alimentados al pecho biberones, tetinas o chupetes durante la estancia en la Maternidad.
10. Fomentar el establecimiento de grupos de apoyo a la lactancia natural y procurar que las madres se pongan en contacto con ellos a su salida del hospital. Este paso supone ofertar a la madre todos los recursos de apoyo a la lactancia que existan en su área.

Aunque puedan parecer medidas muy obvias, en realidad es difícil encontrar un hospital que las contemple, de hecho, como hemos dicho, solo 15 hospitales han conseguido esta acreditación en nuestro país. A modo de ejemplo, en nuestro caso particular, 8 de estas 10 medidas no fueron respetadas por el hospital en el que nacieron nuestros hijos.

Pero una vez salimos del contexto hospitalario sigue habiendo algunos elementos que es necesario tener en cuenta para facilitar el establecimiento de la lactancia. El más importante es tener muy presente que madre y bebé necesitan estar juntos, descansar y disponer de la suficiente tranquilidad para poder conectar mutuamente y satisfacer las necesidades del pequeño. Por eso será necesario transmitir a la familia y amigos estas necesidades y, en todo caso, poner límites a la avalancha de visitas que suele producirse durante los primeros días del recién nacido. Porque ese aluvión de bienintencionadas visitas puede generar un estrés en la madre y el hijo que dificulten el inicio de la lactancia. El bebé tiene que estar esos primeros días el máximo tiempo posible con su madre, idealmente haciendo piel con piel en cada momento que sea posible; tener la casa llena de gente que piden su turno para coger en brazos al recién nacido o hacerse fotos con él no facilita las cosas. En este caso, será papel del padre actuar como mediador, no dejar a su pareja «sola ante el peligro» y recordar a todas las visitas algo así como «bueno, el bebé y la mamá están cansados y parece que el bebé necesita pecho...». Simplemente con eso debería bastar para que la mayor parte de las visitas entendieran que ha llegado el momento de despedirse.

¿Cuándo dar el pecho al bebé? Como hemos dicho antes, *a demanda*. Y permitid la insistencia, pero «a demanda» significa «a demanda»: eso quiere decir que cada vez que el bebé pida pecho se le dará de manera inmediata, independientemente de cuánto haga de la última toma o de lo prolongada que haya sido. Algo que puede ser de mucha ayuda a la madre (y también al padre) es prescindir del reloj de pulsera durante unas cuantas semanas: si pide pecho, se le da pecho; tiene muchas formas de pedirlo, y llorar es solo una de ellas, y habitualmente, la más tardía, esa es la que pone en marcha cuando el resto de señales han pasado desapercibidas a los padres. Hacer movimientos rítmicos con labios y lengua, chuparse la mano o el dedo serían algunas de las señales que deberían llevar a la madre a ofrecerle pecho. Una regla que, por lo general no suele fallar es: «Ante la duda, teta».

Facilitar que madre e hijo dispongan del contexto adecuado para iniciar con buen pie su lactancia debería ser el objetivo prioritario de los primeros días tras el parto; la madre debe tener un lugar en el que se sienta cómoda y tenga todo lo necesario para dar el pecho: disponer de una butaca cómoda, con una mesa auxiliar en la que tener un paño, agua, un libro, teléfono, o cualquier otra cosa que pueda necesitar. Cada madre y cada bebé tienen sus posturas de lactancia favoritas[9], y la práctica hará que cada vez ambos estén más cómodos; al principio, será de utilidad ayudarse de cojines de lactancia, almohadas, etc. que faciliten un buen agarre del bebé. Ante la sospecha de que ese agarre no sea adecuado (el bebé hace chasquidos con la lengua, produce dolor a la madre, se le sale la leche de la boca mientras mama, etc.) es necesario contactar con alguno de los profesionales que antes hemos comentado para recibir el asesoramiento necesario. Las molestias pueden ser normales, sobre todo al inicio, pero el dolor no debería formar parte de la lactancia. Ante señales de dolor hay que buscar la causa y poner solución, porque pueden haber muchos posibles problemas y muchas posibles soluciones, pero lamentablemente son pocos los profesionales verdaderamente expertos en lactancia que pueden identificar correctamente las causas y poner las soluciones adecuadas.

---

9. González, C.: *Lactancia materna: Preguntas y respuestas*. Penguin Random House, Barcelona, 2016.

El papel del padre en la lactancia

Cuando llega el bebé a casa en ocasiones hay una pequeña crisis en la que el padre no encuentra su sitio o se siente desplazado. «¿Y qué hago yo ahora?» se preguntan muchos padres, sobre todo aquellos cuyas parejas han decidido ofrecer a sus hijos lactancia materna. Nos vais a permitir que nos dirijamos ahora especialmente a los padres, esos que se sienten desorientados y no saben cómo apoyar a sus parejas durante la lactancia. Si conocéis a alguien en esta situación, por favor, fotocopiad estas páginas, hacedles una foto y mandadlas por WhatsApp si queréis, o prestadles este libro, porque lo que ahora viene necesita ser leído por muchos padres:

Querido padre o proyecto de padre, lo primero que tienes que aceptar es que se inaugura una época en la que tú no eres el protagonista, pero todo esto va (y mucho) contigo. Tienes que estar informado acerca de todo lo que concierne a este momento que estáis viviendo. Si palabras como episiotomía, Kristeller, oxitocina, doula, mastitis, grietas, entuertos, porteo o ingurgitación, no te dicen nada, es momento de que te pongas a buscar información. El embarazo, el parto y la lactancia no son cosa de tu pareja. Son cosa de los dos.

Si tu pareja ha decidido no dar lactancia artificial ha elegido un camino que en ocasiones puede ser sencillo, pero en muchos casos es una pequeña carrera de obstáculos que va a tener que vencer, y tu papel va mucho más allá de simplemente estar a su lado. Debes ser su principal soporte, su gran aliado. Tu apoyo emocional será una pieza clave. «Y bien, ¿qué puedo hacer yo en este momento? Con lo preparado que estaba yo para dar el biberón». Pues, primero, agradece a tu pareja el interés y el esfuerzo por darle lo mejor a vuestro hijo. Y segundo, aquí va una pequeña lista de cosas muy concretas por las que puedes empezar:

- La lactancia de tu pareja es de tu pareja. Ella decide si da el pecho abiertamente en público o si prefiere estar en un entorno más íntimo. Haga lo que haga debes apoyarla.
- Al inicio de la lactancia es de esperar que tu pareja no se sienta muy cómoda dando el pecho delante de familiares cercanos o lejanos, o en cualquier sitio al que vayáis. Tenlo en cuenta y trata de facilitar que pueda tener sus momentos de intimidad para hacerlo. Háblalo con ella; interésate por cómo se siente al respecto y pregúntale cómo le puedes ayudar. Cuando salgáis de casa, dale prioridad para elegir a qué sitios vais o en qué lugar del restaurante o terraza os sentáis para que ella pueda estar más cómoda.
- Probablemente será necesario que pongas ciertos límites a la familia y las visitas, ya que os encontraréis en un momento muy especial en el que, para que se pueda iniciar con buen pie la lactancia, madre e hijo necesitan estar lo más tranquilos posible. Sé cortés y amable, pero firme.
- Permanece cerca cuando ella esté dando el pecho: no es tu momento de descanso «sin bebé», es momento de estar ahí por si te necesita. Si está dando el pecho, probablemente no podrá alcanzar por sí misma alguna cosa que necesite: agua, paño, teléfono, pañuelos, etc.
- ¿Aburrido porque ella da el pecho y no tienes nada que hacer? Haz tu parte con el resto de tareas relacionadas con el cuidado del bebé: báñale, cambia los pañales, ponle crema, dale un masaje, juega con él, lava, dobla y recoge su ropita, revisa las existencias de pañales y demás consumibles, limpia los chupetes y juguetes, haz la cuna, ordena su habitación, prepara la ropa para el día siguiente, etc.
- Si habitualmente las tareas domésticas son cosa de dos, ahora son más cosa de uno (¡y ese uno eres tú! Y sí, después de los días de baja, sigues siendo tú). Cocina, pon lavadoras, plancha, limpia...

- Apoya y facilita que tu mujer esté en contacto con otras madres que estén lactando. Tu puedes serle de mucho apoyo, pero poder compartir tiempo con otras madres que están en su misma situación es algo que va a agradecer mucho.
- Regálale pequeños momentos de desconexión. Llévate al bebé un rato a dar un paseo mientras ella dedica ese tiempo a lo que más le apetezca: darse un baño, echarse una siesta, leer, jugar a la consola, etc.
- Evita comentarios como «¿ya está otra vez mamando?», «si lleva toda la tarde a la teta», «te está utilizando como chupete». Si has cumplido con la recomendación de leer e informarte, sabrás que la teta no es solo alimento, ni la succión es siempre nutritiva. Es una forma de relación íntima que se establece entre la madre y su hijo, mediante la cual le proporciona tranquilidad, seguridad, apoyo y cercanía, y cumple un papel muy importante en la formación del vínculo de apego.
- Es normal que durante una temporada disminuya el deseo sexual de tu pareja. En el capítulo 2 hablamos con más detalle sobre este asunto y sugerimos cómo gestionarlo del mejor modo para ambos.

Cuando la lactancia está ya establecida

Tras una primera etapa en la que está en el aire ese miedo a que la lactancia no funcione, se llega por fin a una etapa de estabilización, y es cuando la mayoría de madres empiezan a «disfrutar» de la lactancia. Los problemas de agarre, congestión, grietas, u otras dificultades, han desaparecido y la succión del bebé ya es bastante eficiente, tiene muy claro qué es un pezón y cómo se debe succionar para extraer la leche, con lo que habitualmente ya no existen problemas de confusión con el chupete o las tetinas. El bebé sigue ganando peso y parece que se aleja el fantasma de «tener que darle una ayudita» para que no se estanque. Es un momento en el que la lactancia ya parece que funcione sola, madre e hijo se han acoplado y toda la familia empieza a disfrutar de los beneficios prácticos de la lactancia: el pecho está listo en cualquier momento y lugar, sin tener que ir cargando ni preparando engorrosos biberones, por la noche (sobre todo si el bebé duerme en la cama de sus padres) los despertares se gestionan sin prácticamente despertarse nadie o, si el bebé se enfada o se hace daño, un poco de teta y listo.

Pero poco después de estos problemas iniciales, cuando madre e hijo (y también padre) están encantados con esta situación de estabilidad, comienzan quizá los primeros «moscardones de la lactancia» con comentarios del tipo: «¿y no es ya muy grande para tomar teta?», «te está utilizando como chupete», «pues si le dieras un cacito de cereales por la noche verías como duerme»[10], «madre mía, todo el día con la teta fuera, ¡eso no es vida!». Y empiezan a entrar dudas de todo tipo. Las presiones para abandonar de manera temprana la lactancia pueden adquirir diversas formas; estas que hemos comentado son tan solo algunas de ellas, pero las que tienen un efecto más pernicioso son las que provienen del propio personal sanitario, en especial, del pediatra o del equipo de enfermería. Por esto, aunque la lactancia ya esté fuertemente asentada y sea «a prueba de bombas» es recomendable que (al menos) la madre continúe en contacto con los talleres de lactancia, asociaciones de promoción de la lactancia materna y otras madres lactantes con las que compartir preocupaciones o aclarar dudas. Es necesario compensar de algún modo todos esos estereotipos e ideas infundadas que vienen a socavar la lactancia precisamente cuando verdaderamente empieza a funcionar.

10. Brown, A., y Harries, V. (2015): «Infant sleep and night feeding patterns during later infancy: Association with breastfeeding frequency, daytime complementary food intake, and infant weight», *Breastfeeding Medicine*, *10*(5), 246-252.

Quizá alguno pueda pensar llegados a este punto que estamos hablando de la mal llamada «lactancia prolongada», de esos niños que *aún* toman pecho por encima del año. Pero lamentablemente no es así. Esta es la realidad que muchas madres viven a partir del tercer o cuarto mes de vida de sus hijos, y muy especialmente a partir del sexto mes, momento en el que se suele pensar que la lactancia es un complemento a los alimentos «de verdad», y no la base de la alimentación en combinación con el resto de alimentos que progresivamente se van ofreciendo al niño. En estos momentos, la incorporación de la madre al trabajo (habitualmente entre el cuarto y sexto mes de vida de sus hijos) es la principal amenaza a la lactancia materna, siendo el segundo motivo más citado por las madres cuando se les pregunta la razón por el que abandonaron la lactancia[11]:

Motivo de abandono de la lactancia materna

MOTIVO PRINCIPAL PARA ABANDONO DE LA LACTANCIA MATERNA	N	%
Cada vez tenía menos leche	97	29
Me tuve que incorporar al trabajo	59	17,6
Empezó a rechazar el pecho	25	7,5
Tuve problemas con el pecho	24	7,2
Comenzó a ser doloroso	21	6,3
No creo que fuera necesario continuar dando el pecho a mi hijo	21	6,3
Mi hijo aumentaba poco de peso	17	5,1
Era difícil encontrar tiempo a lo largo del día para dar el pecho a mi hijo	15	4,5
Me puse enferma	12	3,6
Era incómodo dar el pecho fuera de casa	10	3,0
Empezó a tomar solido	8	2,4
Creía que a mi hijo no le sentaba bien mi leche y decidí cambiar	5	1,5
Me costaba recuperar mi figura y mi peso mientras daba el pecho	3	0,9
Me quede embarazada otra vez	2	0,6
Quería quedarme embarazada otra vez	1	0,3
No podía tomar ninguna cerveza, un poco de alcohol, etc.	1	0,3
Otros motivos	13	3,9

11. Díaz-Gómez, N. M.; Ruzafa-Martínez, M.; Ares, S.; Espiga, I., y De Alba, C. (2016): «Motivaciones y barreras percibidas por las mujeres españolas en relación con la lactancia materna», *Revista Española de Salud Pública*, 90.

Si observamos con detenimiento estos datos, vemos que muchas de estas madres habrían querido continuar con su lactancia pero no pudieron; muchos de los motivos que señalan como determinantes a la hora de abandonar la lactancia están basados en las propias carencias del sistema sanitario y la limitada promoción de la lactancia materna existente (por ejemplo, creencia de «no tener leche», «poco aumento de peso» del niño, «problemas con el pecho», «creía que a mi hijo no le sentaba bien», etc.). Estos motivos señalados por las madres serían abordables con una adecuada información sobre la lactancia materna, tanto antes del parto como, especialmente, después del mismo. Otros de los motivos señalados por las madres están relacionados con la estructuración social (incorporación al trabajo, no encontrar tiempo) o la pobre cultura de la lactancia, en la que ésta no se ve como una parte fundamental de la alimentación del bebé, sino como un *suplemento* que llegado el momento se puede eliminar sin mayor problema (no creí necesario continuar, era incómodo darlo fuera de casa, me costaba recuperar mi figura, no podía tomar ninguna cerveza, etc.).

Otro motivo por el que en ocasiones se abandona la lactancia, es por incompatibilidad con alguna enfermedad o medicamento. También puede ocurrir lo contrario, que una madre que amamanta, decida no tomar un medicamento que necesita por miedo a que este pueda hacer algún daño a su hijo lactante. En ocasiones estas medidas pueden estar justificadas, pero muy a menudo, se acaban lactancias o mujeres dejan de recibir tratamientos que necesitan sin ninguna justificación, ya que la enfermedad o el medicamento en cuestión no suponían ningún riesgo real para la lactancia. Cuando surjan dudas de este tipo es recomendable consultar la base de datos de *e-lactancia.org* en la que se puede encontrar información fiable acerca de los riesgos para la lactancia de muchísimos fármacos, fitoterapia, homeopatía u otros remedios alternativos, procedimientos médicos y cosméticos, contaminantes, enfermedades, etc. Esta base de datos está construida y actualizada por pediatras de la Asociación para la Promoción e Investigación científica de la Lactancia Materna (APILAM). Con esta herramienta podemos comprobar como muchas de las supuestas incompatibilidades con la lactancia materna en realidad no lo son, y por el contrario, como algunos remedios «naturales», supuestamente inocuos, pueden ser peligrosos para los bebés.

La lactancia... ¿hasta cuándo?

A pesar de todo esto, todavía existen niños que aún disfrutan de la lactancia materna más allá del año, dos o más años. Son pocos, muchos menos de los que debería haber, pero los hay. ¿Por qué son tan pocas las lactancias que llegan a este punto?, ¿qué sucede con estos niños con dientes, que hablan y corren por los parques y que aún *toman teta*?

Las imágenes son muy poderosas, tanto que de un modo inconsciente llegan a conformar lo que conocemos como realidad. Si pensamos en lactancia materna, ¿cuál es la imagen que nos viene a la cabeza? Muy probablemente hayamos pensado en la imagen de una madre, con su bebé en brazos ofreciéndole amorosamente el pecho.

Esa imagen que acude espontáneamente a nuestra mente no es la de un niño de dos o tres años (que haberlos, los hay), sino la de un bebé sin pelo y regordete, de no más de 4 o 6 meses. ¿Por qué? Estamos constantemente bombardeados por esa imagen, la cual forma parte de campañas publicitarias, ilustraciones en revistas, medios digitales, películas y series de televisión, etc., lo cual produce una asociación muy lógica: la lactancia es algo restringido a los bebés. Porque si algo no se ve, no existe. Imágenes como esta no son frecuentes...

Esto es tan solo un ejemplo de la cultura del biberón en la que nos encontramos, en la que la lactancia se ve reducida a una mera relación nutritiva entre una madre y su pequeño bebé. El personal sanitario se encuentra sometido, al igual que el resto de la sociedad, a las mismas tendencias culturales, y éstas influyen en sus juicios clínicos. Si a esto le añadimos la tendencia social hacia el desarrollo precoz de los niños, su independencia temprana y el acelerado ritmo de nuestra sociedad, no es de extrañar que una parte importante de los profesionales sanitarios, por no hablar de la población en general, recomienden el destete antes de que el niño haya cumplido un año, o comiencen a cavar la tumba de la lactancia introduciendo alimentos (o peor, sustituyendo tomas de pecho por otros alimentos) a partir de los 4 o 5 meses, en contra de las recomendaciones de la OMS.

Como decíamos, pocos dudan hoy en día de la importancia de la lactancia materna, pero a pesar de considerarse ya como lo «políticamente correcto» en el caso de los bebés, hay una especie de barrera invisible alrededor del año de edad a partir de la cual «ese niño ya es muy grande para tomar teta». Es algo que las madres oyen en boca de familiares, amigos, y lo que es peor, por parte de ciertos profesionales sanitarios. Algunos afirman que dar el pecho por encima de los equis meses (cada uno da una cifra) va a producir traumas en el niño, dependencia, malnutrición, caries, y toda una serie de catástrofes físicas y emocionales. ¿Qué hay de cierto en todo esto?

Muchas ideas acerca de la lactancia materna siguen estando basadas en prejuicios e ideas infundadas, y algunas de estas afirmaciones se basan en opiniones personales y teorías no contrastadas. Una creencia muy extendida alrededor de la lactancia mal llamada prolongada (es tan solo lactancia) es que produce problemas emocionales, dependencia, o quién sabe qué desviaciones en los niños amamantados más allá de los primeros meses. Como ya hemos mencionado, las principales asociaciones científicas nacionales e internacionales recomiendan que la lactancia materna sea el único aporte de alimento hasta los 6 meses de edad, y después complementarla con otros alimentos, al menos hasta los 12-24 meses de edad, pudiendo mantenerla todo el tiempo que madre e hijo deseen. Algunas de estas sociedades científicas son: Organización Mundial de la Salud (OMS), UNICEF, Asociación Española de Pediatría (AEP), American Academy of Pediatrics (AAP), Australian Breastfeeding Association (ABA), Canadian Pediatric Association (CPS), American Association of Family Physicians (AAFP), American Dietetic Association (ADA), o National Association of Pediatric Nurse (NAPNAP), American Public Health Association (APHA).

Pues bien, ninguna de estas sociedades establece un límite para finalizar la lactancia en sus recomendaciones. Es necesario resaltar que, a lo largo de los siglos, y en prácticamente todos los lugares del mundo, la lactancia materna ha sido algo habitual hasta bien entrados los 2-3 años de edad. No es hasta comienzos del siglo pasado cuando, a raíz de la aparición y extensión del uso de los sucedáneos de leche materna y los cambios sociales en los países occidentales, se generaliza el destete prematuro de los bebés[12].

Si hacemos una revisión de la literatura científica existente, podemos ver como no se han constatado riesgos físicos ni psicológicos en niños que toman pecho por encima de los 2-3 años de edad o más mayores. Contrariamente a la creencia de que la lactancia materna prolongada puede hacer a los niños más dependientes de sus madres, en realidad lo que se ha observado es que les hace más seguros y les facilita el desarrollo de habilidades sociales.

Según el Comité de Lactancia de la AEP[13], algunos de los beneficios a nivel psicológico que tendría la lactancia más allá del año de edad serían:

- Mayor desarrollo intelectual, que permanece durante años y que incluso puede llevar a alcanzar un mayor nivel de estudios y de ingresos económicos en la vida adulta.
- Mejor desarrollo emocional y psicosocial del niño.
- Menos problemas de ajuste social en niños amamantados de forma prolongada y una mejor percepción de relación de apego con los padres en la adolescencia.
- A mayor duración, se ha descrito una menor incidencia de maltrato infantil.

---

12. Piovanetti, Y. (2001): «Breastfeeding beyond 12 months: an historical perspective», *Pediatric Clinics of North America*, *48*(1), 199-206.

13. «Lactancia materna en niños mayores o "prolongada», Comité de Lactancia Materna de la AEP. Marta Gómez Fdez-Vegue. Accesible desde http://www.aeped.es/comite-lactancia-materna/documentos/lactancia-materna-en-ninos-mayores-o-prolongada

- Mejor relación con los padres en la adolescencia.
- Mayor percepción de cuidado.
- Mejor salud mental en la vida adulta.

Es necesario recordar que aquí solo hablamos de los beneficios a nivel psicológico; a nivel fisiológico también existen y están bien documentados, entre otros, los beneficios inmunológicos con menor tasa de infecciones que niños de la misma edad no amamantados, menor incidencia a largo plazo de leucemia, obesidad y enfermedades metabólicas o autoinmunes, etc.

No obstante, según señala también la AEP, sí hay un problema claro relacionado con la lactancia prolongada. Citamos textualmente: «El mayor problema de la lactancia materna más allá del año de edad es el rechazo social y profesional por prejuicios o desconocimiento de la evidencia científica actual».

Con todos estos datos en la mano, podemos afirmar que la lactancia materna más allá del año de vida no solo no produce efectos psicológicos negativos, sino que tiene beneficios a nivel cognitivo, emocional y relacional.

El final de la lactancia

Las lactancias tienen un inicio y un final. En principio la lactancia debería acabar cuando uno de los interesados lo decida, esto es, el hijo o la madre, si esto ocurre después de los dos años mejor, ya que es lo recomendado por la OMS y muchas otras instituciones científicas. Pero lo cierto es que, como hemos visto, esto no suele ser así, por diferentes factores. Si recordamos la tabla de las principales razones por las que se ha realizado el destete, entre los más frecuentes no figuran el destete espontáneo por parte del niño o el deseo de la madre para acabar con la lactancia. Así, podríamos decir que la lactancia se acaba cuando lo decide la madre, el hijo, o por otros motivos. Si lo deciden la madre o el hijo, poco más hay que decir, pero en el cajón de «otros motivos» encontramos muchas dificultades o situaciones a las que es posible hacer frente en caso de que madre e hijo deseen continuar con la lactancia. A veces una madre que comienza diciendo «quiero destetar» cuando se le pregunta acerca del por qué, acaba explicando que en realidad no quiere, pero se siente obligada por el motivo equis. Las supuestas incompatibilidades con enfermedades o tratamientos son algunos ejemplos de estos motivos ajenos a la madre, pero como hemos visto, en muchas ocasiones esta supuesta incompatibilidad en realidad no es tal, y madre e hijo pueden continuar con su lactancia sin que ello suponga ningún riesgo. Otras veces es el miedo a estar haciéndole algún daño al hijo, por ser este demasiado mayor, por presiones externas o dificultades para continuar con la lactancia cuando las circunstancias no lo favorecen (por ejemplo, condiciones laborales). En estos casos lo adecuado sería apoyar a la madre que desea continuar con la lactancia para que consiga superar estas dificultades. A este respecto, diversos autores señalan que la formación del personal en lactancia materna y la instauración de medidas de apoyo a la lactancia materna en hospitales, centros de salud u otras instituciones sanitarias pueden disminuir las tasas de destete precoz[14]. Ante estas situaciones nuevamente son muy recomendables los talleres de lactancia y las asociaciones de apoyo a la lactancia materna.

Hay que recordar que el destete precoz (introducción de alimentos diferentes a la lactancia materna antes de los 6 meses o retirada de la lactancia materna antes de los dos años) tiene una serie de riesgos para la madre y para el lactante. En

14. Hernández, M. T. (2004): «El proceso de destete». *Lactancia materna: guía para profesionales. Comité de la Lactancia Materna de la AEP. Monografías de la AEP*, (5).

la madre un destete brusco puede favorecer la aparición de mastitis o abscesos. Y se ha descrito un incremento de depresión postparto, desajustes emocionales y sociolaborales, y un aumento del riesgo de enfermedades maternas a largo plazo. En el niño, la introducción precoz de alimentos distintos a la leche se ha relacionado con mayor riesgo de obesidad y enfermedades cardiovasculares en el adulto o con anemia ferropénica en lactantes[15].

Cuando el que lo decide es el niño, también habría que distinguir entre un destete real y una serie de situaciones que pueden hacernos pensar que se trata de un destete espontáneo cuando en realidad no lo es, o no es tan espontáneo. A medida que los niños crecen, en la lactancia pueden ocurrir una serie de «crisis» que podrían confundirse con el fin de la lactancia. La crisis de los 3 meses es un ejemplo. En caso de no conocerla, la madre podría pensar erróneamente que «se ha quedado sin leche» ya que los cambios normales en esta etapa pueden hacerle llegar a esta conclusión. Esta u otras crisis, las «huelgas de lactancia» (un rechazo brusco del pecho por parte del bebé) o que el niño atraviese alguna enfermedad que le dificulte mamar o le produzca dolor al hacerlo, son situaciones que se pueden confundir con el final de la lactancia. Las pautas inadecuadas en la incorporación de la alimentación complementaria también pueden empujar al bebé en la dirección del destete, aunque su madre tuviera intención de darle pecho durante más tiempo. Las indicaciones de dar la papilla antes del pecho por debajo de los 12 meses, o directamente proponer la sustitución de tomas por papillas son algunos ejemplos. En general es poco frecuente que un niño se destete por su propia voluntad y en contra de la voluntad de su madre antes de los dos años, si no existen interferencias de este tipo. Cuando esto

15. Ibíd.

ocurre y el destete se produce en un momento que la madre considera que es demasiado temprano, y ella prefiere seguir dándole pecho más tiempo, se puede relactar. Para esto probablemente sea necesario recibir asesoramiento profesional. Si el niño lo decide y la madre está de acuerdo, aunque no haya sido su decisión, no queda más que despedirse de esta etapa y disfrutar con alegría la siguiente.

Cuando es la madre quien lo decide, y no se trata de dificultades ni de presiones externas, también hay que apoyarla en su decisión. La lactancia es cosa de dos y si la madre no lo disfruta, o supone un problema para ella, por el motivo que sea, habrá que encontrar la forma adecuada para que la lactancia acabe del mejor modo posible para madre e hijo. Cuando esto ocurre por debajo del año o año y medio, el destete no suele presentar demasiada dificultad, basta con ir reduciendo tomas progresivamente y los bebés suelen aceptarlo sin oponer demasiada resistencia. Es conveniente ir reduciendo las tomas de forma progresiva para que la producción se vaya ajustando a la demanda y minimizar así el riesgo de mastitis o abscesos.

Cuando los niños son más mayores, el destete puede no ser tan sencillo, porque ellos ya saben perfectamente lo que pasa y se resisten a perder algo que en general consideran algo propio. Además, como hemos repetido en diversas ocasiones, la teta no es solo alimento, y hasta ahora esa ha sido su forma normal de relacionarse con su madre, por lo que pueden vivirlo como una pérdida o una amenaza. En estos casos es más importante, si cabe, realizar el destete de una manera progresiva, paciente y cariñosa. Esto puede resultar pesado y parecer que no tiene fin, pero al fin y al cabo, después de tantos meses de lactancia, ¿para qué terminarla de una forma dolorosa?

¿Por dónde empezar? la «regla básica» para comenzar a destetar a estas edades se podría resumir en la fórmula «no ofrecer, no negar». Esto quiere decir que tenemos que empezar por no ofrecer la teta en todas las ocasiones en las que antes lo hacíamos, porque los niños han aprendido a funcionar con teta, pero las madres también, así que en realidad es un recurso que se pierde y nos las tendremos que ingeniar para manejar esas situaciones de otras formas. Ofrecer otros alimentos en lugar del pecho puede ser relativamente sencillo si el niño no lo pide con insistencia, pero no ofrecerla en momentos en los que el niño necesite consuelo, puede costar un poco más cuando se ha hecho de forma casi automática hasta ese momento. Así que lo primero es eso, acostumbrarnos a no ofrecerlo pase lo que pase.

Pero la segunda parte de esta regla dice «no negar» lo cual no quiere decir que haya que darle teta cada vez que lo pide, ya que si no estaríamos dándole «a demanda». Se pueden seguir diferentes estrategias para no negar sin darle lo que pide, al menos en ese momento. Se puede distraer al niño con otras cosas, como juegos, cosquillas, un cuento... se le ofrecen alternativas diferentes a la teta. Para que acepte una alternativa a la teta, la otra opción tiene que ser algo apetecible, ya que para ellos la leche materna es algo realmente delicioso. Si pretendéis cambiárselo por algún otro alimento, quizá tengáis que hacer temporalmente alguna pequeña concesión para que lo acepte. En esta fase es recomendable una ayuda extra por parte del padre que puede contribuir a distraer y ofrecer alternativas al niño.

Para evitar situaciones en las que es probable que el niño pida el pecho, en ocasiones es necesario hacer algunos cambios o adaptaciones en las rutinas habituales. La mayoría de los niños tienen determinados momentos y lugares en los que acostumbran a tomar pecho. Si sabéis que a una hora determinada va a pedirlo cuando os sentáis en el sofá o en la butaca a descansar, quizá es conveniente que os bajéis al parque o que el padre lo saque a pasear para adelantaros a esta situación y evitar que pida.

También se puede hablar con el niño, en función de su grado de entendimiento, y proponerle retrasar las tomas hasta llegar a casa o a una hora determinada, por ejemplo antes de dormir. Además se puede pactar reducir el tiempo de la toma de forma que, en lugar de esperar a que se suelte por sí mismo, podemos contar hasta 10, hasta 5, hasta 3, o el número que el niño acepte, y de esta forma, podrá tomar un poquito, pero luego sabe que se tendrá que soltar. A veces acceden a pactar el final de la lactancia; si el niño está próximo al destete natural y se trata de niños mayores de 3 años, puede ocurrir que accedan a dejar de tomar como parte del proceso de hacerse mayor. Para tratar estos temas nos podemos apoyar en cuentos o historias. Existen pocos cuentos que traten este tema. Así como para dejar el chupete o el pañal es fácil encontrar libros para todos los gustos, como normalmente el destete se produce sin mayor dificultad cuando los bebés son muy pequeños, apenas existe oferta sobre cuentos para destetar. Conocemos tres. Uno es el de *Las tetas de Mamá,* de Cristina Aranda Mataix, en el que nos cuenta la historia de Ariadna, una nena de dos años y su mamá durante el proceso del destete, y explica escenas en las que Ariadna se espera a poder tomar teta cuando la situación lo requiere, su mamá le ofrece alternativas, le cuenta números para acortar las tomas, etc. y finalmente es Ariadna quien le dice a su mamá que ya no necesita tomar más teta. Este libro se puede conseguir fácilmente por Internet, pero es difícil encontrarlo en librerías. Un segundo libro es el de *La teta cansada,* de Montse Reverte, con ilustraciones de Victoria Usova. Es un cuento dirigido a bebés de más de 18 meses, con el que se pretende que el niño acepte el acuerdo de no pedir durante la noche, pero sí que podrá tomar de día, es decir, un destete parcial nocturno. En este cuento la teta le explica al niño que está cansada y necesita dormir por la noche, pero que mamá y papá le pueden dar la mano o abrazarlo si lo necesita. Las autoras proponen leer el cuento con el niño antes de dormir y despedirnos con una frase del tipo «mamá se va a la cama, papá se va a la cama, tú te vas a la cama y la teta duerme...» y que cuando se despierte por la noche le recordemos que la teta está durmiendo. Este cuento se puede descargar de manera gratuita en pdf desde la página web dormirsinllorar.com. Y el tercero se llama *Què fan les tetes quan dormen* (Qué hacen las tetas cuando duermen), de Elisa Capellades, con ilustraciones de Marta Espinarch. Un cuento para acompañar el proceso de destete en niños a partir de un año, que trata de no responsabilizar a ninguna de las dos partes. No está claro si el bebé protagonista es niño o niña, ni tampoco su edad, y se puede adaptar a distintos destetes (diurno, nocturno o total). Y aunque aún no hemos podido verlo, sabemos que en octubre de 2017 saldrá a la venta el cuento *La Fies-Teta,* de Miriam Tirado, con ilustraciones de Joan Turu, también para ayudar a madres e hijos en este proceso. Otra opción es inventar vuestro propio cuento con vuestra propia historia. Ser el protagonista del cuento es algo que suele encantar a los niños.

Hay que entender el destete como un proceso, no algo que vaya a suceder de hoy para mañana. La mayoría de mamíferos inician el destete cuando triplican el peso al nacer, lo que correspondería en humanos aproximadamente a los dos años. En general este proceso se prolonga durante un periodo similar al de la gestación, lo que en nuestro caso sería de unos 9 meses[16]. Por eso es mejor tomárnoslo con calma, ya que es un proceso que se puede alargar más de lo que teníamos inicialmente previsto. Por todo lo expuesto, recomendamos para este proceso, como para otras etapas del desarrollo infantil, buenas dosis de paciencia, cariño y comprensión.

Lactancia artificial

A veces, por el motivo que sea, la madre no quiere o no puede dar el pecho. Muchas veces sí que querría hacerlo, o tenía sus

16. Ibíd.

dudas, pero el caso es que tras intentarlo, la lactancia no ha podido salir adelante. Hay muchos motivos y circunstancias por los que se puede decidir optar por la lactancia artificial. Pero una vez la decisión está tomada, no se puede hacer más que apoyar igualmente a esa madre. Obviamente quien decide es ella, pero llegados a este punto no necesita seguir escuchando todos los beneficios de la lactancia materna, entre otras cosas porque probablemente ya los conozca y lo único que pueden conseguir estos mensajes es hacer que se sienta juzgada. Muchas madres que han optado por la lactancia artificial explican que se han sentido juzgadas, y esto probablemente no sea cuestión de percepción, sino que realmente lo hayan sido. Como hemos comentado, parece ser que la maternidad incluye ser el blanco de muchas críticas. Y el tema de la leche es un tema que levanta pasiones. Cuando por fin finaliza la lactancia materna, se mezclan sentimientos encontrados: alivio por haber acabado con una lactancia difícil, muchas veces dolorosa o con mucho nivel de estrés. Por otro lado, los sentimientos de culpa propios, a los que hay que sumar los generados por otras personas. El agotamiento físico y psicológico. Abandonar la lactancia, es un paso que puede costar mucho dar, pero que hay veces que es necesario hacerlo.

Pero más que críticas, las madres necesitan apoyo y respeto. Es obvio que se puede dar el biberón con todo el amor del mundo y criar hijos sanos y fuertes, como muchos de los que hoy somos padres de hijos pequeños, que mayoritariamente nos criamos con leche de fórmula.

Hay que tener en cuenta que, en caso de abandonar repentinamente la lactancia materna, existe el peligro de ingurgitación, o de que se desarrolle una mastitis, por lo que es recomendable ir reduciendo poco a poco las tomas, para que la producción se vaya ajustando progresivamente a la demanda, y la mujer experimente menos molestias.

A veces se puede plantear una lactancia mixta, como forma de seguir con una lactancia que de otro modo no podría continuar, o ayudar así a alargar algunos meses más la lactancia materna. En otros casos, se plantea de entrada una lactancia artificial. Sea cual sea el caso, y las circunstancias, todas las madres quieren lo mejor para sus hijos y merecen todo el respeto y apoyo.

En caso de emplear leche de fórmula, hay que seguir las instrucciones del fabricante para la preparación de los biberones, atendiendo especialmente a las medidas de higiene. Hay que señalar que no hay leches mejores o peores, ya que la composición de estas fórmulas adaptadas está marcada por ley. Lo que sí que existe son leches especiales que debe recomendar el pediatra en caso de que el niño lo necesite.

Además, al igual que en la lactancia materna, es conveniente ser flexibles con las cantidades y horarios de las tomas. Es mejor guiarse por el apetito del bebé. Y como hemos comentado, la teta es más que alimento, por lo que también es recomendable darle el biberón al bebé teniéndolo en brazos, en contacto directo con su madre o cuidador principal, del modo más similar posible a como se le daría el pecho.

Para saber más...

González, C.: *Un regalo para toda la vida. Guía de la lactancia materna.* Temas de Hoy, Madrid, 2006.

Noemi Weis: *Milk*, 2015.

Olza, I.: *Lactivista.* Ob Stare, Barcelona, 2013.

Paricio, J. M.: *Tú eres la mejor madre del mundo.* Ediciones B, Narcelona, 2013.

Nylander, G. (2010): *El pecho no tiene horario.* Documental.

Página web e-lactancia: http://www.e-lactancia.org

CAPÍTULO 6

Necesidad de apego y una base segura

«Es más fácil construir niños fuertes que reparar adultos rotos».
Frederick Douglass

CUANDO NUESTROS HIJOS eran pequeños, desde que nacieron, en el momento en que uno de ellos se ponía a llorar, de manera casi automática lo cogíamos en brazos y se tranquilizaba. Ésta era una respuesta prácticamente inconsciente, no partía de una reflexión profunda acerca de la necesidad de contacto, del apego o de los vínculos emocionales. Simplemente, nos salía hacerlo así. Al igual que le sale del mismo modo a la mayoría de padres de las diversas culturas del mundo. Nuestros hijos, al igual que el resto de bebés, tampoco reflexionaban acerca de por qué realizaban esas conductas: no saben por qué lloran, ni tampoco por qué reaccionan del modo en que lo hacen ante las diferentes actitudes de quienes los cuidamos. Simplemente les sale así.

No obstante, en nuestro contexto, casi todas las madres (y en menor medida los padres) han escuchado en algún momento la frase de «no le cojas tanto en brazos, que se acostumbra». Muchos padres incluso sienten que tienen que excusarse cuando su hijo llora y lo cogen en brazos para atenderlo y consolarlo, se justifican, ponen excusas, se inventan argumentos cuando, simplemente, están siguiendo su instinto: cuidar y consolar a su hijo. ¿Por qué hay padres que sienten que están haciendo algo malo cuando cogen a su hijo en brazos? Durante mucho tiempo ha imperado una visión de la crianza en la que se veía la relación entre padres e hijos casi como una batalla, como un pulso de poder entre un pequeño y autoritario mocoso contra sus inocentes e insomnes padres. Esta visión, que ha llegado a ser muy popular, ha hecho creer a muchos padres que coger a sus hijos en brazos los iba a convertir en adultos impulsivos, con baja tolerancia a la frustración, drogadictos en potencia que de pequeños aprendieron que podían tener en la vida todo lo que quisieran, porque lloraban pidiendo brazos y sus padres los cogían. Por eso muchos padres, en contra de su instinto, actuaban como les habían dicho que era mejor para sus hijos: dejándoles llorar, no cogiéndoles en brazos, encerrándoles en una habitación oscura con pocas semanas de vida para que se acostumbraran a dormir solos, negándoles por sistema cualquier demanda, todo ello, *para que no se acostumbre.*

Afortunadamente hace muchos años que las cosas están cambiando; las investigaciones acerca de la formación del vínculo entre el niño y sus padres han encontrado que el desarrollo de un apego seguro es una pieza clave para lograr adultos fuertes e independientes. A día de hoy la teoría más aceptada y que mejor explica los lazos emocionales entre un bebé y sus cuidadores (habitualmente, sus padres) es la teoría del apego de John Bowlby. Pero hasta llegar a esta teoría hubo otras aproximaciones que, aunque pronto se vieron incompletas (o incluso erróneas), han influido mucho en la visión que hoy tenemos acerca de los niños y su desarrollo.

Para saber cómo es la relación de un niño, de un adolescente o de un adulto con sus padres, si les quiere (o no), si confía en ellos (o no), no tenemos más que preguntarles directamente acerca de esta cuestión. Seguramente nos darán respuestas de lo más variadas; la mayoría afirmarán querer a sus padres y confiar en mayor o menor medida en ellos, y los motivos que les llevarán a quererles o confiar en ellos serán muy diversos. Quizá, incluso, sepan que les quieren pero no sepan concretar por qué exactamente sienten esas emociones. Pero esto se complica mucho más si en vez de hablar de niños o adultos hablamos de bebés: ¿cómo podemos saber lo que siente por sus padres?, ¿les quiere?, ¿qué cosas le gustan o no de sus padres?, ¿qué circunstancias facilitan o dificultan estas emociones? Sin duda es complicado obtener una respuesta razonable de una mofletuda personita que todavía no sabe ni cómo se llama. Este tipo de preguntas son las que trata de responder desde hace mucho tiempo la psicología evolutiva, para comprender los vínculos emocionales que se forjan en la primera infancia y la implicación que pueden tener en el desarrollo posterior de la persona.

Nadie parece dudar que los bebés, aunque no puedan expresarlo verbalmente, quieren a sus padres. Muestran ese afecto buscando su cercanía y protestando cuando se alejan o no están presentes. El apego sería ese lazo afectivo que nos une a personas especiales para nosotros, que nos lleva a sentir emociones positivas ante su presencia, y que hacen que nos sintamos aliviados al estar con ellos en momentos de estrés o malestar. Es evidente que los bebés, prácticamente desde el nacimiento, muestran apego hacia su madre (más adelante también hacia su padre y otras personas significativas) pero ¿por qué los bebés muestran ese apego?

Conductismo y psicoanálisis

El conductismo es una corriente de la psicología que trata de explicar la conducta según estímulos y respuestas. Ha sido una corriente muy criticada por lo reduccionista de sus planteamientos y hoy en día prácticamente nadie trabaja en una consulta de psicología exclusivamente desde estas ideas o empleando tan solo las técnicas que de ellas se derivan. Desde este enfoque se pensaba que el bebé muestra apego a su madre porque esta es un estímulo que viene acompañado del alimento. El primer desencadenante del apego sería pues el alimento; posteriormente el bebé acabaría encontrando «reforzantes» otras conductas que irían de la mano de la alimentación, como caricias, sonrisas, palabras, etc. En resumen: la madre sería *eso* que está ahí al lado de lo que consideraban verdaderamente importante, la comida, y de tanto verles juntos, al final el bebé le coge cariño. ¡Qué triste!, ¿no? Esta visión pronto fue rechazada y hoy sabemos que la relación que se establece entre una madre y su hijo va mucho más allá de la nutrición. Harlow, de quien hablaremos en breve, fue quien de manera empírica puso punto final a estas teorías.

Pero no todo en el conductismo era así de radical; otras posturas más moderadas defendían que los bebés mostrarían conductas de apego (búsqueda de la madre, sonrisas, miradas) porque la madre las refuerza. Es decir, los hijos mostrarían amor a sus padres porque estos «premian» estas muestras de afecto. Pero esta teoría deja también muchas preguntas por responder: entonces, ¿por qué los bebés siguen mostrando apego hacia sus madres incluso en graves casos de maltrato?, o ¿por qué ese apego se mantiene a lo largo de los años?

Esa visión conductista, al fijarse solo en las relaciones entre los estímulos y las respuestas, afirmaba que responder de manera rápida al llanto de un bebé estaría reforzando esa conducta e incrementando la probabilidad que se produjera, por lo que la mejor manera de tener un hijo «educado» (o podríamos decir «menos molesto») sería no responder, o al menos no de manera rápida, a su llanto. Así, atender a «caprichos» de un bebé (como la demanda de consuelo, por ejemplo) se acabaría viendo como una cesión y una falta de disciplina.

Por su lado, el psicoanálisis ofrecía una visión alternativa (y algo más amable) a la explicación de por qué se producen las conductas de apego, pero en el fondo las diferencias son mínimas: los bebés siguen mostrándose como «interesados», expresando solo apego a sus cuidadores por lo que estos le puedan ofrecer. En los años 20 del siglo pasado Freud defendía la teoría del «amor interesado», que sugería que los bebés se apegan a sus madres porque estas satisfacen sus necesidades fisiológicas (¿veis muchas diferencias con el conductismo?). Años más tarde, otro psicoanalista, Erikson, completaría un poco esta visión añadiendo algunos conceptos interesantes; afirmaba que cuando la madre satisface la necesidad de alimento de su hijo, y lo hace de manera consistente (acompañando la satisfacción de esta necesidad con afecto y cariño), el bebé construye un sentimiento de confianza de que sus necesidades serán satisfechas, y se sentirá confiado al separarse poco a poco de su madre para explorar el ambiente, al saber que cuando la necesite, nuevamente estará ahí. Así, se introduce un elemento importante con respecto al conductismo, la idea de confianza: saber que las necesidades van a ser satisfechas da el impulso necesario para aventurarse en la exploración.

John Bowlby y la «teoría del apego»

Hoy sabemos que un vínculo emocional sano entre padres e hijos (lo que se conoce como «apego seguro») se logra gracias al contacto, a la disponibilidad y a la respuesta sensible a las necesidades del bebé. Lo que se pensaba que era bueno, resultó no serlo tanto: dejar llorar a un niño, no atender sus necesidades, demorar la respuesta, etc. no sirven para transmitir seguridad y facilitar la independencia del niño, sino más bien todo lo contrario. Gracias a ese afecto y a la calidad que tenga nuestra relación, el niño construirá las bases que le permitirán explorar el mundo y desarrollar su independencia de manera segura. Y todo esto lo sabemos, en parte, gracias a investigadores como Bowlby, Harlow o Ainsworth.

John Bowlby se definía a sí mismo como etólogo, aunque se licenció en medicina y luego se formó como psicoanalista. La etología es una rama de la biología que se encarga de estudiar cómo se comportan los animales en su ambiente natural, sin que haya ninguna interferencia que les condicione. Llevado a los humanos, implicaría conocer cuál es el comportamiento «natural», intentando restar la influencia que el contexto social tiene sobre nosotros. Como hemos visto, psicoanalistas y conductistas coincidían en señalar que el bebé se apega a su cuidador porque es este quien satisface su necesidad de alimentación. Bowlby intuía que esto no tenía que ser necesariamente así; tras leer las investigaciones de Karl Lorenz, en las que este mostraba como algunos animales establecían fuertes vínculos con una figura materna sin el alimento como intermediario, comenzó a profundizar en el estudio de la etología, tratando de desarrollar ese modelo alternativo que más adelante sería la teoría del apego. Lorenz recibiría el Premio Nobel de medicina en 1973 por el descubrimiento de la *impronta,* una serie de conductas que se observan inmediatamente después del nacimiento y que garantizan el comportamiento maternal y filial. Sus hallazgos fueron clave para el posterior desarrollo de la teoría del apego por parte de Bowlby.

Así, Bowlby marcó la distancia con sus colegas psicoanalistas y también con los psicólogos conductistas al considerar que los bebés humanos, al igual que los de cualquier otra especie animal, están programados genéticamente para mostrar ciertas conductas de búsqueda de sus padres (apego), y estos estarían destinados a protegerlos e incrementar su probabilidad de supervivencia. Para él, por tanto, los bebés muestran apego por sus padres porque están preparados para ello desde antes del nacimiento, ya que estas conductas les garantizan la supervivencia y una mejor adaptación al medio. Muchas de las conductas que muestran los bebés (llorar ante la separación, pedir ser cogidos en brazos) o sus padres (sentir el impulso a calmar el llanto y satisfacer sus necesidades, a comunicarse con el bebé, etc) y que aparentemente carecen de sentido, lo tienen y mucho si pensamos en el papel que esas conductas han podido desempeñar en el desarrollo de la especie en un medio natural, muy distinto a nuestro contexto actual. ¿Qué bebé tiene mayores probabilidades de sobrevivir (y por tanto, pasar sus genes a generaciones futuras), ¿el que constantemente está demandando la atención y cercanía de sus padres para que le protejan, o el que apenas «molesta» y se le puede dejar solo sin que proteste?

Al igual que existen las conductas de apego[1] en los hijos, también los padres muestran unas *conductas de crianza* por las que, si todo se desarrolla de un modo más o menos normal, el progenitor de un bebé experimentará un poderoso impulso para comportarse de la manera típica para su especie, por ejemplo, abrazar al niño, consolarlo cuando llora, mantenerlo abrigado, protegerlo y alimentarlo, etc. En los años 70 del siglo pasado, Klaus y Kennel estudiaron cómo se comportan las madres con sus recién nacidos cuando se les da total libertad para hacer lo que quieran después del parto. Vieron cómo, bajo estas circunstancias, lo normal es que desde el momento del nacimiento la atención se vuelque sobre el bebé, como si

1. Es necesario distinguir entre dos conceptos que parecen similares pero que se refieren a realidades distintas; por un lado, cuando hablamos de *apego* nos referimos a un fuerte lazo emocional hacia determinadas personas especiales; sería la disposición a buscar la proximidad y el contacto con esa persona, siendo algo que se mantiene relativamente estable en el tiempo y no se ve afectado por situaciones concretas. Por otro lado, cuando hablamos de *conductas de apego* nos referimos a las diversas conductas que puede poner en marcha un individuo para obtener o mantener la cercanía deseada.

hubiera algo en él que atrajera no solo a la madre y al padre, sino a todos los presentes. Madre e hijo, casi desde el primer momento, muestran una sincronía, una especie de diálogo entre sus conductas que aparece mucho antes de que lo hagan las palabras y la comunicación verbal, en una alternancia que es característica de la conversación humana en aspectos como el tono, la frecuencia, las pausas o la intensidad. El modo en el que la madre se relaciona con el bebé está totalmente adaptado a él. Esta sensibilidad a las necesidades del bebé y el impulso para atenderlas que se observan desde el nacimiento no son algo que se aprenda, sino algo que sale de manera natural si no hay nada que lo impida (una madre sedada por la anestesia, la separación en el momento del nacimiento, la interferencia de personas extrañas que les impidan relacionarse con libertad, etc.). Y eso hace que la madre y su bebé entren en una dinámica muy positiva, ya que la madre se adapta rápidamente a los ritmos naturales de su hijo, y al prestar atención a los detalles de su conducta, descubre más rápido lo que le satisface y actúa en consecuencia.

El modo concreto de llevar a la práctica todo esto sí que es algo aprendido, y viene fundamentalmente de la observación de la conducta de otros padres (los nuestros, y aquellos que han formado parte de nuestro entorno). De este modo, podemos ver cómo la conducta de crianza y el vínculo de apego tienen unas poderosas raíces biológicas, pero el modo concreto que adopta en cada uno de nosotros depende de nuestras experiencias (durante la infancia, adolescencia, etc.). Esto se ha visto, por ejemplo, con Loki, una orangutana del zoo de Barcelona que cuando tuvo una cría y esta se ponía a llorar porque quería mamar, no sabía qué hacer. En lugar de darle el pecho, le daba sus labios para que los succionara, lo cual calmaba el llanto pero no la alimentaba. Loki no sabía dar de mamar a su cría porque no había tenido la experiencia de ver cómo lo hacían otras orangutanas. Hoy en día, los protocolos de los zoos tienen esto en cuenta y ya no se separa a las madres de sus crías para que se pueda producir este aprendizaje social tan importante.

Fases en el desarrollo del apego

Desde que nace un bebé y hasta que se convierte en un niño que habla, corre y salta, el apego que va a mantener con (probablemente) su madre va a ir cambiando, pasando desde no mostrar ese apego o preferencia por ella, a poder negociar las condiciones de cada separación. Todo ello de la mano de su desarrollo y sus, cada vez más complejas, capacidades.

«Menudo genio que se le ha hecho. De pequeñita era supercariñosa, lloraba y enseguida encontraba consuelo en su padre, en los abuelos..., pero es que ahora, solo hay "mami, mami y más mami"». Aunque pueda parecer lo contrario, los bebés no nacen apegados a su madre ni a ninguna otra persona. Desde que nacen, y hasta aproximadamente las seis semanas de edad, los bebés están en lo que se conoce como la *fase de preapego*. Ya desde tan pequeños son capaces de reconocer el olor y la voz de su propia madre de entre todas las personas de su entorno, pero a pesar de ello, los bebés muestran ante cualquier persona una gran variedad de señales (coger, sonreír, llorar, etc.) para captar su atención y ganar su protección, ¡aún no son tan selectivos!

A partir de las seis semanas y hasta los seis u ocho meses, más o menos, los bebés pasan por la *fase de formación del apego* y empiezan ya a responder de un modo diferente a su madre o a un extraño, pero todavía no protestan especialmente cuando son separados de su madre. A estas edades son típicos los comentarios del tipo «¡Pobrecito! Tan pequeñín y le hemos tenido que apuntar ya a la guarde, pero al menos se ha adaptado superbién. ¡No ha llorado ni nada!». Los «problemas» no llegan hasta los seis u ocho meses, cuando el apego hacia su cuidador ya es evidente y comienza a manifestar una ansiedad ante la separación que se mantendrá prácticamente hasta cumplir el año y medio. Por este motivo muchos bebés que acuden a una escuela infantil desde muy temprano (habitualmente, a los cuatro o seis meses, coincidiendo con el fin del permiso por maternidad) «se adaptan» mejor que los que acuden más tarde. Todavía están en esa fase en la que no existe la ansiedad de separación y tienen tiempo suficiente para establecer un vínculo con los cuidadores que le permite consolarse ante la ausencia de su madre.

«No veas los líos que me monta para que no me vaya de casa, se tira al suelo, patalea, me trae juguetes para que juegue con ella...». A partir de los seis u ocho meses, y hasta el año y medio o dos años se entra en la *fase de apego bien definido,* en la que aparece la ansiedad de separación: esto, junto a una mayor capacidad física y cognitiva, hará que el bebé ponga en marcha todos los recursos a su alcance para impedir la marcha de su figura de apego: la perseguirá, se le subirá encima, le mostrará juguetes... y llorará.

A partir del año y medio o los dos años, los niños empiezan a entender de manera progresiva un poco mejor cómo funciona el mundo, que hay despedidas y reencuentros, que hay trabajo, que hay «cole», etc. Entran en la *fase de formación de una relación recíproca,* en la que los métodos para retener a su figura de apego se vuelven mucho más evolucionados: ya no es necesario llorar y patalear, ahora empieza a haber lenguaje y pueden expresar mejor lo que necesitan y cómo se sienten.

La mamá de alambre y la mamá de trapo

Gracias a Harry Harlow hoy sabemos que la relación entre una madre y su hijo incluye de forma inseparable el contacto físico cercano, y que este es imprescindible para la formación del vínculo de apego. Harlow, al igual que Bowlby, también estaba convencido de que el apego que muestran las crías por sus madres no está relacionado simplemente con el alimento, sino con algo que va mucho más allá de eso, y a finales de los años 50, se propuso demostrarlo en el laboratorio con unos experimentos que hoy serían impensables por sus implicaciones éticas en el trato a los animales. Pero sus descubrimientos fueron tan importantes que influyeron en los cuidados parentales en el mundo occidental en un momento en el que médicos y psiquiatras insistían en recomendar a las madres no acunar ni coger en brazos a sus hijos cuando lloraban.

¿En qué consistieron sus experimentos? Básicamente lo que hizo Harlow fue preguntar a un grupo de monos qué preferían, si a una fría madre de alambre que les daba alimento, o a una suave madre de felpa que no se lo daba. ¿Cómo se lo preguntó? Para ello separó de sus madres a algunas crías de macaco pocas horas después de su nacimiento para criarlas en el laboratorio. Estos monitos fueron colocados en jaulas con una «madre sustituta» de dos tipos: una de malla de alambre conectada a un biberón que les proporcionaba el alimento, o una cubierta con suave felpa: les hacía elegir entre alimento o algo similar al afecto y contacto físico. Si aquella teoría del «amor condicional» (los bebés quieren a sus madres simplemente porque son las que les dan alimento) era correcta, los monos se quedarían con la madre que les proporcionaba el alimento y no le harían ni caso a la otra. Pero ocurrió justo lo contrario: las crías pasaban la mayor parte del tiempo con las «madres» de felpa, y además las utilizaban como una base segura a la que se amarraban cuando tenían miedo porque los experimentadores habían introducido algún objeto extraño en la jaula. En estudios posteriores en los que la mamá de trapo podía incluso acunarles y proporcionarles alimento, el apego que mostraron por ella fue aún más fuerte.

Imagen accesible desde https://psychlopedia.wikispaces.com/Harlow%27s+Monkey+experiment

Pero esto no queda aquí; los efectos de haber sido «criados» por una u otra madre sustituta se prolongaron en el tiempo. Cuando se les ponía en una habitación desconocida, los que habían sido «criados» por las sustitutas de felpa mostraban más interés por explorar el entorno, que los «criados» por las sustitutas de alambre. Además, los monos también recordaban mejor a las sustitutas de felpa: después de un año de separación, los que fueron «criados» por la madre de felpa corrían entusiasmados a abrazar diversas formas de felpa, mientras que los que fueron «criados» por madres de alambre no mostraron interés por formas de alambre.

No obstante, haber sido criados en unas condiciones tan anormales y alejados de una madre real tuvo unas consecuencias muy negativas para su desarrollo; este no llegó a ser normal para ninguno de los macacos, y ninguno fue capaz de criar a sus propios hijos.

Estos experimentos ya forman parte de la historia de la psicología; hoy en día probablemente no habrían sido autorizados porque existen unos criterios éticos muy estrictos para la investigación con animales o humanos. Pero gracias a ellos hoy sabemos que la alimentación no es lo único ni lo más importante en la relación madre-hijo como se planteaba hasta entonces. La relación entre una madre y su hijo incluye de una manera inseparable el contacto corporal cercano. Los bebés humanos, al igual que los macacos, tienen una serie de necesidades que deben ser satisfechas para que su desarrollo se produzca con normalidad, y quizá la más importante de esas necesidades es tener una madre que responda de manera rápida y cálida a las demandas de su hijo.

En el desarrollo del apego hay un periodo crítico (alrededor de los dos primeros años de vida) en el que, si no se forma o se rompe el vínculo, se pueden producir daños graves y permanentes en el niño. Lo observó Harlow al privar a los primates de sus madres, y es lo que ocurre en el caso de niños que han sido institucionalizados en orfanatos desde una edad muy temprana. Bowlby, a raíz de un encargo de la Organización Mundial de la Salud, estudió a los niños que habían sido separados de sus madres durante la Segunda Guerra Mundial, así como los efectos del internamiento de niños pequeños en grandes instituciones como asilos u orfanatos. Descubrió[2]

2. Bowlby, J. (1952): «Maternal care and mental health», vol. 2, Organización Mundial de la Salud.

cómo la privación de atención materna durante periodos prolongados de tiempo produciría diversas dificultades a lo largo de la infancia, tanto a nivel afectivo, como emocional, social o intelectual. El apego no es un capricho, es una necesidad como el abrigo o la comida: los niños necesitan establecer un vínculo de apego con sus cuidadores para poder desarrollarse sanos.

Mary Ainsworth y «la situación extraña»

Años después de los experimentos de Harlow y de las teorías de Bowlby, Mary Ainsworth (que fue primero alumna de Bowlby y luego colaboradora suya) diseñó una técnica para poder estudiar cómo los bebés equilibran dos necesidades básicas para ellos: la necesidad de apego y la necesidad de autonomía. Casi todos los bebés criados en una familia están apegados a un cuidador conocido (habitualmente la madre) entre su primer y su segundo cumpleaños, pero la calidad de este apego puede ser muy distinta de un niño a otro. Mary Ainsworth ideó una técnica para evaluar los distintos tipos de apego que puede mostrar un bebé hacia su cuidador. Esta técnica, que se sigue empleando hoy en día, se conoce como «la situación extraña».

El experimento de la situación extraña puede parecerse a lo que sucede en muchas guarderías durante el periodo de adaptación. El niño acude a un contexto nuevo en el que hay juguetes, allí está su madre que le anima a explorar el entorno, pero luego se ausenta y él queda al cuidado de una «persona extraña» hasta que vuelva su madre. Todos estos ingredientes son los que forman parte de este experimento, tan solo que los tiempos están muy calculados: la duración total no es superior a una hora, y las ausencias de la madre son de alrededor de tres minutos. Durante este tiempo, la madre se ausenta brevemente en dos ocasiones, primero dejando al niño solo con un extraño y, posteriormente, dejándolo solo y volviendo el extraño a la habitación antes que la madre para tratar de consolarlo. Después de estos episodios de separación, la madre intentará consolar a su hijo y animarle a mostrar de nuevo interés por los juegos que allí hay. El modo en el que el niño reacciona ante la ausencia de la madre, ante el extraño, y sobre todo ante el reencuentro con ella permite entender cómo es el vínculo de apego que mantiene con ella.

La mayoría de los niños, entre el 65 y el 70%, muestran lo que se conoce como *apego seguro.* Estos niños utilizan a su madre como base segura; cuando se separan de ella probablemente llorarán (quizá algunos no lo hagan) y la prefieren claramente antes que a un extraño. En la situación extraña, cuando la madre vuelve tras las separaciones, buscan inmediatamente su contacto y se dejan consolar con facilidad. No obstante, hay otros niños (alrededor del 20%) que muestran un estilo de *apego evasivo:* no responden a la madre cuando está presente, cuando se va no se entristecen y reaccionan con el extraño del mismo modo que lo harían con su madre. Cuando la madre vuelve tras la separación, estos niños la evitan o la saludan de modo poco efusivo. Finalmente estarían los niños que muestran lo que se conoce como *apego ambivalente* (entre el 10 y el 15% de los niños). Son niños que no exploran lo que les rodea aunque su madre esté presente, y buscan sin cesar su cercanía. Reaccionan con angustia ante la separación, y cuando esta vuelve se muestran muy molestos y enfadados, llegando a pegarla y empujarla al tiempo que no dejan de buscar su cercanía, y precisamente ese enfado que muestran les hace muy difíciles de consolar.

Las reacciones de los niños en esta situación extraña se parecen a la utilización de la madre como *base segura,* que es un concepto central de la teoría del apego: los niños utilizan a su madre como base segura desde la cual aventurarse a explorar el entorno e ir ganando progresivamente autonomía. Cuando el apego es seguro, los niños se sienten confiados ante los alejamientos, ya que saben que su base segura estará ahí para cuando la necesiten. Conforme los niños crecen, se aventuran cada vez más lejos y durante más tiempo de esa base segura.

¿Y los padres, qué?

El apego no se dirige hacia una sola figura, sino que también se da con personas que forman parte activa de la vida del bebé: hermanos, abuelos, tíos, canguros y, sobre todo, el padre. Pero aunque existan estos apegos múltiples, los bebés tienden a centrarse en una sola figura especialmente en momentos de malestar; si a un niño de alrededor de un año que está nervioso e inquieto se le da a elegir entre su madre y su padre para proporcionarle consuelo, generalmente elegirá a su madre, aunque esta preferencia tan marcada disminuirá progresivamente a partir del segundo año de vida.

Cada vez más los padres empiezan a tener un papel más activo en la crianza de sus hijos; antes estaban más limitados a ser el principal proveedor económico del hogar, pasando mucho tiempo fuera de casa y sirviendo de ocasional compañero de juegos para sus hijos. Y poco más. Por eso la mayor parte de las investigaciones clásicas se han centrado en estudiar el apego del niño con la madre, dado que era mucho más sencillo encontrar ejemplos de niños cuyas cuidadoras principales eran sus madres. Pero no todas las investigaciones han estado centradas solo en la madre; Main y Weston[3] estudiaron mediante la situación extraña el apego que un grupo de niños tenía hacia

3. Citado en Bowlby, J.: *Una base segura: aplicaciones clínicas de una teoría del apego*. Paidós, Barcelona, 2015.

sus madres y sus padres de manera independiente. Primero hicieron la prueba de la situación extraña con uno de los padres y, seis meses después, con el otro, y vieron como las conductas de apego mostradas a los padres se parecían mucho a las mostradas con las madres (en conjunto), sin embargo, estas no correlacionaban entre ambos progenitores, es decir, un niño puede tener una relación de apego seguro con la madre pero no con el padre. O a la inversa. De las posibles combinaciones que se establecieron, observaron que los que tenían una relación segura con ambos padres eran más seguros de sí mismos y más sociables; los que no tenían esa relación segura con ninguno de los dos eran los menos seguros y sociables; y los que la tenían con uno pero no con el otro progenitor se situaban en un punto intermedio. Este trabajo destaca la importancia de establecer un fuerte vínculo con ambos progenitores para una mayor seguridad y autonomía de los hijos.

El padre no tiene un papel tan secundario como se podía pensar, sino que podría desempeñar un rol muy parecido al que desempeñan las madres respecto al apego de sus hijos, aunque en la mayoría de las culturas los padres cumplen este rol con menor frecuencia que las madres. Sin embargo, esta diferenciación de roles parece que no es tanto una cuestión biológica como de estructuración social. Al igual que sucede con las madres, el cuidado sensible de los padres predice el desarrollo de un apego seguro, que se hará más fuerte cuanto más tiempo pase junto al bebé.

¡Socorro! ¡Mi hijo me rechaza!

Para darle la comida, meterlo o sacarlo de la silla del coche, para jugar, para ir al parque, para ir al cole, al váter, para acostarlo... hay un momento, alrededor de los 2-3 años en el que los niños empiezan a pedir con quién quieren hacer cada cosa. Los padres nos lo podemos tomar muy a la tremenda porque lo vivimos como un rechazo. Pero lo importante es no hacer un drama de esto y entender qué es lo que está ocurriendo.

Es algo normal que hacen la mayoría de niños con mayor o menor frecuencia. Habrá épocas en las que para todo querrá a mamá, y habrá otras en las que para todo querrá a papá. Esto puede coincidir con momentos más sensibles para el niño como el nacimiento de un nuevo hermano, cambios en las dinámicas familiares por motivos laborales, retirada del chupete, destete, cambio a su habitación, inicio del cole, guardería, etc.

Como es muy probable que esto ocurra antes o después, es importante que tengamos presente que nuestro hijo no es «nuestro», en el sentido que no nos pertenece. Solo se pertenece a sí mismo, nosotros lo acompañamos durante su desarrollo y somos espectadores de algunas de las muchísimas decisiones que tomará a lo largo de su vida. En ese momento en el que está sentado en la sillita del coche, mientras te dice que tú no, que le saque del coche su madre, y no hay manera de hacerle entrar en razón, está empezando a darse cuenta de que puede tomar sus propias decisiones y elegir cómo quiere que se hagan las cosas. Esto no quiere decir que antes de que decidiera este tipo de cosas «estuviera mejor educado» y ahora se esté convirtiendo en un «tirano», sino que antes simplemente no era capaz de realizar este tipo de decisiones. Es algo que va íntimamente ligado a su desarrollo cognitivo.

Todo esto no tiene nada que ver con querer más a su padre o a su madre. A veces los adultos, aunque no nos guste reconocerlo, nos llegamos a meter en competiciones con nuestra propia pareja a ver a quién quiere más nuestro hijo. Y eso es algo que puede llegar a tener consecuencias negativas para él, porque necesita a su padre y a su madre (o a sus dos padres o a sus dos madres), ya que cada uno tiene un papel diferente y tendrá una relación distinta con él.

Entonces ¿qué podemos hacer cuando muestra ese «rechazo»? Volvemos al ejemplo del coche. Papá, como cada día, abre la puerta del coche, se dispone a sacarlo de su sillita y se produce la frase: «Tú no, la mamá». ¿Qué hace el papá? «Claro que sí, cariño. Mamá, quiere que lo saques tú, yo cojo lo del maletero». Y punto. Con deportividad. Lo que deberíamos evitar a toda cosa es forzar. Esos periodos de «mamitis» y «papitis» (no nos gusta mucho esta expresión, pero es como habitualmente se llama a estas épocas) generalmente son cíclicas, especialmente a partir de los 18 meses de edad; hasta entonces, lo más habitual es simplemente mamitis.

Pero si en vez de entender estos periodos como algo natural forzamos las situaciones, no vamos a conseguir precisamente que quiera más a quien está «rechazando», sino que más bien lograremos todo lo contrario, porque no se puede obligar a preferir o querer a alguien en un momento dado. Si lo hacemos («soy tu padre / soy tu madre y me tienes que querer»), lo que conseguiremos es que se aleje más todavía y esta fase se enquiste, porque acabará asociando a esa persona a malos rollos, tensiones y emociones negativas.

A todo esto se le añade un «pero», y es que cuando esos periodos de elegir casi sistemáticamente a uno de los progenitores para todo se prolongan, este puede acabar ahogado y sobrecargado. Y su pareja, con la mejor de las intenciones, puede acabar forzando la situación no tanto por competición sino para aliviarle de esa carga. Incluso en esos casos es mejor no forzar, ayudar a aliviar esa carga con cosas que no tengan que ver con el hijo y tratar de fortalecer más el vínculo en otros momentos en los que no se produzca ese rechazo. De esa manera, de un modo natural, acabará cambiando progresivamente la situación.

¿Cómo lograr un apego seguro?

Llegados a este punto, la pregunta es obvia: ¿qué podemos hacer para lograr ese apego seguro por parte de nuestros hijos? En ocasiones da la impresión que esta puede ser una tarea complicada, como si ese apego entre padres e hijos fuera un delicado equilibrio que ante la menor dificultad pudiera romperse. Pero, en realidad, lograr un apego sano es mucho menos complejo. Para empezar, porque tanto nuestros hijos como nosotros estamos preparados para vincularnos en esa relación desde su nacimiento, aunque como veíamos en el primer capítulo, criar niños felices en una sociedad tan compleja como la nuestra, que ha dado la espalda a la infancia es un verdadero reto.

Los niños, desde su nacimiento, lo único que necesitan es la presencia y disponibilidad de unos padres sensibles a sus necesidades, que acompañen esa satisfacción de sus necesidades más básicas con cariño y afecto. Conforme crecen, esas necesidades van evolucionando (no cambiando radicalmente) y necesitan ampliar su mundo y que confiemos en ellos para que puedan explorarlo.

La lactancia materna, además de proporcionar el mejor alimento que puede recibir un bebé y ser un factor de protección frente a gran cantidad de enfermedades, es algo que va mucho más allá de la leche: proporciona contacto, consuelo, afecto, un diálogo con la madre, cercanía... Y por tanto, facilita el establecimiento de ese apego en los primeros meses (o años). No obstante, no es necesario (aunque sí recomendable) que haya lactancia materna para que haya un apego seguro. Unos padres que no han logrado establecer o mantener esa lactancia también desarrollarán en su mayoría un vínculo fuerte con su hijo; aunque es verdad que el modo en el que a veces se da el biberón puede ser bastante diferente de la forma de dar el pecho, que es lo que facilita el vínculo. Por esto resulta muy recomendable asemejar en la medida de lo posible las tomas de biberón a lo que sería la lactancia natural: como señala la psiquiatra infantil Ibone Olza, hay que facilitar que, aunque el bebé no reciba la leche de su madre, pueda tener la estimulación e interacción que proporciona la lactancia, ya que esto facilita un desarrollo saludable. Es lo que se conoce como «dar el biberón como si fuera el pecho». ¿En qué consiste? Algunas recomendaciones que se dan a este respecto incluyen, entre otras, ofrecer el biberón a demanda, dárselo siempre en brazos, y favoreciendo el contacto piel con piel, intentar que sea solo la madre (o el menor número de personas posible) quienes le den el biberón, utilizar el chupete como si fuera el pezón, es decir, cogiendo en brazos al niño, quitar el biberón sin forzarle, cuando el niño esté listo, etc.

Sin embargo, las madres que le dedican más tiempo, atención y cuidados a los hijos de lo que otras personas consideran adecuado o normal reciben numerosas críticas; en palabras de Patricia Merino: «Se considera "madres intensivas" a todas las mujeres-madres que invierten en el cuidado de sus bebés una cantidad excesiva de tiempo, energía o apego según un cómputo no claramente establecido [...] ¿Dónde está exactamente la frontera más allá de la cual el apego y la dedicación (a la criatura, no al mercado) es "excesiva"? [...] Siguiendo este enfoque, el amamantar demasiado, atender a la criatura demasiado o mostrar demasiado deseo de estar junto a ella es sinónimo de esta patología femenina propia de mujeres poco emancipadas. Así pues, un primer problema está en determinar qué es demasiado»[4]. Esta maternidad intensiva sería «aquella en la que la crianza de la criatura requiere mucho esfuerzo y dedicación cotidiana a fin de atenderla cariñosamente,

4. Merino, P.: *Maternidad, Igualdad y Fraternidad.* Clave Intelectual, Madrid, 2017.

escucharla, intentar descifrar sus necesidades y deseos, luchar para responder a sus necesidades»[5], por lo cual coincidimos con Patricia Merino cuando afirma que «parece una descripción bastante aceptable de la atención maternal necesaria en las primeras fases de la vida de una criatura. Si una mujer que ha sido madre considera que prestar a su bebé este tipo de atención es un engorro innecesario, quizá su maternidad no sea fruto de un genuino deseo propio»[6].

Pero ese bebé crecerá, y sus necesidades irán evolucionando. Tenemos que ser sensibles a los cambios en estas necesidades para permitirles crecer y desarrollarse, y esto lo lograremos si somos capaces de conseguir que nuestra conducta, nuestras exigencias y nuestra tolerancia evolucionen junto a las capacidades de nuestro hijo. Conforme los niños se hacen mayores sus capacidades aumentan, y nuestra confianza hacia ellos debe incrementarse al mismo ritmo: debemos permitirles asumir cada vez riesgos un poco mayores, permitirles ser más autónomos y no tapar ese impulso innato a la autonomía con nuestros propios miedos. Si les permitimos explorar, alejarse, aprender a resolver problemas solos, podremos ser esa base segura a la que saben que pueden recurrir en cuanto la necesiten, y para ello es necesario que seamos accesibles, que estemos preparados para responder cuando nos necesiten, aunque es mejor intervenir activamente solo cuando sea necesario, para no interferir en su impulso hacia la autonomía. Esto será muy difícil si no aprendemos a confiar en sus capacidades.

Dejar llorar a un niño, no atender sus necesidades, demorar la respuesta, o sobreprotegerlo no son formas de transmitir seguridad y confianza, ni por tanto, facilitar la indepen-

---

5. Hays, S.: *Las contradicciones culturales de la maternidad.* Paidós, Barcelona, 1998.

6. Merino, P.: *Maternidad, Igualdad y Fraternidad.* Clave Intelectual, Madrid, 2017.

dencia del niño. Más bien todo lo contrario: de este modo se facilitaría un estilo de apego inseguro que a largo plazo va a desembocar en un adulto dependiente. Aisworth observó que los niños cuyas madres habían respondido sensiblemente a sus señales durante el primer año de vida, no solo lloraban menos durante la segunda mitad de ese primer año, sino que estaban más dispuestos a aceptar los deseos de sus padres que los bebés de madres menos sensibles. Así, los bebés humanos están preprogramados para desarrollarse de manera socialmente cooperativa; que lo hagan o no dependerá en gran medida de cómo sean tratados.

Para saber más...

Bowlby, J.: *Una base segura: aplicaciones clínicas de una teoría del apego*. Paidós, Barcelona, 2015.

—, *Vínculos afectivos: formación, desarrollo y pérdida*. Morata, Madrid, 2006.

González, C.: *Bésame mucho: cómo criar a tus hijos con amor.* Temas de hoy, Madrid, 2012.

Papí, A. G.: *El poder de las caricias*. Espasa, Madrid, 2011.

«El cerebro del bebé», *Redes,* RTVE (2007).

CAPÍTULO 7

Necesidad de movimiento y libertad

«Cualquier ayuda innecesaria es un obstáculo para el desarrollo».
María Montessori

VEÍAMOS EN EL capítulo anterior en el que hablamos de la necesidad de apego que, sin esa vinculación íntima y especial con su cuidador principal, un bebé no se desarrollará de un modo totalmente normal. Les pasaba a los monitos de Harlow y les pasaba y sigue pasando a muchísimos niños que, a causa de la guerra, enfermedades, pobreza u otras circunstancias, se ven obligados a pasar una parte importante de su primera infancia en una institución alejados de sus padres. Cuando la OMS encargó a Bowlby analizar qué es lo que sucedía a estos niños que vivían en centros como orfanatos o internados, era porque ya resultaba evidente que su desarrollo no era normal. Estos niños, que crecían privados de su familia y de unas figuras estables con las que establecer una relación de apego, mostraban lo que se llamaba «síndrome de hospitalismo», que describe cómo los niños y bebés criados en este tipo de centros se vuelven apáticos, indiferentes, sin interés por el mundo exterior, mostrando retrasos en diferentes aspectos de su desarrollo intelectual, afectivo o motor.

En el Instituto Loczy en Budapest existe una institución en la que los niños internados, incluso desde poco después del nacimiento, no mostraban esas señales de hospitalismo. Uno de los objetivos principales de este centro fue garantizar a los niños un desarrollo favorable y evitar la aparición de este síndrome. Y lo lograron, mostrándose sus niños «activos, llenos de interés y con un desarrollo normal».

Si gracias a Bowlby, Harlow o Ainsworth sabemos sobre la importancia del apego para el desarrollo emocional de los niños, es Emmi Pickler a quien le debemos mucho de lo que hoy sabemos acerca de la importancia de ofrecer libertad de movimientos y facilitar el impulso a la exploración desde el momento del nacimiento. Picker (1902-1984) fue una médica cuya visión de los niños pequeños supuso una revolución: los veía como seres activos, competentes, con iniciativa, por lo que en su trabajo con las familias siempre trataba de recomendar medidas que favorecieran ese desarrollo autónomo y dirigido por el propio niño, con una intervención (o interferencia) mínima por parte de los padres en asuntos que los propios niños podían «resolver» por ellos mismos. A mediados de los años 40 se le asignó la dirección de una casa cuna en Budapest, que hoy se conoce como el Instituto Loczy, y su trabajo en esta institución supuso un cambio muy importante en el modo de ver a los niños y su desarrollo.

Movimiento libre: por qué no hay que forzarle a hacer algo para lo que no está preparado

«Uuuuy, ahora que empieza a andar vas a dejarte la espalda». Esta frase la hemos escuchado la mayoría de los padres, y muchos también la hemos pronunciado cuando el hijo de unos amigos empezaba a luchar por la verticalidad. Esta frase lleva implícita la noción de que a un niño se le debe enseñar a andar, que hay que intervenir de manera activa en su desarrollo para que este se produzca de un modo correcto. Pero en realidad esto no es así. ¿De verdad los niños necesitan tanta estimulación para desarrollarse de un modo saludable?, ¿necesitan nuestros hijos tanta intervención, ánimo y presión para poder desarrollarse correctamente? A pesar de lo que muchos puedan pensar, esto no es así. El desarrollo psicomotor es algo que se produce por maduración, no solo por aprendizaje, y si interferimos en ese desarrollo normal de los niños, en ocasiones pueden darse consecuencias negativas.

Al igual que veíamos que las conductas de apego están preprogramadas en el niño (no hay que explicarle que debe llorar o levantar los brazos para lograr ciertas cosas), su desarrollo motor también sigue un plan que está programado en sus genes y que se desarrollará en función del ambiente que le rodee sin necesidad de demasiada intervención por parte de los padres.

Para Picker, la intervención directa de un adulto no es una condición indispensable para la adquisición de determinados movimientos o «hitos» del desarrollo motor; si el entorno es favorable, el bebé o el niño logrará por sí mismo avanzar en el logro de conductas como darse la vuelta, rodar, reptar, gatear, o ponerse de pie.

Entonces, ¿esto significa que no debamos prestar atención u ocuparnos del niño?, ¿no le ayudamos cuando lo necesite? ¡En absoluto! Como la propia Picker señala en su obra *Moverse en Libertad:* «Hemos de enseñarle tantas cosas, cosas que solo puede aprender de nosotros, a través de nosotros. Pero resulta inútil, y hasta desventajoso, enseñarle a sentarse sentándole, a ponerse de pie poniéndole de pie, etc. cosas que él puede aprender por sí mismo, por su propia iniciativa, con una mejor calidad, mediante tentativas cargadas de sensibilidad, de aprendizaje que habría influido favorablemente en todo su desarrollo».

Pero ¿qué es lo que sucede? Que a veces los adultos somos un tanto competitivos utilizando en ocasiones a nuestros propios hijos en esas competiciones, lo cual nos lleva a forzar su desarrollo: queremos que sean los primeros en mostrar características que denotan que van avanzando, tienen que levantar el cuello, sentarse, gatear, andar, decir sus primeras palabras, etc. antes que nadie. Es un síntoma de la sociedad competitiva en la que nos encontramos. ¿Por qué? Lo decíamos cuando hablábamos de las críticas entre madres y padres, y es que la crianza de un hijo es un proyecto tan importante que llegamos a sentir como nuestros todos sus «éxitos» o «fracasos». Y dentro de esa competición a nadie le gusta que su hijo sea el que sigue en el capazo mientras el resto gatean por el suelo; que sea el que gatea mientras el resto dan sus primeros pasos; o que sea el que camina con torpeza cuando los demás ya corren y hablan de manera fluida. Y para evitarlo en ocasiones sometemos a nuestros hijos a «entrenamientos» para que puedan desarrollar esas habilidades en el momento que consideramos que deberían hacerlo, sin ser conscientes de que forzar su desarrollo puede ser más perjudicial que beneficioso.

Picker vio claro que el desarrollo motor de cada niño seguía su propio curso, y que no era necesario intervenir de manera activa para su avance. Por ello, orientaba como pediatra a los padres siguiendo los principios que previamente había aplicado en sus propios hijos; en este sentido, les pedía seguir dos tipos de medidas. Por un lado, asegurar al niño todas las condiciones materiales necesarias para la libertad de sus movimientos, para que pudiera aprender y ejercitarse de manera autónoma y espontánea, dando especial importancia a la vestimenta y al entorno. Y por otro lado, no obstaculizar los movimientos libres de su hijo, no esforzarse por apresurar o cambiar el curso normal de su desarrollo mediante intervenciones directas. Cuando pasó a dirigir el Instituto Loczy aplicó estas ideas al funcionamiento del centro con el objetivo de evitar la aparición del síndrome del hospitalismo, tan frecuente en los niños institucionalizados. Así, en Loczy tomaron la resolución de no «enseñar» los movimientos a los niños, de no forzar su progreso ni hacerles ejercitarse de ningún modo especial, en otras palabras, se focalizaron en no interferir en su desarrollo motor. Por el contrario, se preocuparon mucho de preparar las condiciones ambientales: vestir a los niños de un modo que no limitara sus capacidades, y proporcionarles constantemente un espacio que fuera suficiente y apropiado, siempre un poco superior al que el niño pudiera utilizar.

¿Y qué es lo que sucedió con esos niños a los que no se les «enseñaba», por ejemplo, a andar? Todos los niños allí educados llegaron, sin excepción, a andar al igual que los niños educados en el seno de una familia. No obstante, aunque anduvieron más tarde que los educados en las condiciones habituales, estos se desplazaban más pronto y con más frecuencia durante toda su primera infancia, porque para ellos la marcha no constituía el comienzo de los desplazamientos autónomos, sino que era simplemente una forma nueva y más perfeccionada de estos. Y al final, acabaron asimilando la marcha estable a la misma edad que a los que se había «enseñado a andar».

Entonces, ¿por qué decimos que no son recomendables los métodos de «enseñanza» de movimientos a los niños? Como señala Pickler, cuando intervenimos en el proceso de desarrollo y adquisición de los diferentes estadios del desarrollo motor, ponemos al niño en situaciones en las que se encuentra continuamente «estancado» en un sitio, inmovilizado en una postura de la que no puede salir por sus propios medios porque tampoco ha sabido llegar a ella por sí mismo. Una vez ha estado el suficiente tiempo en esta postura y ha «aprendido» a defenderse en ella, siendo ya por fin capaz de «liberarse», los adultos a su alrededor le ponen el listón más alto y le sitúan nuevamente en una postura de la cual tampoco es capaz de salir. Y así sucesivamente, con lo que el niño pequeño se ve forzado durante gran parte de su primer año de vida a pasar casi inmóvil una parte considerable de su tiempo de vigilia. Y esto lleva a los niños a mostrarse dependientes de los adultos a su alrededor, porque habiendo sido mantenidos durante tanto tiempo en posturas que no pueden adoptar ni abandonar por sus propios medios, continúan dependiendo de la ayuda de un adulto, a pesar de que su agilidad y movilidad no dejan de aumentar progresivamente. Se sentirán torpes e incompetentes a pesar de sus constantes avances. Como señala Picker: «El niño con buena salud, cada vez más necesitado de actividad paralelamente a su desarrollo, si se encuentra inmovilizado, condenado a la inactividad y a la impotencia, se vuelve frecuentemente inquieto, insatisfecho, descontento».

¿Cómo ayudar a un niño a moverse en libertad?

Como comentábamos antes, en Loczy se evitaba (y se evita) «enseñar» o hacer que los niños ejecuten diferentes movimientos, ni tampoco se les incita por órdenes ni llamadas de atención a que los realicen según los deseos de sus cuidadores. ¿Cómo se llevaba todo esto a la práctica? Por ejemplo, mediante algunas de las siguientes normas o recomendaciones, que son totalmente adaptables a lo que los padres podemos aplicar en casa con nuestros hijos pequeños:

- Siempre se debe poner al niño tumbado sobre la espalda hasta que sea capaz de adoptar por sí mismo otra posición.
- Durante sus tentativas, no se debe ayudar al niño a acabar un movimiento que ha iniciado él solo (por ejemplo, no se le

ayuda a sentarse ni ponerse de pie, ni se le lleva de la manita para caminar).

- Mientras no sea capaz de ponerse de pie por sus propios medios, no se le debe poner en esa posición (en Loczy no lo hacían ni siquiera para los reconocimientos médicos). De este modo, no es recomendable en absoluto utilizar ningún accesorio para ponerle en esa posición (*tacatá,* arneses colgantes, etc.).
- Se debe usar indumentaria que obstaculice lo menos posible los movimientos de brazos o piernas. Mientras el bebé no ande bien no debería llevar calzado de suela rígida, e incluso cuando lo logre, minimizar el uso del calzado a situaciones en las que sea necesario.
- Llevar solo la ropa estrictamente necesaria, en función del clima. Cuanta menos ropa, mejor.
- Se debe proporcionar juguetes adecuados a su edad, que puedan coger por sí mismos y con los que puedan jugar solos. No es recomendable ponerlos directamente en sus manos, ni fijarlos sobre sus cabezas o en los barrotes de la cuna.

Todas estas recomendaciones tienen un claro objetivo: evitar que el niño se encuentre en tales posiciones (o se desplace de tal manera) que necesite ser ayudado, estimulado o dirigido por un adulto.

La estimulación temprana

La visión de Pickler respecto al desarrollo de los niños, contrasta con algunos métodos que se popularizaron en los años 90 y que se conocen como «estimulación temprana». Este método, desarrollado por Doman y Delacato bajo el nombre de Método Doman, se aplicaba inicialmente a niños con parálisis cerebral, dificultades de aprendizaje, síndrome de Down o autismo, pero rápidamente fue comenzando a aplicarse a niños sin estos problemas bajo la premisa de que con estas técnicas se podría «convertir a un niño sano en uno superior»[1]. Estos métodos, que se recomienda aplicar desde el nacimiento, o incluso antes, consisten en estimular al niño mediante ciertos ejercicios a nivel motor y cognitivo para lograr «fortalecer su cuerpo y desarrollar las emociones y la inteligencia». Algunos de los ejercicios más típicos pueden verse en el cuaderno editado por UNICEF *Ejercicios de Estimulación Temprana*[2]. Tomaremos como ejemplo los recomendados para el periodo entre 10 meses y un año:

- Cuando tu bebé empiece a mantenerse de pie, sujétale de las caderas y separa sus pies para que esté bien apoyado(a).
- Enséñale a ponerse de pie; primero ponle de rodillas y permítele agarrarse de ti o de algún soporte. Después, ayúdale a adelantar y apoyar un pie y luego el otro.
- Enséñale a sentarse. Pon un mueble para que pueda detenerse y frente a tu bebé coloca un juguete en el suelo. Ayúdale a ponerse de cuclillas.
- Ayúdale a dar sus primeros pasos. Sujétale con las dos manos, luego con una sola y pídele que camine.
- Ponlo de pie y anímale a caminar. Pon un juguete a cierta distancia para que vaya hacia este. Premia su esfuerzo.

Sin embargo, no se ha podido demostrar la eficacia de estos métodos en niños sanos. De hecho, hace unos años, tras una

1. L'Ecuyer, C. (2015): «La estimulación temprana fundamentada en el método Doman en la educación infantil en España: bases teórica, legado y futuro», *Revista de la Facultad de Educación de Albacete, 30*(2), 137-153.

2. Unicef (2011): *Ejercicios de estimulación temprana.* Accesible desde http://files.unicef.org/mexico/spanish/ejercicioestimulaciontemprana.pdf

demanda judicial por prácticas engañosas[3], Disney devolvió a los padres el dinero que habían gastado en sus DVD de Baby Einstein al considerarse falsos los beneficios que prometían para el desarrollo de los niños.

Entonces, quizá tratar a un niño sano con técnicas de rehabilitación pensadas para niños con problemas no sea una buena idea. Pero podríamos pensar, ¿qué mal le puede hacer? Quizá sí le puede hacer daño, para empezar, por someterle a un estrés innecesario: los métodos de estimulación temprana son muy demandantes para padres e hijos; otra consecuencia puede ser alejarle de otras actividades que sí que le pueden proporcionar mejores oportunidades de aprendizaje, como estar jugando con sus amigos o haciendo tareas cotidianas con sus padres.

«Vale, entonces si no le aplico estos métodos a mi hijo, fin del problema, ¿no?». Pues no del todo. Un problema adicional, como comenta Catherin Lecuyer[4] es que la estimulación temprana es algo que va más allá de los ejercicios que se proponen en estos métodos. Sería casi una filosofía educativa, un modo de ver al niño y la infancia que ha influido en toda una generación de profesores, padres y pediatras. Una visión caracterizada por mostrar a los niños como pasivos, frágiles, necesitados de gran cantidad de estímulo para poder lograr un correcto desarrollo. Pensadlo: qué sería de esos pobres niños si no les enseñáramos a levantar la cabeza a los pocos meses de edad, o si no les enseñáramos a andar cuando se acercan al año.

3. «Disney devolverá el dinero de los vídeos de "Baby Einstein" por no ser educativos», en *El Confidencial,* 25 de octubre de 2009. Accesible desde http://www.elconfidencial.com/economia/2009-10-25/disney-devolvera-el-dinero-de-los-videos-de-baby-einstein-por-no-ser-educativos_344219/

4. L'Ecuyer, C. (2015): «La estimulación temprana fundamentada en el método Doman en la Educación Infantil en España: bases teóricas, legado y futuro». *Revista de la Facultad de Educación de Albacete, 30*(2). Accesible desde http://www.revista.uclm.es/index.php/ensayos

Vivimos en un contexto muy competitivo en el que la educación y el desarrollo se han mercantilizado hasta el punto de querer vender a los padres que sus hijos pueden llegar a ser unos genios si se siguen los métodos que se pretenden vender: aquí englobamos la estimulación temprana, videojuegos o aplicaciones educativas, Baby Einstein, Baby Mozart y Baby *lo-que-se-te-ocurra*. Todo esto al final lleva a una sobreestimulación que no solo no consigue lo que promete, sino que a menudo tiene efectos contraproducentes como problemas de atención o de falta de concentración (hablaremos más acerca de esto en el capítulo dedicado a los niños y las pantallas). Esta competición por ver quién hace qué más pronto lleva a los padres a desesperarse cuando sus hijos no cumplen sus (quizá desmesuradas) expectativas para, tal vez, acabar etiquetando y sometiendo a tratamientos innecesarios a niños perfectamente sanos.

Por lo tanto, quizá tratar a un niño sano con técnicas de rehabilitación pensadas para niños con parálisis cerebral u otros grandes problemas no sea una buena idea, ni tampoco gastar tiempo y dinero en productos que no han mostrado ningún tipo de eficacia. Las técnicas de estimulación temprana deberíamos dejarlas para lo que fueron inicialmente pensadas: la rehabilitación de niños con problemas, no como actividad extraescolar para fabricar pequeños genios.

Nos enseñaba Pickler que el hecho de estar interfiriendo constantemente en el desarrollo motor normal de nuestro hijo le va a hacer ser más dependiente de nosotros, lo cual también tendrá consecuencias a nivel emocional ya que la competencia que sienta ante sus pequeños logros va a ser necesariamente menor: todos ellos dependerían de la presencia y acompañamiento de un adulto, ¡qué sería de él sin esa ayuda! Si seguimos sus consejos y recomendaciones en cuanto al movimiento libre (no interferir y adecuar el entorno), y lo hacemos en un ambiente cálido y afectuoso, integrando a nuestro hijo en la medida de lo posible en nuestras actividades diarias, hablándole, explicándole lo que hacemos, etc. le estaremos dotando de la estimulación necesaria para que se desarrolle de un modo totalmente sano.

«Papi, yo solo». Los niños y la autonomía

Los niños crecen, y cada vez demandan una mayor cota de autonomía e independencia. Pero como ya hemos comentado en otras ocasiones, los padres nos caracterizamos por ser un tanto contradictorios, y el tema de la independencia de los hijos es uno de esos en los cuales mostramos nuestras contradicciones. Porque sí, queremos que sean independientes, pero según para qué cosas y según en qué momento.

Un error que a veces cometemos es asociar esa independencia de los niños con una mayor comodidad para nosotros. Y nada más lejos de la realidad. Al menos, a estas edades, cuando aún son muy pequeños. Lograr hijos autónomos e independientes cuesta mucho esfuerzo. De hecho, como vamos a ver, somos nosotros mismos los que muchas veces «boicoteamos» esa demanda de independencia de nuestros hijos porque no nos conviene.

En nuestro contexto es frecuente que desde que nace un hijo, nos pasamos unos años forzando la maquinaria, esperando una independencia que no es capaz de mostrar: queremos que sean independientes y no pidan tanto brazo, que se acostumbren a que no estemos a su lado, que no lloren tanto, que sean autónomos para dormir, que no reclamen tanto nuestra atención, etc. Hasta queremos que jueguen solos. Y esto son cosas que, sencillamente muchos de ellos no pueden hacer, porque aún no están preparados. Que sí, que el hijo de la vecina lo hace, pero la mayoría no. Pero luego, cuando llega el momento en el que ya son capaces de mostrar más autonomía, cuando hasta incluso lo piden por ellos mismos, («papi, yo solo») ya nos pilla cansados, o resulta que no nos viene bien. Entonces vienen las prisas, el «¡corre!, ¡rápido!, ¡no manches!, ¡así no se hace!, ¡déjame a mí que acabo antes!, ¡no, que esto es de mayores!, ¡esto lo hago yo!». En ciertas situaciones parece que ya no nos viene tan bien que sean tan autónomos, porque en ese momento nuestras prioridades ya son otras: ahora queremos que vayan rápido, que no manchen, que no nos entretengan, que no hagan ruido. La cuestión es que ni en las situaciones que comentábamos al principio ni en estas nuestras demandas se ajustan a las necesidades de nuestro hijo. En estas situaciones queremos que muestren algo para lo que tampoco están preparados. Que sí, que el hijo de fulanito sí que lo hace… o al menos cuando lo vemos nosotros.

Ayudar a tu hijo a ser independiente no tiene por qué implicar llantos ni sufrimiento (por ejemplo, con métodos para enseñar a dormir basados en dejar llorar, como veremos más adelante). Pero sí implica tiempo. Y mucho. Tampoco necesariamente comodidad. Acompañar hacia la autonomía significa dejarle comer solo. Y que manche. Que camine por la calle en lugar de ir en el carro, y emplear 15 minutos en recorrer 100 metros porque se parará con cada cosa que le llame la atención (aún no han perdido esa capacidad de fascinarse por lo cotidiano). Es dejarle que comience a vestirse y desvestirse solo, a subir y trepar a los sitios, a recoger y colocar las cosas en su lugar aunque tarde mucho más que nosotros.

¿Y cómo hacerlo? Un truco que no falla es fijarse en las cosas que nuestro hijo intenta hacer solo, o incluso que pide hacerlas por sus propios medios. Entonces, hay que evaluar la situación, y si no implica un peligro evidente para él o ella, es mejor permitirle que vaya haciendo las cosas por sí mismo en la medida de sus posibilidades.

El juego libre

Una parte inseparable de ese avance hacia la autonomía, hacia el conocimiento del propio cuerpo y sus límites, es el juego. Pero siempre se ha visto el juego un poco como el postre de las comidas: «Si te lo acabas todo, tienes postre», «Si haces todas tus obligaciones y tareas podrás jugar». Esta visión del juego implica considerarlo algo secundario, prescindible, vacío, carente de valor y que no aporta nada al desarrollo del niño. Es verlo casi como una interferencia que distrae a nuestros hijos de hacer cosas mucho más importantes. Y precisamente con estas ideas en mente (y con esa presión para que los niños hagan más y más pronto) muchas veces sobrecargamos a nuestros hijos de deberes y obligaciones, sin tener en cuenta que verdaderamente el juego es su principal vía de aprendizaje.

Cuando hablamos del juego es importante tener en cuenta de qué edades estamos hablando pero sin perder de vista que en todas ellas el juego es muy importante. Para Piaget en función del estadio evolutivo en el que se encuentre un niño, predominará un tipo de juego u otro[5]:

- Entre los 0 y los 2 años, predomina el juego funcional o de ejercicio. Al principio el niño solamente reacciona con reflejos frente a los estímulos, pero poco a poco va desarrollando un mayor sentido de acción-reacción y su juego se vuelve algo más complejo.
- Entre los 2 y los 6 años cobra importancia el juego simbólico. El niño/a juega a imitar: juega a que cocina, a mamás y papás, a que es conductor de coches…
- A partir de los 6 años se desarrolla el juego de reglas.

---

5. Pecci, M. C.; Herrero, T.; López, M., y Mozos, A.: *El juego infantil y su metodología.* McGrawHill, Madrid, 2010.

Pero independientemente del tipo de juego, lo importante es que el juego no es algo secundario. De hecho, es un derecho de los niños que se sitúa al mismo nivel que otras necesidades o derechos como la educación o el cuidado de su salud. Al menos así es como lo recoge Naciones Unidas en el artículo 31 de la Convención Sobre los Derechos del niño: «El niño tiene derecho al esparcimiento, al juego y a participar en las actividades artísticas y culturales».

Está claro que no todos los niños tienen las mismas necesidades, los hay más «caseros» y más «callejeros», más «movidos» y más «tranquilos», pero por encima de estas diferencias los niños necesitan mucho tiempo de juego libre, no dirigido, y a ser posible al aire libre. Podemos acostumbrarlos a otras cosas, y que se conformen con ver la tele en casa o jugar con nuestro teléfono, pero eso es como saciarles a base de golosinas en vez de proporcionarles comida *de verdad*. Es importante identificar cuáles son las necesidades de nuestro hijo y facilitar en la medida de lo posible su satisfacción. Un niño con poca libertad de movimiento, con pocos momentos de juego libre y con un exceso de control adulto, irá acumulando una tensión que acabará por salir en el momento más inoportuno, por ejemplo, en medio del supermercado en forma de una explosiva rabieta.

Pero hay que tener en cuenta que no todo el ocio es juego; cuando hablamos de los beneficios del juego para los niños hablamos de lo que se conoce como *juego libre,* y en este sentido, cuanto más estructurado está el juego, es menos juego. En el juego libre es el niño el que decide *cómo, qué* y *con quién* quiere jugar, establece sus propias reglas, elige los materiales y decide el final del juego sin la intervención de un adulto. Entendiendo de este modo el juego, es fácil asumir que jugar implica probar límites, arriesgarse, ir un paso más allá de lo permitido y ser capaces de romper las reglas.

Ahora que ya tenemos claro qué es el juego, también es importante saber qué no lo es. Así, no hay que confundirlo con el mero entretenimiento, ya que ambos no tienen por qué coincidir. Mientras que el juego es activo y exige mucho del niño, el entretenimiento es pasivo, exige poco de él y está muy estructurado. ¿Qué sería tan solo entretenimiento? Aquí englobaríamos fundamentalmente los videojuegos, la televisión y los juguetes interactivos supuestamente «educativos».

Pero hoy en día, por desgracia, no es tan fácil que un niño pueda jugar libremente. Para que se de el juego libre se ha de disponer de espacio, materiales y tiempo, pero las ciudades en las que vivimos no disponen de mucho espacio donde correr y esconderse, y a su vez los niños muy a menudo carecen de tiempo. Da la impresión que nuestras ciudades están hoy en día más diseñadas para los coches que para las personas, por no mencionar a los niños, que tienen que resignarse a jugar en pequeños recintos vallados que llamamos «parques» porque el resto del espacio público está invadido en su mayor parte por los vehículos de motor y los peligros que estos implican. Y al final se forma un círculo vicioso: los niños viven en entornos que no facilitan el juego libre con sus iguales, por lo que los padres les saturan de actividades estructuradas fuera del horario de clase, están más encerrados en casa con sus televisores y videojuegos, y poco a poco pierden un espacio público que siempre les ha pertenecido.

Facilitar este juego libre a veces implica que como padres nos enfrentemos a nuestros propios miedos: que se hagan daño, que se metan en problemas, que se ensucien, qué dirá la gente de ellos, o cuestiones más prácticas como las limitaciones de espacio y tiempo. Sabiendo que no es sencillo, es necesario dar a nuestros hijos a diario la oportunidad de jugar de modo libre y no estructurado, que al menos durante un rato puedan disfrutar de no escucharnos decir «así sí, así no, cuidado con esto, mira aquí, ve allí». De ese modo pueden desarrollar mejor su autonomía y preservar la creatividad que ya poseen.

Por lo tanto, como hemos visto a lo largo de todo este capítulo, en diferentes momentos de la evolución de nuestros hijos se espera de nosotros algo distinto pero con una misma base: permitirles ser y desarrollarse, con la mínima interferencia por nuestra parte. Como decía María Montessori, cualquier ayuda innecesaria es un obstáculo para el desarrollo. Y esto se aplica desde el bebé que está luchando por gatear o sentarse solo, al niño pequeño que quiere andar solo por la calle, o al niño algo mayor que necesita trepar, escalar y asumir alguna caída en un momento dado. En esos momentos está forjando su autoestima y el concepto que tiene sobre sí mismo. Según todo lo expuesto, parece mejor estrategia generar las condiciones ambientales necesarias, que proporcionar una ayuda, quizá, innecesaria.

Para saber más...

Bernard Martino, *Lóczy, una casa para crecer* (Loczy, une maison pour grandir), 2000.

Freire, H.: *Educar en verde: Ideas para acercar a niños y niñas a la naturaleza.* Grao, Barcelona, 2011.

García, A.: *Otra educación ya es posible. Una introducción a las pedagogías alternativas.* Litera, Valencia, 2017.

Pikler, E.: *Moverse en libertad.* Narcea, Madrid, 1985.

Imagine Elephants: Una experiencia sobre el juego espontáneo, Elena Cruces y Julián Maguna (2015). Accesible desde http://imaginelephants.com/es/

CAPÍTULO 8

El sueño en la infancia

«La imagen de un bebé durmiendo solo en su propia habitación es exclusiva de los últimos cien años y de las sociedades occidentales industrializadas».
James J. McKenna

Si hay un tema que preocupa especialmente a los padres de bebés o niños pequeños (con permiso de la alimentación y las rabietas), es el sueño. Ya antes de salir del hospital es probable que los padres hayan escuchado alguna previsión respecto a cómo va a ser la conducta de su hijo por parte de algún familiar o amigo, basándose tan solo en si duerme o deja de dormir: «Esta va a ser guerrera...», «Pues te ha salido tranquilito...». La cuestión es que el sueño de los bebés nos preocupa porque es algo que no entendemos, ya que su sueño se parece poco al sueño de los adultos. En el tema del sueño, como en otros aspectos de la crianza, es importante la influencia de la presión social, una presión que empuja a los bebés y niños desde muy pequeños a mostrar una madurez o independencia para la que en muchas ocasiones no están preparados. Tal vez, conociendo mejor cuál es el desarrollo normal de los más pequeños, podemos comprender cuáles son las conductas esperables en función de su edad, con lo que podemos darnos cuenta de que el supuesto problema, en realidad no lo es. Esto es algo que se aplica, como veremos, a las rabietas, al control de esfínteres, el desarrollo del lenguaje, la marcha, y muchas otras conductas que el niño «aprende» a lo largo de su desarrollo. Y decimos aprende entre comillas porque realmente no es un aprendizaje como el aprender a montar en bicicleta, o aprender las capitales de Europa, sino que se trata de aspectos muy dependientes del desarrollo del niño.

El sueño de los bebés es diferente del de los niños pequeños, y el de éstos también es diferente al de los adultos o al que observamos en la tercera edad, porque el sueño es un proceso evolutivo que va cambiando con el paso de los años. Por diferentes motivos, desde el nacimiento los bebés están programados para despertarse con frecuencia. Por ejemplo, en los más pequeños, la necesidad de mamar (su estómago no tiene capacidad para almacenar grandes cantidades de alimento) y la búsqueda de su madre, explicarían estos despertares. Estas conductas están totalmente relacionadas con la supervivencia de la especie; es fácil imaginarse que los bebés que no despertaron con frecuencia para ser alimentados o para buscar a sus cuidadores, probablemente no pasaron sus genes a las siguientes generaciones.

Además, con el sueño sucede como con otros aspectos relacionados con el desarrollo, y es que lo que biológicamente es normal o esperable, a nivel social no lo es tanto. Desde un punto de vista biológico, que un niño menor de dos o tres años (e incluso menor de seis) se despierte por la noche y necesite a sus padres, es algo completamente normal, pero vivimos en un contexto en el que se presiona a los niños a mostrar conductas para las que todavía no están preparados. Y la «independencia» a la hora de dormir es una de ellas. Como afirma María Berrozpe [1]: «La ciencia del siglo pasado convirtió una costumbre establecida culturalmente, el sueño en solitario de nuestros hijos, en una cuestión de salud y ciencia».

---

1. Entrevista concedida al diario *ABC*. Accesible desde http://www.abc.es/familia-padres-hijos/20140125/abci-dormir-nino-llorar-201401231317.html

Nuestra organización social exige a los pequeños una conducta que se adapte a las necesidades de sus padres, especialmente en el ámbito laboral. Tras las 16 semanas de permiso de maternidad que actualmente se reconocen en España, pocos son los bebés que muestran una conducta de sueño compatible con la necesidad de descanso de sus padres. Y pocas familias pueden permitirse ciertas medidas de conciliación como la excedencia laboral u otras fórmulas que les permitan dar a sus hijos la atención que estos necesitan. Esto hace que los padres (y gran parte de la sociedad) tengan frecuentemente unas expectativas poco realistas hacia el sueño de sus hijos, y que se tomen medidas drásticas para solucionar «problemas» donde en realidad no los hay. A veces, estas soluciones pueden generar más problemas de los que resuelven o, en todo caso, pueden resultar inadmisibles o poco éticas para muchos padres, como por ejemplo, los métodos de «aprender a dormir» basados en dejar llorar a los bebés. Por otro lado, otras soluciones más amables y adaptadas a las necesidades de los bebés (como, por ejemplo, el colecho o la lactancia) se relacionan con la dependencia afectiva y no son vistas como verdaderas soluciones. ¿Qué hay de cierto en todo esto?

¿Cómo es el sueño normal en la infancia? El sueño de los primeros humanos

Los seres humanos nacen siendo más inmaduros que cualquier otra especie animal, nacen siendo totalmente vulnerables y dependientes de sus padres para poder sobrevivir. La mayoría de mamíferos nacen con un tamaño cerebral que se sitúa entre el 60 y el 90% del que tendrá cuando sean adultos, mientras que en el caso de los humanos el tamaño cerebral es de tan solo un 25% del de un adulto; este es uno de los precios que tenemos que pagar como especie por nuestras mayores capacidades cognitivas y poder caminar sobre dos patitas. Las implicaciones de esta inmadurez en el momento del nacimiento son enormes, una inmadurez que ha llevado a antropólogos como Ashley Montagu[2] a afirmar que los seres humanos completan su gestación tras el nacimiento (lo que se conoce como «exogestación»).

Es por ello que el bebé humano necesita la cercanía prácticamente constante de alguien (habitualmente su madre) que lo proteja de los peligros, lo desplace, le proporcione alimento, lo mantenga limpio, arropado, etc. tanto de día como de noche.

En ocasiones pecamos de ser un tanto etnocéntricos, creyendo que lo que es normal o que está aceptado en nuestra cultura, también es normal en el resto de culturas, que «ha sido así desde siempre», o que es «lo normal». Pero nadie se imagina a nuestros antepasados de las cavernas, esos que pintaban bisontes en vez de publicar fotos en Instagram, mandando a dormir a su hijo a la cueva de al lado. Quizá nos pueda parecer algo lejano, y es que 20.000 o 50.000 años son muchos años para nosotros, pero es poco desde un punto de vista evolutivo. La biología de nuestra especie *sapiens sapiens* apenas ha cambiado en los últimos 130.000 años, y nuestro bebé recién nacido no sabe aún si vive en una caverna o en una cómoda casa moderna.

No ha sido hasta épocas muy recientes y en sociedades occidentales cuando se ha comenzado a presionar cada vez más pronto a los niños para que muestren algunos comportamientos que se han relacionado con la independencia y la autonomía. Así, se pensó que los niños debían dormir en una cama y habitación independiente de la de los padres lo más pronto

2. Montagu, A.: *The Significance of Human Skin.* Harper Row, New York, 1986.

posible. Todo ello, sin existir evidencia científica que lo respaldara; se fue asumiendo casi como un dogma que el hecho de que los niños duerman solos en su habitación desde edades muy tempranas les iba a llevar a forjar una personalidad más independiente y autónoma. Paralelamente se atribuye algún tipo de patología o *aprendizaje de malos hábitos* a los niños (y a los padres) que no logran adaptarse a estas condiciones, lo cual conduce a diversas estrategias terapéuticas para solucionar este nuevo problema generado por nuestra cultura. Si salimos de nuestro contexto, observamos que hay casi tantas formas de entender el sueño como culturas, y la realidad es que para la mayoría, compartir la noche toda la familia junta es lo normal.

No todo el sueño es igual

Cuando hablamos del sueño, es frecuente entenderlo de un modo dicotómico: estamos despiertos o estamos dormidos. Pero más que como un *on/off* en el que estamos encendidos o apagados, el sueño se podría entender como el adentrarnos poco a poco en una piscina, de tal forma que no estamos simplemente dentro o fuera del agua, sino que en diferentes momentos podemos lograr diferentes profundidades. Durante una noche normal hay numerosos cambios en la actividad cerebral, momentos de gran tranquilidad y momentos de gran agitación que suceden uno tras otro, conformando lo que conocemos como ciclos del sueño, que son sustancialmente diferentes en las distintas etapas de la vida. Comprender qué es lo que sucede desde que nos acostamos hasta que nos levantamos nos ayudará a poder entender algunos de los fenómenos aparentemente extraños o curiosos que manifiestan los niños.

Sueño lento y sueño REM

Cuando comenzamos a dormirnos la actividad de nuestro cuerpo se ralentiza de manera progresiva, disminuye la frecuencia cardíaca, la respiratoria y baja nuestra temperatura corporal. Estas primeras etapas corresponden a lo que habitualmente se conoce como el sueño lento. Este sueño lento se divide a su vez en cuatro fases, que van desde un adormecimiento ligero hasta el sueño profundo y reparador, cuanto más avanzan estas fases, más profundamente dormidos nos encontramos. Por lo general, una persona adulta emplea el 80% del tiempo de la noche en estas fases de sueño lento.

Hasta aquí todo es muy lógico: vamos transitando progresivamente desde la vigilia a un adormecimiento ligero, a un sueño ligero y de ahí cada vez a uno más profundo. El cuerpo cada vez está más relajado y las ondas cerebrales, de manera paralela, cada vez son más lentas. Pero de repente, algo sucede en nuestro cerebro. Mientras que nuestro cuerpo está totalmente relajado (hay una gran atonía muscular), en nuestro cerebro se produce un cambio brusco y comienza un hervidero de actividad. Los ojos comienzan a moverse rápidamente (de ahí el nombre de esta fase: REM del inglés Rapid Eye Movements (Movimientos Oculares Rápidos) y las ondas cerebrales son prácticamente iguales a las de la vigilia. Es aquí cuando se producen los sueños, cuya principal función parece ser similar a los aprendizajes y experiencias vividas durante el día. Este tipo de sueño ocupa entre un 20 y un 25% del total del sueño nocturno en adultos, y se denomina también *sueño paradógico,* porque mientras que exhibimos una actividad cerebral similar a la de la vigilia, nuestro cuerpo está prácticamente paralizado y en esta fase es más difícil despertarnos que en cualquier otra[3].

3. Schacter, D. L.; Gilbert, D. T., y Wegner, D. M.: *Psychology.* Worth Publishers, 2009.

¿Cómo duermen los niños?

Ahora que acabamos de ver cómo dormimos los adultos, y que sabemos que ese sueño poco se parece al de los niños o los ancianos cabe preguntarse: ¿cómo es realmente el sueño de los niños? Pues bien, ese sueño va a cambiar mucho durante los primeros años de vida para progresivamente ir pareciéndose al sueño adulto, esto es, dormir alrededor de 8 horas por la noche y sin la necesidad de siestas. Pero llegaremos ahí tras un largo camino, que vamos a recorrer a continuación. La psicóloga Rosa Jové describe en *Dormir sin lágrimas,* libro de obligada lectura para padres y profesionales, cuáles serían las principales características del sueño en cada uno de los distintos momentos de la evolución del bebé.

El sueño antes de nacer

Antes de nacer, aproximadamente a partir del tercer trimestre de gestación, los bebés ya comienzan a mostrar unos patrones de actividad compatibles con momentos de vigilia y sueño. En estos momentos el sueño es muy rudimentario y tan solo consta de dos fases: sueño activo (que más adelante se convertirá en el sueño REM) y sueño tranquilo (que dará lugar al sueño lento).

El sueño del bebé de 0 a 3 meses

Ya desde el hospital somos testigos de algo que luego, quizá, olvidamos: y es que los niños nacen sabiendo dormir. No han necesitado que nadie les enseñe, no lo han aprendido, sino que han nacido sabiéndolo hacer a la perfección, al igual que mamar, la otra actividad en la que invertirán la mayor parte del tiempo durante estos meses.

En estos momentos los bebés emplean entre 14 y 20 horas diarias en dormir, pero lo hacen de una manera muy fragmentada, distribuyéndose el sueño en diversas siestas (de no más de una hora), y aún no distinguen el día de la noche. Como nos cuenta Rosa Jové[4], esto tiene un porqué: los recién nacidos, debido al reducido tamaño de su estómago, necesitan comer frecuentemente para evitar hipoglucemias. Por ello, deben despertarse con frecuencia para ser alimentados.

A diferencia de los adultos, los bebés de estas edades entran directamente en fase REM; el resto de fases del sueño (a estas edades, solo tienen la III y la IV) están más relacionadas con el descanso, por lo que para los bebés es mucho más «interesante» ir directamente a REM, que está relacionada con la integración de los aprendizajes: todo es nuevo para ellos, ¡tienen mucho que aprender!

El sueño del bebé de 4 a 7 meses

Aproximadamente al superar los tres primeros meses de vida el sueño experimenta un cambio. Poco a poco se va pareciendo más al sueño de los niños o adultos, empleando el bebé cada vez más tiempo en el sueño nocturno que en el diurno. Este cambio se produce gracias a la maduración de una estructura cerebral denominada *núcleo supraquiasmático* (NSQ) que sería lo que se conoce como nuestro «reloj biológico». Muchas de nuestras conductas como mamíferos se rigen por los ritmos diarios o circadianos, unos ritmos biológicos según los cuales se regulan diferentes aspectos de nuestro organismo, entre ellos, los patrones de sueño, temperatura corporal, liberación de hormonas y otros aspectos relacionados con el funcionamiento cerebral en general. El NSQ es el encargado de esta tarea, pero para que funcione bien y «no se vaya de hora» va a necesitar una serie de «sincronizadores» para ayudarle. Luego volveremos sobre este aspecto con más detalle.

---

4. Jové, R.: *Dormir sin lágrimas.* La Esfera de los Libros, Madrid, 2007.

Como consecuencia de esta maduración del NSQ, alrededor de los 6 o 7 meses los bebés ya tienen el sueño organizado en un par de siestas diurnas más el sueño nocturno.

> Yo no sé qué es lo que pasa; desde que nació dormía la mar de bien. Podía haber un terremoto que ni se enteraba. Venían amigos a cenar a casa, a comer, y ahí estaba, tan tranquilo, haciendo la siesta en su moisés. Pero desde hace unas semanas que es imposible, cada ruidito le despierta, le cuesta mucho más dormirse... ¡Ya no sé qué hacer!

Historias como esta se escuchan con frecuencia en las consultas, charlas y conferencias sobre el sueño de los niños. ¿Por qué sucede esto? Si recordáis, hasta ahora el bebé entraba directamente en sueño REM, lo que significa que pasaba de la vigilia a un estado del sueño en el que es muy complicado despertar. Ahora ya no es así sino que pasa antes por el sueño lento, y una consecuencia de ello será que si hace poco que se ha dormido, cualquier ligero ruido podrá despertarlo. Muchos padres hablan durante esta época del fenómeno de la «cuna de pinchos», porque da la impresión de que la cuna así fuera, ya que nada más dejar al bebé en ella éste se pone a llorar casi de inmediato. Tampoco es extraño que los bebés en estas edades se despierten incluso más que antes, lo cual angustia mucho a los padres hasta que comprenden que forma parte el desarrollo normal el sueño.

El sueño del niño desde los 8 meses a los 2 años

A partir de los 8 meses se produce una estabilización en los patrones de sueño; ya están todas las fases adquiridas (sueño lento y sueño REM) y, de manera progresiva (muy progresiva) el sueño va a ir pareciéndose más al de los adultos. El número total de horas de sueño se irá reduciendo, los despertares nocturnos, aunque todavía serán muy frecuentes durante todo este tiempo, cada vez serán menores. En este periodo la mayoría de niños abandonarán una de sus siestas diurnas para distribuir el sueño tan solo en una siesta diaria y el sueño nocturno.

El sueño del niño de 3 a 6 años

Es a partir de los tres años cuando el sueño de los niños experimenta una «mejora» considerable; disminuyen notablemente los despertares nocturnos (son poco frecuentes a partir de los 5 o 6 años de edad) y alrededor de los 3 o 4 desaparecerá la siesta diurna, quedando reducido el sueño solo a la noche. Hacia los 6 años el sueño de los niños es ya muy parecido al de los adultos.

¿Cuánto duermen los niños?

¿Mi hijo duerme lo suficiente?, ¿no duerme muy poco? Es una de las preguntas más frecuentes en los padres. La mayoría de los niños duermen lo suficiente, lo que ocurre es que hay muchas diferencias individuales; la normalidad no es una delgada línea de la que fácilmente podemos salirnos, sino que se asemeja más bien a una amplia autopista en la que tienen cabida muchas conductas diferentes.

El primer indicador para saber si vuestro hijo duerme lo suficiente es, precisamente vuestro propio hijo. Su conducta es el reflejo de la calidad de su sueño. Si le observamos alegre, con energía, con capacidad para concentrarse, no excesivamente irritable ni somnoliento, probablemente esté durmiendo lo que necesita.

> La nena llega muy activa al final del día, tiene un montón de energía y no hay forma de bajarle revoluciones. Lo hemos intentado todo, pero nos cuesta un montón que se duerma cuando

toca. Lo que hicimos fue intentar que «llegara más cansada» a la noche para ver si cogía mejor el sueño. Algunos días le acortamos la siesta, pero ni por esas. Así que directamente se la quitamos... ¡Y ahora está peor todavía! Está más nerviosa, le sigue costando un montón dormirse, se despierta más por la noche... ¡Estamos desesperados!

Casos como este son frecuentes en la consulta. Y cuando los padres lo plantean, les extraña mucho que la recomendación sea precisamente la contraria a la lógica: ese niño necesita descansar más. ¡Pero cómo va a necesitar más descanso, si no hay quien lo duerma! Una de las características de algunos niños que no descansan lo suficiente es precisamente esa irritabilidad y dificultad para bajar el ritmo que veíamos en el ejemplo. Están tan excitados y cansados que les cuesta poder relajarse para conciliar el sueño. En la mayoría de los casos, proporcionando al niño el sueño que necesita, los problemas se resuelven.

Pero bueno, entonces ¿cuántas horas exactamente debería dormir mi hijo? La variabilidad entre niños es enorme, por lo que deberíamos desconfiar de las tablas en las que se señala que un niño de equis meses debería dormir equis horas. Los adultos tenemos distintas necesidades en cuanto al sueño, los hay que con solo 6 horas funcionan a la perfección durante todo el día, pero los hay que con 9 no van cara al aire. Y ambos entran dentro de la normalidad. Pues con los niños sucede lo mismo: por eso son mejores las tablas que dan un margen en cuanto sueño es esperable en un niño de una edad determinada.

Recientemente, tras la revisión de más de 300 referencias científicas por parte de un panel internacional de expertos, la National Sleep Foundation ha actualizado las recomendaciones en cuanto al sueño en las diferentes fases de la vida, y un resumen de esos datos se puede observar aquí:

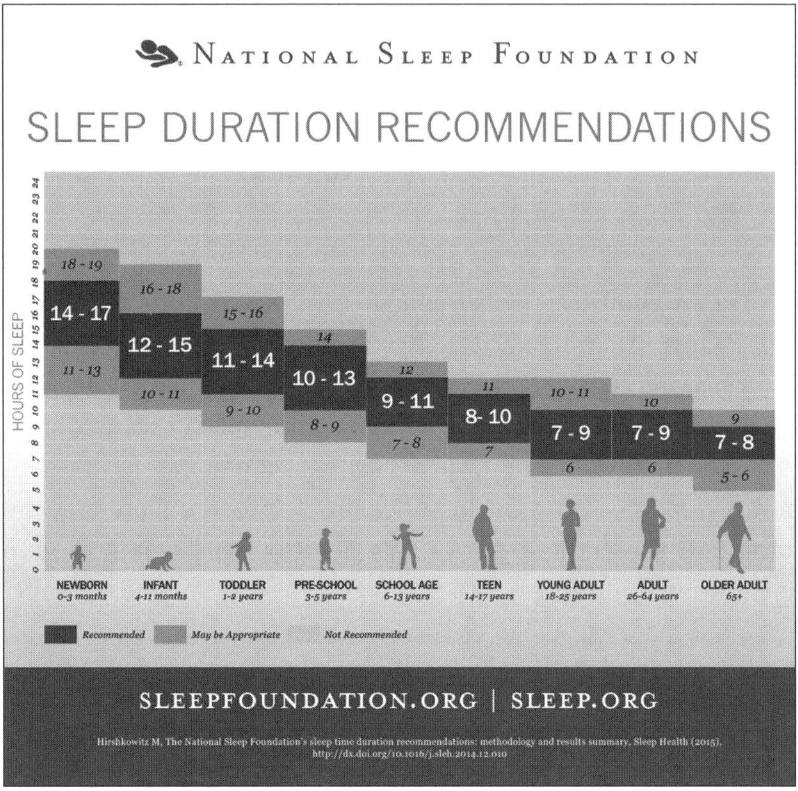

Como podemos ver el margen es amplio, y dos niños (o adultos) de la misma edad pueden tener patrones de sueño muy diferentes, y ambos ser igualmente normales. Pero recordemos, a la hora de averiguar si un niño duerme lo suficiente, no deberíamos basarnos en exclusiva en las horas esperables en función de su edad, sino también (y sobre todo) en la conducta que manifiesta: si se le ve bien, probablemente estará durmiendo lo que necesita.

¿Problemas para dormir?

Ya hemos visto cómo es la estructura del sueño y cómo este evoluciona durante la infancia. Esto nos permite normalizar ciertas conductas o fenómenos que se producen en el sueño infantil que, aunque llamativos o molestos, son el producto de su evolución normal. Ahora es el momento de preguntarnos: ¿cuáles son los verdaderos problemas del sueño? Y lo más importante, ¿qué no constituye un problema?

Según la Asociación Española de Pediatría, y según la Clasificación Internacional de los Trastornos del Sueño Revisada (CITS-R), como podemos observar en la siguiente tabla[5], los trastornos del sueño en la infancia se dividen en:

Trastornos del sueño más frecuentes en el niño (según Clasificación Internacional de los Trastornos del Sueño Revisada)	
1 DISOMNIAS	2.b. De la transición sueño-vigilia
1.a. Intrínsecas	Movimientos rítmicos del sueño
Narcolepsia	Somniloquia
Síndrome de apneas obstructivas del sueño	Mioclonías del sueño
Movimientos periódicas de las piernas	2.c Asociadas al sueño REM
1.b. Extrínsecas	Pesadillas
Trastorno ambiental	Otras
T. del establecimiento de límites	Bruxismo
T. de las asociaciones al inicio del sueño	Enuresis
1.c. Trastornos del ritmo circadiano	Ronquido primario
Retraso de fase de inicio del sueño	Muerte súbita de lactante
2 PARASOMNIAS	Apneas del lactante
2.a. Del despertar	Mioclonías neonatales benignas
Despertares confusionales	
Sonambulismo	
Terrores nocturnos	

5. «Trastornos del sueño en la niñez», de Rocío Sánchez-Carpintero Abad. Accesible desde https://www.aeped.es/sites/default/files/documentos/34-sueno.pdf

Por lo general, se suelen clasificar los trastornos del sueño en dos grandes grupos: las disomnias (problemas en la cantidad, calidad y horario del sueño) y las parasomnias (englobarían las pesadillas, terrores nocturnos, sonambulismo y otros sucesos anómalos que se dan durante el sueño). No obstante, nos llaman la atención dentro de las disomnias un par de trastornos que parecen más bien basados en estereotipos culturales que en condiciones clínicas, a los que podríamos llamar *pseudotrastornos culturales,* como el «Trastorno por establecimiento de límites» y el «Trastorno de las asociaciones del sueño», que según la Asociación Española de Pediatría[6] consisten en lo siguiente:

Por un lado, el trastorno del establecimiento de límites se referiría a una «alteración del sueño del niño caracterizada por el rechazo a irse a la cama en el momento adecuado, con fallo por parte del cuidador en el modo de inducir al niño a hacerlo». Este trastorno se refiere a la situación en la que el niño intenta hacer lo posible por alargar el momento de ir a dormir, demandando (legítimamente) la atención de sus padres. En la descripción que se hace en la Clasificación Internacional de Trastornos del Sueño (ICSD)[7] se especifica que algunas de las demandas típicas que realizan los niños que padecen este trastorno serían, por ejemplo, pedir un vaso de agua, ir al baño, ser arropados de nuevo, pedir que se encienda (o se apague) una luz, pedir otro cuento, ver la televisión u, ojo con esta, pedir ayuda cuando tienen miedo. Respecto a los cuidadores, explica que habitualmente no quieren permanecer cercanos a la habitación del niño por la noche porque están realizando otras tareas en otros lugares de la casa (ver la televisión, cenar, hacer tareas domésticas, etc.). Teniendo todo esto en cuenta, da la impresión que en el fondo de lo que estamos hablando realmente es de un problema

6. Ibíd.

7. «International classification of sleep disorders, revised: Diagnostic and coding manual», American Academy of Sleep Medicine, Chicago, 2001.

de baja tolerancia a la frustración, pero no del niño que pide un vaso de agua o ayuda cuando tiene miedo, sino de los que consideran esto un trastorno sobre el que es necesario intervenir.

No obstante, también se hace referencia a situaciones que sí que consideramos problemáticas y relacionadas con el establecimiento de límites, por ejemplo, el caso en el que los padres no realizan ningún esfuerzo por llevar a dormir al niño a una hora razonable, y esperan que sea el menor el que se regule por sí mismo y decida irse a dormir, no respetando sus necesidades de descanso. Esto se traduce habitualmente en niños que caen rendidos en medio del salón después de mucho tiempo viendo la televisión, con una *tablet* o jugando con su juguete favorito. De esto, que sí consideramos un problema (pero más de los padres que del niño), hablaremos más adelante cuando abordemos la importancia de los hábitos y rutinas.

Por otro lado tendríamos el trastorno de las asociaciones al inicio del sueño, que «se produce cuando el sueño se altera por la ausencia de un objeto o circunstancias que el niño asocia con el inicio del sueño. El problema se acentúa cuando se asocia el inicio del sueño con la actuación o presencia del adulto». Según la ICSD, esos objetos o circunstancias se refieren, por ejemplo, a la necesidad del niño (o bebé, ya que se puede diagnosticar a partir de los 6 meses) de ser acunado, mamar, tomar biberón o utilizar un chupete; aunque si estas condiciones están presentes o se reestablecen, el niño duerme con normalidad. Por la descripción de este trastorno, parece ser que todo lo que se escape de que el niño se duerma solo sin la ayuda de sus padres, sería patológico. Según esta clasificación, este trastorno sería característico de la primera infancia, porque estas condiciones requieren la intervención de los padres, y que cuando el niño se hace mayor, al poder hacerse cargo él de estas condiciones, este diagnóstico es poco frecuente. Es decir, todos tenemos nuestras preferencias a la hora de dormir, la diferencia es que los niños pequeños no se las pueden proporcionar por sí mismos y pueden requerir de la ayuda de sus padres. De hecho, cuando habla del pronóstico dice que el trastorno puede resolverse por sí solo en cualquier momento, aunque los síntomas pueden «persistir hasta los tres o cuatro años» (cuando el niño madura).

Según estas definiciones, que un bebé o niño proteste porque quiere dormir con su peluche, con sus padres, o porque todavía no quiere ir a la cama, sería indicativo de una patología. En esta misma línea, en la última (y polémica) edición del Manual Diagnóstico y Estadístico de los Trastornos Mentales (DSM-5)[8], la principal clasificación de psicopatologías empleada ampliamente por psicólogos y psiquiatras de todo el mundo, se define el insomnio como un trastorno en el cual «el síntoma predominante es la dificultad para iniciar o mantener el sueño, o no tener un sueño reparador, durante al menos 1 mes», y se especifica para el caso de los niños: «esto se puede poner de manifiesto por la dificultad para iniciar (o para volver a conciliar) el sueño sin la intervención del cuidador». No es descabellado suponer que estos nuevos criterios abren la veda a numerosos diagnósticos de insomnio en niños normales que todavía se sienten más seguros durmiendo con sus padres. Diagnósticos que, en algunos casos, pueden implicar innecesarios tratamientos psicológicos o farmacológicos.

Si tenemos en mente todo lo que hemos comentado hasta el momento, parece obvio que en estos casos no nos encontramos ante verdaderas patologías del sueño, sino más bien ante ciertas expectativas culturales acerca de cómo debería ser el sueño en los niños. En estos casos, tal vez más que emplear palabras tan graves como «trastorno», quizá sería más adecuado hablar simplemente de dificultades que pueden generar angustia y malestar en las familias (por muy normales que sean los des-

8. American Psychiatric Association (2013): *Diagnostic and statistical manual of mental disorders.*

pertares nocturnos o que al niño le cueste conciliar el sueño, si al día siguiente hay que ir a trabajar, esto genera malestar en la familia). Estos «trastornos» serían productos de nuestra cultura y nuestro modo de entender la infancia y, a nuestro entender, equipararlos a otros como los terrores nocturnos, las pesadillas, la narcolepsia o el sonambulismo, entre otros, sería algo excesivo. Incluso muchos de estos, pese a su condición de trastornos, son benignos y no requieren más intervención por parte de los padres que tratar con cariño a su hijo durante las épocas difíciles en las que se presenta, y no hacer más grande el problema de lo que es.

Un niño que no hace «cosas extrañas» por la noche y de día se ve alegre, despierto, social, con energía, motivado, que juega y se divierte, probablemente no tenga un trastorno del sueño. Que un niño tenga dificultad para conciliar el sueño sin ayuda de sus padres, que se despierte numerosas veces por la noche teniendo menos de seis o siete años, que un bebé o niño pequeño llore al verse solo en una habitación... a nuestro entender, no son trastornos del sueño; son reacciones normales en niños de estas edades. Pero que un niño se quede dormido jugando, en medio de clase o de la comida reiteradamente, que esté frecuentemente irritable, que se despierte frecuentemente chillando aterrorizado por la noche y mostrándose agresivo, que «hable en sueños», que camine dormido... sí podría ser indicativo de algún trastorno del sueño y sería recomendable comentarlo con su pediatra.

Los métodos para «enseñar a dormir»

Habitualmente se identifican los problemas del sueño en la infancia con esos niños que no quieren dormir solos o se despiertan por la noche lo que, como hemos visto, quizá no es algo patológico, sino evolutivo. En estos «pseudotrastornos culturales» se centran muchos de los métodos más populares para «enseñar a dormir» a los niños. El problema es que los niños no necesitan que les enseñen a dormir, sino que sus padres sean pacientes y les acompañen en su proceso evolutivo.

¿En qué consisten estas técnicas? Podríamos hacer un resumen muy rápido diciendo: «métele en su habitación, cierra la puerta y hasta el día siguiente», pero para ser más fieles a la realidad, vamos a ver lo que se explica en un documento orientado a profesionales y editado por el Ministerio de Sanidad español[9]. Según esta guía, encontraríamos dos tipos fundamentales de métodos:

- Extinción estándar: «intervención dirigida a eliminar conductas indeseadas del niño a la hora de dormir como, por ejemplo, gritos y rabietas, eliminando el refuerzo que las mantiene (atención o excesiva implicación de los padres en el proceso de inicio del sueño). Implica que los padres acuesten al niño en la cama a la hora apropiada, habiendo cumplido con el ritual presueño establecido y cuando esté aún despierto, ignorando cualquier demanda posterior de atención hasta la mañana siguiente exceptuando aquellas situaciones que impliquen un peligro o enfermedad del niño». En resumen, «cierra la puerta y no la abras hasta la mañana siguiente». Lo de diferenciar entre demandas de atención «normales» de las que impliquen peligro o enfermedad no lo explican bien. Se supone que los padres deberían distinguir si los lloros y gritos son «saludables» o producidos por algún peligro o malestar, no se sabe muy bien en función de qué criterio.

9. *Guía de Práctica Clínica sobre Trastornos del Sueño en la Infancia y Adolescencia en Atención Primaria,* Ministerio de Sanidad, Política Social e Igualdad de España, 2011.

- Extinción gradual: «se basa en el mismo razonamiento que justifica el éxito de la extinción estándar: la retirada de la excesiva implicación/participación de los padres en el proceso de inicio del sueño, pero de forma más gradual, pues permite la intervención de estos a intervalos de tiempo predeterminados. Los padres acuestan al niño en la cama cuando aún está despierto, en el horario apropiado, habiendo cumplido con el ritual presueño, para ignorar sus demandas de atención a intervalos gradual y progresivamente más largos (por ejemplo, teniendo en cuenta las características de edad y temperamento del niño y también del progenitor, empezar esperando 1, 3 o 5 minutos antes de intervenir para ir aumentando progresivamente ese intervalo de tiempo en sucesivas intervenciones a 5, 10 minutos) o bien a intervalos fijos (siempre cada 5 o 10 minutos)». Esta es parecida a la anterior, pero reloj en mano. Parece un poco más soportable para los papás y para los pequeños, pero en realidad es bastante parecida.

Los métodos conductuales de extinción gradual han sido popularizados en nuestro país tras la adaptación por parte del pediatra Eduard Estivill[10] de los métodos del médico Richard Ferber para dormir. El conocido en nuestro país como *Método Estivill* es en realidad la aplicación de las técnicas de modificación de conducta al sueño infantil, y parte de la idea de que los problemas del sueño en los niños se derivan de unos malos hábitos que hay que corregir. Pero estos malos hábitos no hacen referencia exclusivamente a las rutinas presueño, lo cual sí podría tener sentido como veremos en el siguiente apartado, sino que parte de esos malos hábitos están en la excesiva atención que prestan los padres a sus hijos, acudiendo ante sus llamadas por la noche.

10. Estivill, E., y De Béjar, S.: *Duérmete niño*. Debolsillo, Barcelona, 2014.

Las críticas que estos métodos han recibido en las últimas décadas por parte de profesionales, familias e investigadores es creciente. Una de las principales críticas que han recibido es que lo que estos métodos verdaderamente enseñan a los niños no es a dormir, que ya sabían, sino a incrementar su capacidad de autoconsuelo (esto es, ser capaces de calmarse solos o al menos de no quejarse, al quedar claro que sus padres no acuden a consolarles) o, dicho con otras palabras, de resignación. Coinciden en ello autores como Rosa Jové, Carlos González o María Berrozpe. Y nosotros no podríamos estar más de acuerdo: mediante el empleo de este tipo de técnicas el niño no aprende a dormir, sino que aprende a no protestar ante la ausencia de sus padres, lo cual sí puede tener consecuencias importantes en el vínculo de apego.

Otras críticas que han recibido se basan en los posibles efectos negativos que pueda tener sobre el desarrollo cerebral la liberación prolongada de cortisol (hormona del estrés) durante la aplicación de estas técnicas. Se puede ver una descripción detallada a estas críticas en el libro *¡Dulces sueños!*, de María Berrozpe.

No obstante, más allá de su eficacia, seguridad o cuestiones metodológicas, hay un importante factor ético. ¿Está bien generar este sufrimiento a un niño?, ¿el fin justifica los medios?

La importancia de las rutinas para dormir

En la mayoría de los casos mal etiquetados como patológicos no es necesario ningún tipo de intervención, dado que simplemente estamos ante un proceso evolutivo (sería equivalente a enseñar a controlar los esfínteres a un bebé de 4 meses, o a andar a uno de 6). No obstante, cuidar ciertos hábitos previos al sueño se ha visto beneficioso en la mayoría de los casos tanto patológicos como no patológicos. Los hábitos o rutinas de sueño pueden jugar un papel importante en la calidad del sueño infantil (¡y en el bienestar de los padres!) y poco o nada tienen que ver con las técnicas de adiestramiento basadas en dejar llorar a los niños que comentábamos antes.

Como hemos visto, muchas de nuestras conductas se rigen por los ritmos diarios o circadianos. El encargado de esos ritmos es el NSQ (aquel que hasta los 3 o 4 meses no se desarrollaba), es nuestro «reloj biológico», pero para funcionar bien necesita de una serie de «sincronizadores» que le ayuden, los cuales pueden ser internos (habitualmente ciertas hormonas) o externos (condiciones ambientales, hábitos, etc.).

Respetar los ritmos de los niños no es consentir siempre su voluntad dejándoles jugar, correr, bailar o ver la tele hasta que el cuerpo les aguante, sino ser sensibles a sus necesidades y crear las condiciones externas adecuadas para poder satisfacerlas, o dicho con otras palabras, ayudar a su reloj biológico a mantenerse en hora, adaptándonos los adultos en la medida de lo posible a sus necesidades, no siendo el niño el que nos siga nuestro ritmo de adultos. Sucede algo parecido con la comida: si les dejamos total libertad es probable que basaran su alimentación en chucherías, bollería industrial, helados, etc. En vez de darles esa libertad (o más bien podríamos hablar de ausencia de control), lo recomendable es que regulemos nosotros qué alimentos tienen a su alcance y que según esa elección previa decidan ellos. Como dice el pediatra Gonzalo Pin[11]: «Los padres somos el lóbulo frontal del niño, somos los que con nuestro ejemplo tenemos que transmitir modos de actuar, así que lo que tenemos que hacer es vigilar nuestros propios hábitos. No podemos pretender que nuestro hijo duerma bien o se acueste pronto si nos ve a las 12 de la noche enganchados con la *tablet*».

11. «Cómo ayudar a dormir», *Ser Padres*. Accesible desde https://youtu.be/iPyERz0nCc4

Los niños necesitan que regulemos ciertas condiciones ambientales para facilitarles seguir su ritmo, y esto es especialmente importante cuando hablamos del sueño: se ha demostrado[12] que tener una buena rutina nocturna antes de ir a dormir mejora de manera significativa el sueño de los niños y la satisfacción de sus padres.

Al igual que no podemos obligar a un niño a dormir cuando no puede o no lo necesita, tampoco deberíamos dificultarle el descanso cuando sí lo necesita; si les diéramos libertad absoluta y les dejáramos marcar siempre a ellos el ritmo, es probable que no durmieran hasta estar físicamente extenuados, lo cual no es bueno para ellos ya que les estamos impidiendo descansar cuando lo necesitan. Como hemos dicho, los bebés y los niños pequeños dependen de nosotros para regular las condiciones ambientales para poder seguir un ritmo adecuado; por eso son útiles las rutinas, ya que les ayudan a bajar de manera progresiva su nivel de activación cuando se acerca la hora de dormir mediante un baño, luz y música tenue, bajo tono de voz, etc. Si por el contrario, antes de ir a la cama les conectamos la televisión, les damos el móvil o la *tablet,* vienen de visita los abuelos o unos amigos, o le sacamos todos sus juguetes más ruidosos, no será el pequeño quien de un modo responsable diga que ya tiene suficiente cachondeo y que necesita descansar. Por supuesto habrá excepciones, y algún día podemos romper esa rutina, pero por su bien, estos deberían ser la excepción y que la norma sea que pueda disfrutar de un ambiente lo más predecible posible.

No obstante, es importante no confundir rutinas con horarios: la rutina es simplemente una secuencia de conductas

12. Mindell, J. A.; Telofski, L. S.; Wiegand, B., y Kurtz, E. S. (2009): «A Nightly Bedtime Routine: Impact on Sleep in Young Children and Maternal Mood», *Sleep, 32*(5), 599-606.

que hacemos habitualmente en un mismo orden (baño, cena, dientes, cuento y dormir), y el horario implica un momento concreto en el que hacer cada una de esas conductas (20:00 horas, el baño; 20:20, la cena; 20:45, dientes; 20:50, cuento, y 21:00, dormir). Lo segundo no suele ser muy práctico, ya que no aporta mucho el hacer las cosas exactamente en el mismo momento todos los días, y genera gran cantidad de estrés. Aunque también es verdad que es importante que la rutina no se desvíe demasiado de su momento habitual. Lo recomendable es ser flexibles, y el margen de esta flexibilidad nos lo debe marcar el niño, su edad y sus características individuales. Hay niños que necesitan más de estas rutinas y de un horario más o menos estable. Otros nos darán más margen. En cualquier caso, conforme se van haciendo mayores este margen probablemente se irá haciendo más grande. Así, no hace falta perder la cabeza, convertirnos en unos esclavos del reloj y pretender que cada día funcionemos exactamente igual que el anterior. Esto no es posible, al menos si queremos vivir con una cierta tranquilidad, pero sí que es positivo en la medida de lo posible, generar cierta seguridad y predictibilidad en los más pequeños. Si un día después de la cena se juega, otro se duerme, otro el baño es antes y otro después, etc. el niño no sabrá a qué atenerse y le costará seguir el ritmo que su cuerpo necesita.

Pero hay que tener en cuenta que no hay una rutina universal que funcione con todos los niños del mismo modo, ni para el mismo niño indefinidamente. Cada uno tiene un ritmo diferente, por lo que a la hora de establecer esas rutinas diarias será importante tener muy en cuenta esos ritmos y necesidades individuales de cada niño. Lo que funciona a unos no tiene por qué servir a otros, y si queremos que estas rutinas les ayuden a seguir sus ritmos, tendremos que tenerlos en cuenta, no solo las necesidades o comodidad de los mayores.

El colecho

Como decíamos al principio de este capítulo, en la mayor parte de culturas del mundo se practica el colecho (compartir cama con los hijos) de diversas formas, y muy pocas culturas consideran aceptable dejar dormir solo a un bebé alejado de sus padres. No obstante, actualmente y en nuestro contexto, todavía existe un tabú respecto al colecho a pesar de ser una práctica ampliamente extendida; es algo que los padres ocultan al pediatra, al maestro o a los amigos por miedo a ser juzgados.

Durante la mayor parte de la historia de la humanidad dormir juntos ha sido el modo habitual de pasar la noche para padres e hijos, algo que lleva milenios facilitando el cuidado físico y emocional de los más pequeños. Como decíamos al inicio de este capítulo, cuesta imaginar a nuestros ancestros mandando a dormir a su bebé a la cueva de al lado. Pero por muy normal que se pueda considerar desde un punto de vista antropológico, compartir cama con un bebé o niño no es algo que se deba recomendar a todas las familias por sistema, ya que forma parte de las decisiones privadas de cada una, aunque sí se debe alentar, según las últimas recomendaciones[13], a que los padres compartan habitación con el bebé al menos durante los primeros seis meses de vida e, idealmente, durante todo el primer año. No obstante, pediatras, enfermeros o psicólogos deberían ayudar a que las familias que desean compartir su cama puedan hacerlo de una manera segura para su hijo y satisfactoria para los padres.

13. «Task Force on Sudden Infant Death Syndrome. SIDS and other sleep-related infant deaths: Updated 2016 recommendations for a safe infant sleeping environment», *Pediatrics*. Accesible desde http://pediatrics.aappublications.org/content/early/2016/10/20/peds.2016-2938

¿Tiene riesgos el colecho?

«Nuestro hijo de 20 meses sigue durmiendo con nosotros, ¿puede ser malo?, ¿qué debemos hacer?».

Esta es una preocupación frecuente para muchos padres, ver que su hijo se hace cada vez más mayor y todavía sigue durmiendo con ellos. Les preocupa que ese hecho pueda tener consecuencias negativas para su desarrollo. Pero la verdad es que si hay algún peligro, este no es que duerma con nosotros siendo demasiado grande, sino más bien todo lo contrario, siendo demasiado pequeño y cuando se dan ciertas condiciones específicas que lo podrían desaconsejar. No obstante, los riesgos disminuyen mucho si se respetan ciertas normas de lo que se conoce como *colecho seguro,* y que UNICEF junto a la asociación The Lullaby Trust han elaborado; son unas normas en las que se basan las recomendaciones que da el Ministerio de Sanidad de España o la Asociación Española de Pediatría.

El modo en que una familia decide dormir (en una misma habitación, misma cama o habitaciones separadas) no crea por sí mismo ningún tipo específico de relación que no se haya conformado durante el día. No es tan importante cómo se duerme, siempre que todos lo hagan a gusto y estén de acuerdo. Como dice McKeena: «La forma en la que se duerme es un reflejo de la relación que ya existe, sea buena o mala». Si ambos padres (e hijo/s) están de acuerdo, el colecho con niños mayores no tiene mayor implicación.

No hay evidencia que señale efecto negativo alguno a largo plazo por dormir con un bebé, siempre que la relación entre los implicados sea saludable. De hecho, incluso se han encontrado efectos positivos en aquellos niños que de pequeños durmieron con sus padres como, por ejemplo, una mayor aceptación de las muestras de afecto, mayor satisfacción vital, mayor independencia (sí, en contra de la creencia popular, hay estudios que encuentran que los niños que duermen con sus padres son menos dependientes), mayor autoestima, mayor confianza en la propia identidad sexual o menor incidencia de trastornos psiquiátricos (entre otros). Incluso se ha visto que aquellos niños que nunca habían dormido en la cama de sus padres tendían a tener un carácter más difícil de manejar, ser menos felices y tener más rabietas. Además, incluso se ha visto que aquellos niños a los que nunca se les había permitido compartir cama con sus padres eran en verdad más miedosos en comparación con aquellos que pasaban toda la noche en la cama de sus padres. De todas formas, es necesario señalar que muy probablemente todos estos efectos no se deban tan solo al colecho en sí, sino que vengan dados por la combinación con muchos otros factores relacionados con la crianza[14], tal vez teniendo en común una mayor sensibilidad de los padres a las necesidades de sus hijos. No obstante, a pesar de todos estos posibles beneficios, también es cierto que compartir cama con un niño más mayor puede retrasar el momento en el que él acepte ir a dormir a su propio cuarto, precisamente porque en la habitación de los padres es donde más a gusto está. Por lo tanto, el colecho puede mantenerse todo el tiempo que se desee mientras que todas las personas implicadas estén de acuerdo y les resulte algo satisfactorio.

Pero volvamos al caso de los bebés más pequeños y los posibles riesgos del colecho. Este riesgo se relaciona con el Síndrome de Muerte Súbita del Lactante (SMSL). El SMSL se define en los años 60 como *la muerte repentina e inesperada de un niño menor de 1 año de edad en la que la autopsia no revela una causa explicable de la muerte.* Como señala McKenna, una de las autoridades mundiales en cuanto al estudio científico del colecho, este fenómeno aparece en una época en

14. McKenna, J. J. (2000): «Cultural influences on infant and childhood sleep biology and the science that studies it: toward a more inclusive paradigm», *Lung Biology in Health and Disease*, *147*, 99-130.

la que por primera vez en la historia de la humanidad los bebés comienzan a ser alimentados en masa con algo diferente a la leche materna (la fórmula adaptada) y que comienzan a dormir en una habitación separada de la de sus padres, elementos (lactancia materna y compartir cama o habitación con sus padres) que hasta ese momento eran la norma cultural.

A día de hoy, la Academia Americana de Pediatría (AAP) no recomienda compartir cama con bebés menores de cuatro meses, porque, según algunos estudios, se ha observado una asociación con un incremento del SMSL. Durante años ha sido muy criticada esta postura por varios motivos, especialmente dos: primero, argumentando que el colecho en sí no es peligroso, sino que pueden serlo algunas formas de practicarlo. Segundo, que por seguir estas recomendaciones y evitar a toda costa compartir cama con el bebé, han sido muchos los padres y madres que se han quedado dormidos en sofás o sillones, lo cual constituye una conducta de riesgo mucho mayor para el SMSL que dormir en una misma cama[15]. Teniendo esto en cuenta, la AAP ha actualizado sus recomendaciones para reducir la incidencia de SMSL[16], e incluye ciertas pautas para compartir cama de forma segura con el bebé.

Aunque, según la evidencia disponible, la AAP sigue sin recomendar compartir cama con bebés menores de cuatro meses, ahora sí insiste en que los sofás y sillones son extremadamente peligrosos para los bebés y que incrementan extraordinariamente el riesgo de SMSL o de muerte por asfixia. Insiste en que

15. Rechtman, L. R.; Colvin, J. D.; Blair, P. S., y Moon, R. Y. (2014): «Sofas and infant mortality», *Pediatrics, 134*(5), e1293-e1300. Accesible desde http://pediatrics.aappublications.org/content/early/2014/10/08/peds.2014-1543?sid=0f18c4c2-cf72-4d5f-abc8-a17180d946fe

16. «Task Force on Sudden Infant Death Syndrome. SIDS and other sleep-related infant deaths: Updated 2016 recommendations for a safe infant sleeping environment», *Pediatrics*. Accesible desde http://pediatrics.aappublications.org/content/early/2016/10/20/peds.2016-2938

los padres deben estar atentos a su nivel de vigilia cuando estén descansando o amamantando a sus hijos en estos lugares, pero reconoce que es frecuente que la madre pueda quedarse dormida mientras amamanta a su hijo en estas situaciones, por lo que señala que «es menos peligroso quedarse dormido con el bebé en la cama de los adultos que en un sofá o sillón» y se hace eco de algunas indicaciones que ya se venían dando hace años para poder adecuar del mejor modo posible la cama de los adultos a la presencia del bebé.

¿Cómo practicar de forma segura el colecho?

Podríamos decir, como señala McKenna[17], que el colecho en sí mismo no es peligroso, sino que puede serlo la manera en la que se practica. Si respetamos los casos en los que no se puede compartir cama y seguimos las recomendaciones para hacerlo de manera adecuada, el peligro asociado prácticamente desaparece. De hecho, en muchas culturas asiáticas donde el colecho y la lactancia son habituales, y además las tasas de mujeres fumadoras son significativamente menores, el SMSL es un fenómeno prácticamente desconocido.

Cuándo no hay que compartir cama con un bebé

Hay algunas circunstancias en las que está absolutamente contraindicado compartir cama con un bebé. En estos casos, si se desea tenerle cerca (lo cual sigue siendo muy recomendable en menores de un año) este debería dormir en la misma habitación de los padres, y siempre tumbado boca arriba. Las circunstancias en las que está contraindicado compartir cama con un bebé son las siguientes:

- Si alguno de los padres es fumador, o la madre fumó duran-

17. Mckenna, J.: *Dormir con tu bebé: Una guía para padres sobre el colecho.* Crianza natural, Barcelona, 2009.

te el embarazo. En estos casos, aunque nunca se fume en la habitación donde duerme el bebé, está desaconsejado compartir cama con él.

- Si alguno de los padres ha tomado alcohol o alguna medicación que produzca somnolencia (relajantes musculares, ansiolíticos, antihistamínicos, entre otros) o está especialmente cansado o somnoliento.
- Nunca se debe compartir cama con el bebé y otro niño mayor o mascotas.
- Si alguno de los padres tiene obesidad y no hay lactancia materna, es mejor que el bebé duerma fuera de la cama de sus padres.

Recomendaciones para un colecho seguro

Ahora que ya sabemos cuándo no compartir cama con un bebé, ¿cuáles serían las principales recomendaciones para hacerlo de manera segura?

- Como hemos dicho, nunca quedarse dormido en un sillón, sofá o mecedora con el bebé en brazos. Si aparece somnolencia y no se cumple ninguna de las contraindicaciones previas, hay que trasladarse a la cama con el bebé. No obstante, la AAP sigue insistiendo en que cuando la madre se despierte en la cama con el bebé a su lado, debería trasladarle a su cuna, y es algo que debería hacer tras cada toma de lactancia. Este punto sigue siendo objeto de controversia.
- El bebé siempre debe estar boca arriba. Después de cada toma, hay que devolverlo a esta posición, ya que dormir boca arriba es el mayor factor de protección frente al SMSL.
- El colchón en el que se descanse debe ser suficientemente firme para que no se deforme ante el peso de los adultos, las sábanas deben estar bien ajustadas, y no tener en la cama almohadas, mantas o peluches que puedan obstruir la cara

del bebé. Lo ideal sería separar la cama de las paredes y el mobiliario, y que la cama sea lo más baja posible (de manera ideal, dormir sobre el colchón y somier en el suelo). Hay que tener en cuenta que el mayor riesgo para el bebé no es el aplastamiento, sino quedar atrapado entre el colchón y la pared o un mueble.

- Entorno bien ventilado y libre de humo.
- Evitar el calor, ya que incrementa el riesgo de SMSL. Se recomienda que la habitación donde duerma el bebé esté a una temperatura entre 16 y 20 grados centígrados, en función de la época del año y tratando siempre de mantener al bebé con ropa ligera.

Colecho y lactancia

No hay duda que lactancia materna y colecho son dos aspectos de la crianza que se refuerzan mutuamente; está ampliamente demostrado que el colecho facilita la lactancia (de manera poco sorprendente, tener a tu hijo a tu lado en la misma cama facilita la lactancia más que tenerlo en otra habitación). Por ejemplo, se ha visto que los lactantes que comparten cama con sus madres toman el pecho hasta tres veces más tiempo y hasta el doble de tomas durante la noche que quienes duermen en una habitación separada[18]. Como comenta McKenna: «El hecho de que el colecho pueda hacer más sencillo el manejo de la lactancia, aparentemente incrementa la probabilidad de que las madres estén dispuestas a extender la lactancia más allá de los primeros seis meses de vida del bebé, tal y como recomiendan la Organización Mundial de la Salud, la Iniciativa Hospital Amigo de los Niños, UNICEF» y demás autoridades sanitarias. Además de facilitar el colecho la lactancia, también se ha observado que la lactancia acaba llevando en cierto modo

---

18. McKenna, J. J.; Mosko, S. S., y Richard, C. A. (1997): «Bedsharing promotes breastfeeding», *Pediatrics, 100*(2), 214-219.

al colecho. Muchas madres acaban por meter en la cama a su bebé por encontrar que este es el único modo de poder mantener la lactancia durante las noches sin un elevado coste a nivel físico. Además, la lactancia materna es un factor de protección frente al SMSL; se ha visto que a mayor lactancia, menor incidencia de este síndrome, llegando a suponer una disminución del riesgo del 75%[19].

¿Cómo se refuerzan mutuamente colecho y lactancia? El colecho tendría numerosos efectos beneficiosos tanto para el bebé amamantado como para su madre. Por ejemplo, mayor producción de leche, tomas más frecuentes y largas, mayor seguridad (tras las tomas, los bebés tienden a dormir boca arriba), mayor duración del sueño infantil, menores niveles de estrés, mejor regulación de la temperatura corporal y mayor sensibilidad a la comunicación con la madre. También para la madre que amamanta el colecho tiene elementos beneficiosos adicionales, como una mejora del sentimiento de apego, de realización, mayor tranquilidad sobre la seguridad del bebé, mayor duración del sueño materno, menores niveles de estrés, pérdida del peso ganado durante el embarazo más rápida e, incluso, mayor protección frente a cáncer de mama (y otros)[20].

Para saber más...

Berrozpe, M.: *¡Dulces sueños! Cómo lograr que tus hijos duerman tranquilos*. Alianza, Madrid, 2016.

González, C.: *Entre tu pediatra y tú*. Temas de Hoy, Madrid, 2011.

19. Hauck, F. R.; Thompson, J. M.; Tanabe, K. O.; Moon, R. Y., y Vennemann, M. M. (2011): «Breastfeeding and reduced risk of sudden infant death syndrome: a meta-analysis», *Pediatrics, 128*(1), 103-110.

20. Mckenna, J.: *Dormir con tu bebé: Una guía para padres sobre el colecho*. Crianza natural. Barcelona, 2009.

Jové, R.: *Dormir sin lágrimas*. La Esfera de los Libros, Madrid, 2006.
Mckenna, J.: *Dormir con tu bebé: Una guía para padres sobre el colecho*. Crianza natural, Barcelona, 2009.
«¿Cómo ayudar a dormir al bebé?», Carlos González (2015). Accesible desde https://youtu.be/uzga4tOGHIk

CAPÍTULO 9

Alimentación es más que nutrición

«Educar con el ejemplo no es una manera de educar, es la única».
Albert Einstein

La alimentación de los hijos es un tema que frecuentemente preocupa a los padres: si come mucho o si come poco, si come de todo o solo macarrones con tomate, si come rápido o lento, si juega con la comida, o si no hay manera de que coma sin Pocoyó. Y así hasta el infinito. Es un tema importante del que los padres deben preocuparse, ya que los hábitos alimentarios y patrones de ingesta se empiezan a establecer en la infancia y persisten en gran parte en la edad adulta, y la evidencia científica señala la relación entre la alimentación y múltiples patologías como obesidad y sobrepeso, diabetes tipo 2, varios tipos de enfermedades cardiovasculares y cáncer[1]. Además, la obesidad en niños y adolescentes puede afectar a su bienestar psicológico, producir trastornos de sueño o afectar a sus relaciones sociales, y se asocia a mayor riesgo de peso excesivo y patologías asociadas en la edad adulta (estudio ALADINO, 2013). Además, en los últimos años se ha observado cómo los escolares cada vez están más preocupados por su peso e imagen, y presentan cada

1. Fardet, A., y Boirie, Y. (2014): «Associations between food and beverage groups and major diet-related chronic diseases: an exhaustive review of pooled/meta-analyses and systematic reviews», *Nutrition Reviews*, 72(12), 741-762.

vez más precozmente trastornos de la conducta alimentaria como anorexia o bulimia. Por todo esto, la alimentación infantil debería considerarse un asunto de suma importancia.

Según diferentes estudios realizados en nuestro país, los niños españoles no comen poco, sino que comen mal: la ingesta energética de los niños se adapta a las recomendaciones (aunque en algunos estudios es algo superior), pero se observa un desequilibrio nutricional, con un aumento de azúcares libres, sal, grasas no saludables y proteínas animales, junto con un déficit en la ingesta de alimentos ricos en fibra dietética, carbohidratos complejos y determinadas vitaminas y minerales[2]. Sin embargo, la principal preocupación de muchos padres no es tanto lo que come (la calidad), sino cuánto come el niño (la cantidad). Habitualmente la preocupación es que el niño come poco, aunque los datos del informe ALADINO 2013, realizado en una muestra representativa de niños españoles de 7 y 8 años, indican que menos del 1% de estos niños están delgados.

Habitualmente lo que convierte a la alimentación de los niños en una preocupación tan grande son las expectativas de los padres, que en muchas ocasiones están muy alejadas de la realidad del qué, cómo, cuándo y cuánto come un niño. La alimentación de los bebés y los niños es un tema que no solo es frecuente en las consultas de pediatría o nutrición, sino también en las de los psicólogos: muchos padres (e hijos) sienten verdadero terror cuando se acerca la hora de comer porque es una situación que genera mucho conflicto y malestar. Sin embargo, saber qué es normal y qué es esperable para un niño de una edad determinada puede contribuir a mejorar el ambiente en casa.

---

2. Informe del consumo de alimentación en España 2016-2017, Ministerio de Agricultura y Pesca, Alimentación y Medio Ambiente. Accesible desde http://www.mapama.gob.es/imagenes/es/informeanualconsumo2016_tcm7-422016.pdf

Al igual que cuando hablábamos de lactancia materna señalamos que *la teta no es solo alimento,* sino que aporta mucho más al hijo (afecto, consuelo, tranquilidad, apoyo, etc.) también es importante tener en cuenta que la alimentación, y todo lo que la rodea, no está limitada a su aspecto nutricional. La alimentación tiene un papel importante en el proceso de socialización, así como en el vínculo emocional entre padres e hijos. Pasamos mucho tiempo alrededor de una mesa, compartiendo alimentos, conversaciones, experiencias, miradas, juegos, risas... o todo lo contrario; estas comidas pueden estar acompañadas de gritos, insultos, silencios, chantajes, amenazas, llantos, angustia... por eso es muy importante que el contexto en el que se da la comida sea agradable para todos los que comparten ese momento. Porque no todo vale con tal de que el niño coma y, de hecho, muchas veces lo menos importante va a ser el alimento que entre por su boca. El momento de la comida debería ser un espacio en el que la familia disfruta y comparte no solo los alimentos, en el que todos están juntos, no por turnos como en el comedor del colegio. Un momento en el que la televisión y otros distractores deberían quedar fuera de la mesa, porque es un momento de reuniros, conectar, compartir, dialogar... y también comer. Compartir un mismo momento y lugar para las comidas facilita además la transmisión de hábitos y valores asociados a la comida, desde qué se come, hasta cómo se come, hábitos de higiene, de alimentación saludable, de comportamiento, de relación entre los miembros de la familia, etc. Y además de la comida, es recomendable poco a poco ir compartiendo con los hijos la compra y preparación de los alimentos, así como poner y recoger la mesa.

¿Y qué hay de malo en que los niños coman antes que los padres? Si coméis por turnos comidas diferentes, perdéis muchas oportunidades de aprendizaje y de conexión con vuestros hijos. Además de esto, respecto a lo de tener la televisión encendida durante las comidas, hay que tener en cuenta que más de la mitad de los anuncios que aparecen en la televisión se relacionan con productos alimenticios, por lo general no muy saludables, dirigidos a los niños; y que según diferentes estudios, por cada hora de televisión se incrementa el riesgo de sobrepeso y obesidad. Es preocupante que en un tema tan serio como este sea la propia industria la que «se autorregula» mediante el código PAOS[3] a la hora de controlar la composición nutricional de los alimentos dirigidos a los niños, su publicidad, los regalitos u otro tipo de reclamos para los niños, ya que los intereses económicos son obvios.

La OMS, Unicef, AAP, AEP y demás sociedades médicas recomiendan comenzar a introducir (aunque suena mejor el término «ofrecer» que introducir) alimentos distintos del pecho a partir de los seis meses de edad y nunca antes de los cuatro. Esto quiere decir que hasta entonces, nada de cacitos de cereales antes de dormir, ni infusiones, ni zumos, ni agua, ni nada por el estilo. Solo leche. Sin embargo, lo habitual es que antes de los 6 o incluso de los 4 meses, la mayoría de los bebés hayan probado alimentos diferentes a la leche materna o artificial. Antes de los 4 meses, esta introducción de alimentos diferentes a la leche puede suponer problemas a nivel inmunitario, gastrointestinal, renal o respiratorio[4].

Al empezar a incorporar nuevos alimentos a la dieta de los niños empiezan a surgir problemas y tensiones con la comida (aunque algunos niños ya tenían la etiqueta de «mal comedores» desde mucho antes, y en otros casos los problemas aparecen al año o año y medio). Una primera confusión viene

3. Conjunto de reglas que guían a las compañías adheridas en el desarrollo, ejecución y difusión de sus mensajes publicitarios dirigidos a menores de hasta 12 años.

4. Basulto, J.: *Se me hace bola: Cuando no comen como queremos que coman.* Debolsillo, Barcelona, 2013.

del propio concepto de «alimentación complementaria». Por «alimentación complementaria» entendemos la alimentación que complementa a la lactancia materna, pero que no es la fuente principal a nivel energético o nutritivo, ya que ese papel sigue estando reservado a la leche materna durante el resto del primer año de vida. Para entender mejor el concepto de «alimentación complementaria», el nutricionista Julio Basulto nos propone la comparación con la ropa y los complementos. Por un lado tenemos los complementos: un collar, un pañuelo, unos pendientes, un bolso, etc., nos pueden ayudar a personalizar nuestra imagen, darle un toque diferente, pero no nos visten, no son fundamentales. Si salimos a la calle un día de invierno con nuestro collar y pendientes favoritos, pero sin ropa, la echaremos de menos por varios motivos. Sin zapatos, pantalones, camisa, chaqueta, abrigo... lo normal es pasar frío en invierno. Además, probablemente nos mire la gente o nos señalen, ya que no es habitual encontrar gente desnuda por la calle. En función de nuestra suerte, igual hasta nos cae alguna multa por escándalo público o alguna cosa por el estilo. Por lo tanto la ropa es fundamental, es la base de nuestra indumentaria y los complementos serían secundarios a esta. En este sentido, la cantidad de alimentos distintos a la leche materna que tomará un bebé de esta edad en realidad no es tan importante (como tampoco es muy grave olvidarnos los pendientes en casa, aunque cuando nos demos cuenta nos pueda dar un poco de rabia), es más importante que disfrutéis todos de la comida, que sea un momento agradable y que el niño tenga la oportunidad de experimentar con diferentes olores, sabores y texturas. Porque hasta el año, la base de la alimentación del bebé debería seguir siendo la leche materna. Es más, podríamos decir que entre los 6 meses y los dos años es más importante que el niño disfrute con la comida y que sus preferencias gustativas se decanten por alimentos saludables que el aporte de nutrientes para su desarrollo que se le proporciona con esta alimentación complementaria[5]. En esta etapa es importante que el niño aprenda muchas cosas en relación con la comida, no solo que reciba su aporte nutricional. En este periodo, se debería estimular la masticación y la deglución, presentar nuevos sabores y texturas, ayudar a desarrollar habilidades motoras y preferencias por alimentos saludables, a expresar sus necesidades, respetar las señales de hambre y saciedad, enseñar formas adecuadas de relación entre los miembros de la familia, etc., o como hemos titulado este capítulo, alimentación es mucho más que nutrición. Si os limitáis a hacer el avioncito con el puré de verduras y pollo, por muchos nutrientes que introduzcáis en el cuerpo de vuestro hijo (en este caso sí sería adecuado el verbo introducir), con el objetivo de que se acabe la cantidad arbitraria de papilla que le habéis puesto en el plato, estaríais perdiendo muchas oportunidades de enseñarle todos estos aspectos relacionados con la comida.

Para incorporar nuevos alimentos a la dieta del niño, la recomendación es hacerlo de forma progresiva y en pequeñas cantidades, intentando respetar intervalos de dos días para cada nuevo alimento para poder observar cómo lo tolera. El orden de presentación de los alimentos no es importante, ya que no hay una base científica sólida para recomendar uno u otro[6], es algo que se puede decidir en función de las preferencias de cada familia. Sin embargo, sí que es importante respetar el tiempo entre diferentes alimentos para poder detectar posibles alergias o intolerancias. Como en otros aspectos de la crianza, las prisas no son buenas compañeras: no debemos tener prisa por incorporar esos nuevos alimentos a la dieta ya que, recordemos, la lactancia sigue siendo el principal aporte

5. Ibíd.

6. Perdomo Giraldi, M., y De Miguel Durán, F. (2011): «Alimentación complementaria en el lactante», *Pediatría Integral, 15,* 344-50.

energético y nutritivo del niño. Si hemos podido esperar 6 meses para comenzar a ofrecerle alimentos distintos a la leche, ¿por qué cuesta tanto respetar estos periodos de tiempo entre los diferentes alimentos?

Como hemos dicho, el orden de presentación de los alimentos no es importante, pero sí que lo es respetar algunas recomendaciones temporales en cuanto a qué alimentos se pueden ofrecer en función de la edad. Aquí tenemos un calendario orientativo elaborado por el departamento de salud de la Generalitat de Cataluña[7]:

	Edad de incorporación y duración aproximada			
Alimentos	**0 - 6 meses**	**6 - 12 meses**	**12 - 24 meses**	**≥ 3 años**
Leche materna				
Leche adaptada (en niños que no toman leche materna)				
Cereales –pan, arroz, pasta, etc.– (con o sin gluten), **frutas, hortalizas[1], legumbres, huevos, carne[2] y pescado[3], aceite de oliva, frutos secos chafados o molidos.** Se pueden ofrecer pequeñas cantidades de yogur y queso tierno a partir de los 9-10 meses.				
Leche entera*, yogur y queso tierno (en más cantidad) *En caso de que el niño no tome leche materna				
Sólidos con riesgo de atragantamiento (frutos secos enteros, palomitas, granos de uva enteros, manzana o zanahoria cruda)				
Alimentos superfluos (azúcares, miel[4], mermeladas, cacao y chocolate, flanes y postres lácteos, galletas, bollería, embutidos y charcutería)	Cuanto más tarde y en menos cantidad mejor (siempre a partir de los 12 meses)			

A estas recomendaciones generales añaden que las acelgas y espinacas se deberían evitar hasta los 12 meses (a partir de esta edad y hasta los 3 años que no supongan más de una

7. Recomendaciones para la alimentación en la primera infancia (de 0 a 3 años). Guía elaborada por la Dirección General de Salud Pública del Departamento de Salud de la Generalitat Catalana. Plan integral de promoción de la salud mediante la actividad física y la alimentación saludable (PAAS). Accesible desde http://salutweb.gencat.cat/web/.content/home/ambits_tematics/per_perfils/centres_educatius/menus_escolars/programa_revisio_programacions_menus_escolars_catalunya_preme/documents/arxius/alimentacion_0_3_es.pdf

ración al día), evitar el consumo de miel en menores de 12 meses, el consumo de pescados con alto contenido en mercurio en menores de 3 años y el consumo de carne de animales cazados con munición de plomo en niños menores de 6 años.

¡Nunca hay que obligar a comer a un niño! (ni a nadie)

Todos hemos estado en algún momento enfermos, con esa sensación de tener el estómago cerrado y no ser capaces de ingerir ningún alimento. Ni siquiera nuestra comida favorita. Es una sensación desagradable, tanto que si alguien nos obligara a comer pasaríamos un muy mal rato, probablemente hasta el punto de llegar a vomitar lo que hubiéramos tomado. Pues bien, vuestro hijo en ocasiones también puede sentirse así, incluso sin estar enfermo. Y obligarle a comer nunca es una buena idea. Si tienes que quedarte con una única idea acerca de la alimentación infantil, que sea la siguiente: nunca, nunca, nunca obliguéis a vuestro hijo a comer. Es una mala idea a nivel psicológico, médico y nutricional. No es posible conseguir ese clima en las comidas si los padres presionan, fuerzan u obligan a sus hijos a comer. Presiones que van desde los «avioncitos» hasta el «come y calla», pasando por el «venga, que ya casi te lo has acabado».

Obligar a un niño a comer es una mala idea por diferentes motivos: uno es que implica que el niño desatienda sus mecanismos de hambre y saciedad para prestar atención a señales externas (si el plato está lleno o vacío, las indicaciones de sus padres, etc.) que no tienen nada que ver con sus necesidades energéticas. Los humanos, como el resto de animales, tenemos unos mecanismos de regulación del apetito que, por lo general, funcionan sin apenas necesidad de señales externas. De este modo, si un niño necesita energía, sentirá hambre y comerá tanto como necesite para apagar esa señal biológica de alarma que le ha llevado a comer. Y, por el contrario, si no tiene hambre, no comerá, porque probablemente no lo necesite. Carlos González lo expresa muy bien en su libro *Mi niño no me come:* «Todos los animales de este mundo comen lo que necesitan. No se encuentra uno, paseando por el campo, bichos muertos porque nadie les dijo que tenían que comer. Cada uno elige, además, la dieta adecuada para su especie; y es tan difícil encontrar a un conejo comiendo carne como a un lobo comiendo hierba».

Si forzamos a un niño a comer, de manera progresiva estaremos haciendo que deje de prestar atención a sus propias señales internas (tengo hambre / no tengo hambre) y que comience a regularse más por factores externos (tengo que comer / no tengo que comer), lo que a largo plazo puede llevarle a tener problemas de sobrepeso u obesidad (y otros derivados de estos). Por este motivo tampoco es recomendable utilizar la comida como premios o castigos.

Si se fuerza al niño a comer, este en principio tratará de impedir esa «sobrealimentación», con una serie de estrategias innatas que tiene para defenderse de esa «agresión», que van desde simplemente decir «no», a apartar la boca, escupir lo que entre en la misma o incluso vomitar lo que accidentalmente haya tragado.

Pero además, si forzamos al niño a comer, podemos hacer que establezca una relación emocional negativa con la comida y el momento de comer, lo cual agravaría el problema de lo poco que come, con lo que también puede ser contraproducente si lo que queremos es que coma. Es más recomendable respetar sus decisiones y fiarnos de sus propias señales de apetito o saciedad: solo hay una persona en el mundo que sabe lo que tiene que comer vuestro hijo, y ese es vuestro propio hijo, porque solo uno mismo puede atender a estas señales.

¿Son necesarias las papillas?

En nuestro medio, es comúnmente aceptado que los bebés primero se alimentan con leche, luego con papillas, y ya más adelante con sólidos. Pero ¿tiene que ser necesariamente así? En realidad, no, hay muchos niños, que no pasan por la fase de las papillas y transitan directamente desde la teta a los alimentos sólidos que ellos mismos cogen y se llevan a la boca. Como hay nombres para todo, esos niños que durante la fase de alimentación complementaria no son alimentados con papillas y avioncitos, sino que son ellos los que «pilotan» la situación decidiendo qué y cuándo llevarse a la boca, se dice que hacen «Baby-led weaning» o más fácil, en castellano, alimentación complementaria dirigida por el bebé. Si introducís en vuestro buscador favorito de Internet estos términos, encontraréis mucha más información al respecto. Los padres que deciden prescindir de las papillas durante la alimentación complementaria de sus hijos deben elegir cuidadosamente qué alimentos poner a su alcance, así como su presentación (cortados en trozos que les faciliten cogerlos directamente y llevárselos a la boca), poniendo especial atención en evitar alimentos que por su consistencia o forma puedan producir atragantamientos. Prescindir de triturados en esta fase tiene varias ventajas, pero a nuestro entender, quizá la más importante es el fomento de la autonomía del niño, así como evitar forzarle a comer cualquier alimento o mayor cantidad de la que necesita.

Pero ¿no se atragantará? Como afirma el pediatra Carlos González: «Se atragantará, seguro. Lo mismo que, cuando empiece a caminar, se caerá. Y se volverá a levantar», distinguiendo lo que es atragantarse (que se quede algo de comida atascada a medio camino hacia el estómago) y ahogarse (cuando la comida se dirige hacia el pulmón, lo cual es más probable con alimentos duros y redondeados como frutos secos, caramelos, etc.). A lo que, añade el nutricionista Julio Basulto[8]: «Si introducimos nosotros la comida en la boca del bebé existen más probabilidades de que se atragante. Sin embargo, si es él quien decide qué y cuánto se lleva a la boca, acabará controlando mejor la masticación y la deglución». En cualquier caso, cuando hay niños en casa, siempre es recomendable realizar algún curso de primeros auxilios.

Entonces, ¿es este el modo correcto de hacer la alimentación complementaria? En realidad no, tan solo es una opción más que quizá es desconocida para algunas familias, aunque cada vez es más frecuente. Esta forma de alimentación también puede suponer alguna complicación para los padres: el niño se va a manchar mucho más (sí, mucho más, no solo un poco más), quizá genera angustia en los padres no controlar aquello que el niño ingiere, y supone al menos un poco de coordinación entre los implicados en la alimentación del niño: no tiene mucho sentido pasar de comer libremente trozos de comida con sus padres, a ser forzado a engullir cucharada tras cucharada de papilla en la guardería o casa de un familiar. Aunque en realidad esto es algo bastante frecuente, ya que no todas las escuelas infantiles o familiares se sienten cómodos con esta forma de alimentación infantil.

En cualquier caso, si decidís que antes de los sólidos preferís ofrecer las papillas durante una temporada, sí que es recomendable no demorar en exceso la incorporación de los sólidos, ya que podría dificultarse el dar el paso a la alimentación normal. El objetivo a lograr sería que, para el momento en el que cumpla el año de edad, su alimentación ya sea lo más parecida posible a la del resto de la familia.

---

8. Basulto, J.: *Se me hace bola: Cuando no comen como queremos que coman.* Debolsillo, Barcelona, 2013.

Los niños comen menos de lo que sus padres esperan

¿No es sospechoso que una cantidad tan importante de padres consideren que sus hijos comen poco? Basta con hacer un rápido sondeo entre los padres de los niños del parque o a la puerta de un colegio o escuela infantil. Si preguntamos, muchos padres dirán que sus hijos comen «poco y mal». Bien, empecemos por la parte de poco: ¿qué es más probable, que sean los niños quienes comen poco, o que sean sus padres quienes nunca están satisfechos con la cantidad de alimento que come su hijo? Muy probablemente sea la segunda opción. Por un lado, tenemos las expectativas desmedidas de los padres acerca de cuánto deberían comer sus hijos, y por otro lado, la enorme variabilidad que existe entre las necesidades energéticas de un niño en diferentes momentos de su desarrollo y en comparación con otros niños. En la siguiente tabla elaborada por Carlos González[9], podemos ver la variabilidad en la necesidad de aporte energético entre niños de diversas edades. Así, vemos como no hay un incremento lineal en la necesidad energética (no siempre necesitan más energía), y que un niño puede necesitar la mitad de energía que otro (y por consiguiente, ingerir la mitad de alimentos que otro) y ser ambos perfectamente normales:

VARIABILIDAD DE LAS NECESIDADES ENERGÉTICAS (DOS DESVIACIONES ESTÁNDAR POR DEBAJO O POR ENCIMA DE LA MEDIA) SEGÚN EDAD Y SEXO, CON LACTANCIA MATERNA (DATOS DE BUTTE, 2000)

	Necesidades de energía (kcal)	
Edad	**Niños**	**Niñas**
3 meses	328-728	341-685
6 meses	491-779	351-819
9 meses	504-924	459-859
12 meses	479-1159	505-1013
18 meses	804-1112	508-1168
24 meses	729-1301	661-1273

9. González, C.: *Un regalo para toda la vida. Guía de la lactancia materna.* Booket, Barcelona, 2012.

Por lo tanto, si los padres de un niño de 12 meses que necesita (e ingiere) alrededor de 500 kcal/día lo comparan con su primo, también de 12 meses, que necesita (e ingiere) 1000 kcal/día, es probable que se sientan frustrados y preocupados por lo poco que les come su hijo. Y si luego cuando es un poco más mayor, lo comparan con lo que él mismo comía algunos meses antes, y ven que ahora come incluso menos, la angustia alimentaria está servida.

«Es que ahora que tiene 16 meses come menos que cuando cumplió el año». Una preocupación bastante generalizada hace referencia a este fenómeno: alrededor del año hay una caída en la cantidad de alimento que come el niño, basta con ver la tabla que antes citamos. ¿Por qué? Hay una menor necesidad energética porque su crecimiento no es tan rápido como durante los primeros meses.

E incluso más adelante, a partir de los 2 años, la comida pasa a ser algo menos importante que en etapas previas, y a situarse en un segundo plano respecto a su desarrollo social y cognitivo. Los niños se mueven más, cada vez son más autónomos y curiosos, y su apetito disminuye al tiempo que se vuelven más selectivos con las comidas[10].

Como hemos visto, no todos los niños tienen el mismo apetito, pero además un mismo niño tampoco tiene el mismo apetito todos los días, por lo que las comparaciones no sirven de nada (más que para angustiaros y para agobiar a vuestro hijo). Como explica Julio Basulto, el Comité de Nutrición de la Academia Americana de Pediatría señala que el apetito de los niños mayores de un año se caracteriza por ser «errático e impredecible». En síntesis: cuando unos padres consideran que su hijo come poco (siempre que su hijo tenga un buen estado de salud general, lo cual afortunadamente es la norma en

10. Hidalgo, M. I., y Güemes, M. (2011): «Nutrición del preescolar, escolar y adolescente», *Pediatría Integral, 15(4)*, 351-368.

nuestro contexto) es muy probable que estén equivocados acerca de la cantidad de alimento que debería tomar su hijo, ya que en realidad son muy poco frecuentes, en nuestro medio, los casos en los que la salud del niño está comprometida por alimentarse insuficientemente. Si con esto no os quedáis tranquilos, podéis consultarlo con el pediatra, quien dispone de herramientas como la antropometría, la historia clínica, la exploración física y su experiencia clínica para valorar el estado nutricional de vuestro hijo. En caso de ser necesario dispone de herramientas adicionales como la valoración de la dieta, la estimación del gasto energético, el estudio de la composición corporal o los análisis y exploraciones complementarias[11]. Si este no considera que esto sea un motivo de preocupación, lo más probable es que el niño esté comiendo lo que necesita, aunque los padres u otros familiares estén de acuerdo en que es poco.

Entonces, ¿qué podemos hacer para evitar obsesionarnos con la cantidad de alimento? Lo primero es lo que estamos intentando transmitir en estas páginas: normalizar. Comprender que la variabilidad en el apetito es enorme en un mismo niño y entre varios niños. Además de esto, una buena estrategia es utilizar platos pequeños y servir en ellos raciones pequeñas de comida; esta es mejor estrategia que servir una montaña de comida, y esperar que el niño se la acabe, al fin y al cabo es normal que necesiten raciones y platos pequeños, si ellos mismos son pequeños. Para empezar, porque si le ponéis una ración de adulto probablemente tal cantidad de comida incluso le intimide y le desaliente. Es preferible que le sirváis poco, y si tiene más hambre, que os pida más comida, pero como hemos visto, nunca le obligaremos a comer más de lo que necesita. Y si tiene la edad suficiente, podéis dejarle

11. Alonso, M., y Redondo, P. (2011): «Valoración del estado nutricional», *Pediatría Integral*, 301-12.

elegir e incluso servirse por sí mismo la cantidad de alimento que considere que necesita comer. Además, recordad que como hemos visto antes, el mensaje de «acábate lo que hay en el plato» no hace sino desplazar la regulación de la saciedad a señales externas, lo que a largo plazo se ha relacionado con mayor riesgo de obesidad.

En principio habría que controlar más la oferta de alimentos que la cantidad. Si esta se compone de alimentos saludables, el niño puede decidir la cantidad que quiere comer, a excepción de los alimentos con elevado aporte de proteínas (como carne, pescado y huevos) de los que sí que habría que limitar la cantidad ya que en nuestro entorno se consumen en exceso y se asocian con un mayor riesgo de obesidad infantil. En este sentido, contrasta fuertemente la cantidad que se suele servir habitualmente a los niños con la cantidad recomenda. Es habitual ver a niños muy pequeños delante de una pechuga de pollo, que puede pesar 150 o 200 gr, cuando la cantidad recomendada entre los 6 y 12 meses sería de unos 20 o 30 gr, y para niños de entre 1 y 3 años, de 40 o 50 gramos[12]. Además, en caso de querer ofrecer este tipo de alimentos en la comida y en la cena, habría que repartir estas cantidades entre las dos comidas. En este ejemplo vemos de manera muy clara como es frecuente que las expectativas de los padres sobreestimen de manera importante las necesidades nutricionales de los niños; la principal preocupación para los nutricionistas no es tanto la cantidad de alimento que toman los niños en sí, sino la gran cantidad de alimentos superfluos como zumos, helados o patatas de bolsa que ingieren.

---

12. Recomendaciones para la alimentación en la primera infancia (de 0 a 3 años). Guía elaborada por la Dirección General de Salud Pública del Departamento de Salud de la Generalitat Catalana. Plan integral de promoción de la salud mediante la actividad física y la alimentación saludable (PAAS).

Es que solo come macarrones

Muchos padres se preocupan, además (o en lugar) de por la cantidad de alimento que toman sus hijos, por la escasa variedad de esos alimentos. Decíamos que los niños comen «poco y mal»; pues bien, esta será la parte de «mal». Es algo frecuente que mientras los niños son pequeños, tengan un repertorio de preferencias alimentarias bastante limitado. Por algo se inventaron los menús infantiles: macarrones, patatas fritas, raciones pequeñas... Incluso niños que en la etapa de incorporación de nuevos alimentos sentían curiosidad y comían de todo, llega un momento en el que empiezan a rechazar todo lo que se salga de sus cuatro platos preferidos. ¿Qué podemos hacer? Para empezar, por si no ha quedado suficientemente claro a estas alturas, nunca hay que forzar al niño a tomar ningún alimento; de hecho, forzarle a comer algo es una vía directa para generar una aversión hacia ese alimento. Sin embargo, aunque no hay que forzar, sí que es una buena idea seguir ofreciendo alternativas variadas aunque pensemos que no se lo va a comer. Puede que las cinco primeras veces no quiera probarlo, pero igual a la sexta se anima. Además, tenemos un par de estrategias que a largo plazo son mucho más beneficiosas: el control de la oferta y el modelo.

Empezaremos por el control de la oferta, porque un concepto clave para los padres en relación con la alimentación infantil es que incluso más importante que lo que se come, es lo que no se come, y ahí sí que podemos hacer mucho. Eso de que «hay que comer de todo» no está nada claro. Hay que tener una dieta variada dentro de una oferta saludable, no comer «de todo», ya que una parte muy importante de productos que nos podemos llevar a la boca y que se venden en los supermercados, no son alimentos necesarios, sino productos superfluos que deberíamos evitar. En este sentido, en el estudio español EnKid se observa que el 96,4% de la población consume diariamente una ración de bollería industrial, pasteles y galletas; el 88,2% consume más de dos raciones al día de aperitivos salados y el 99,4% consumen cantidades altas de golosinas a diario[13]. Por su parte, el estudio ALADINO 2013 señala que el 43% de los niños españoles de 7 y 8 años tienen un peso excesivo (24,6% con sobrepeso y 18,4% con obesidad). Sin embargo, lo que escandaliza a mucha gente (sanitarios incluidos) es que los niños continúen tomando pecho pasados los equis meses.

Quien evita la ocasión evita el peligro, y es responsabilidad de los padres la elección de los alimentos que entran en casa. Si tenemos una nevera y despensa llenas de alimentos saludables, con pocos alimentos procesados, pocos alimentos llenos de grasas saturadas, azúcares añadidos, etc. evitaremos que esas «obsesiones» alimentarias por las que pasan gran parte de los niños, sean con comida superflua (zumos, bollería, refrescos, etc.), que aportan al niño muchas calorías pero pocos nutrientes: no es lo mismo que un niño se obsesione con los macarrones (hidratos de carbono, si son integrales muchísimo mejor) que con las patatas fritas de bolsa, los zumos, galletas, etc. En este sentido hay que destacar la presencia en los supermercados de alimentos supuestamente saludables que en realidad no lo son. En general podemos decir que es recomendable evitar la mayoría de alimentos destinados específicamente a la población infantil, especialmente si la estrategia de *marketing* consiste en utilizar dibujos animados y colores atractivos como reclamo, ya que suelen contener exceso de azúcar, grasas o sal, aunque se acompañen de mensajes de salud del tipo «rico en hierro»[14]. Hay que

13. Hidalgo, M. I., y Güemes, M. (2011): «Nutrición del preescolar, escolar y adolescente», *Pediatría Integral, 15(4)*, 351-368.

14. Basulto, J. (2016): «Alimentos divertidos para niños: casi siempre insanos», *Revista Consumer.* Accesible desde http://www.consumer.es/web/es/alimentacion/aprender_a_comer_bien/2016/03/09/223454.php

recordar que la comida de verdad no suele estar envasada, llevar una tabla de ingredientes o nutrientes, ni necesita de ningún dibujo animado para su publicidad. Cereales integrales (ojo, no esos «para el desayuno», cargadísimos de azúcar, sino pan, pasta o arroz integrales, quinoa, etc.), frutas, hortalizas, legumbres, huevos, carne, pescado, aceite de oliva, lácteos sin azúcar, frutos secos (chafados o molidos), son los principales alimentos que los niños necesitan. Los alimentos superfluos como azúcares, miel, mermeladas, cacao y chocolate, flanes, zumos y postres lácteos azucarados, galletas, bollería, embutidos y charcutería son los que deberían evitarse, o al menos controlar mucho la frecuencia y cantidades consumidas. También hay que evitar al menos hasta los 3 años los alimentos que pueden suponer un riesgo de atragantamiento como los frutos secos enteros, palomitas, granos de uva enteros, zanahoria, manzana, salchichas, etc. Igualmente, no es conveniente dar a los niños carne, pescado o alimentos a base de huevo que estén poco hechos, quesos poco curados elaborados con leche cruda, para evitar problemas derivados de bacterias patógenas[15].

En el apartado de la oferta, los padres controlan los alimentos que se ofrecen, porque son quienes deciden en el supermercado, pero también deciden su presentación y preparación. En este sentido, hay que recordar que en los alimentos para lactantes y niños no se debe añadir sal, azúcar, miel, edulcorantes o salsas, especialmente durante el primer año. Por lo que respecta a las bebidas, hay que evitar las bebidas excitantes, zumos y bebidas carbonatadas. Los principales líquidos que deberían beber los niños son el agua y la leche.

15. Recomendaciones para la alimentación en la primera infancia (de 0 a 3 años). Guía elaborada por la Dirección General de Salud Pública del Departamento de Salud de la Generalitat Catalana. Plan integral de promoción de la salud mediante la actividad física y la alimentación saludable (PAAS).

A este respecto, recordar que no son equivalentes la fruta y el zumo (lo recomendable es la fruta entera), ni la leche y los lácteos azucarados (lo recomendable es la leche).

Pero además de limitar la oferta a alimentos adecuados para su consumo, que los padres actúen como modelo es esencial. De hecho, el doctor Andrew Z. H. Yee y su equipo realizaron una revisión sistemática de la literatura científica en 2017 y concluyeron que «la disponibilidad y el ejemplo de los padres muestran las asociaciones más potentes con el consumo tanto de alimentos saludables como no saludables»[16]. A partir del año, la mayor parte de los bebés pueden comer lo mismo que el resto de la familia, si la familia lleva una dieta saludable, por lo que sería recomendable que además de comer toda la familia al mismo tiempo, también comieran los mismos alimentos. Si es bueno para él o ella, ¿por qué no para nosotros? Es obvio que si le ponemos delante su verdurita al vapor, pero vosotros estáis a su lado tomando una hamburguesa con patatas fritas, kétchup, mayonesa... quizá cuando es muy pequeño cuele, pero según vaya creciendo y se vaya enterando más de lo que pasa a su alrededor, probablemente sienta más curiosidad por probar de vuestro plato, y deje intactas las verduritas. «Es que no toca el plato, solo quiere picar de lo que hay en la mesa». De acuerdo, pues que pique, pero recordemos lo de la oferta: que no haya sobre la mesa nada que el bebé no debiera tomar.

En cualquier caso, cuando os parezca que el niño solo come una variedad muy limitada de alimentos, es bueno recordar que los niños atraviesan muchas etapas, que aunque mientras estamos en medio de una de ellas pueda parecer

---

16. Yee, A. Z.; Lwin, M. O., y Ho, S. S. (2017): «The influence of parental practices on child promotive and preventive food consumption behaviors: a systematic review and meta-analysis», *International Journal of Behavioral Nutrition and Physical Activity, 14(1)*, 47.

eterna, habitualmente son pasajeras y que igual que les da una temporada por «el bocata de queso», les da otra por los macarrones o por el yogur. Igual que pasó la etapa en la que podíais controlar todo lo que comía porque era más pequeño y no rechazaba con tanto ímpetu lo que se le ofrecía, llegarán otras épocas en las que se interese por el sushi o la comida tailandesa. ¡Paciencia!

No aguanta quieto en la mesa

¿Y dónde está escrito que deba hacerlo? Como veremos más detenidamente al hablar del desarrollo del cerebro del niño a estas edades, durante estos primeros años, la regulación de la propia conducta y el autocontrol aún no están totalmente desarrollados, por lo que exigirles estar sentados durante tanto tiempo puede llegar a ser bastante frustrante para todos. Es algo que aprenderá conforme crezca; es muy frecuente ver niños pequeños, merodeando alrededor de la mesa en la que el resto de comensales continúan comiendo. Pero es algo menos frecuente conforme avanza la edad de los niños, lo cual no quiere decir que un niño con 9 o 10 años deba permanecer dos horas sentado en la mesa mientras sus padres y amigos hacen la sobremesa. A esas edades ya tiene capacidad para mantenerse sentado durante el tiempo de la comida, pero no le aporta nada ese tiempo «extra» del que tanto disfrutamos los adultos. Por suerte cada vez es más fácil localizar restaurantes familiares que contemplan esta necesidad de movimiento de los niños y habilitan zonas para que ellos puedan jugar mientras los mayores terminan de comer. Otras veces, compromisos familiares o de otro tipo os harán comer en sitios que no estén tan preparados para los pequeños. En estas ocasiones es recomendable no sentar al niño hasta que la comida esté ya servida y una vez el niño haya comido, permitirle moverse en la medida de lo posible, ya que el tiempo que los mayores solemos emplear en comidas de este tipo, es habitualmente excesivo para que el niño permanezca quieto, sentado, sin ponerse nervioso. Lo que no es nada recomendable, ni en casa ni en el restaurante, es recurrir a móviles, tabletas u otros distractores para «desconectar» al niño y tenerlo tranquilito mientras nosotros comemos. Aunque a corto plazo puede parecer una solución, a medio y largo plazo es un recurso que puede generar más problemas que beneficios. Es mejor compartir con el niño el tiempo de la comida, y si es necesario, renunciar a la sobremesa para acompañarle de paseo por el restaurante. Aunque es una solución más incómoda para los mayores, es mejor para la salud del pequeño y para vuestra relación con él. Lo bueno de estas situaciones es que habitualmente hay varias personas dispuestas a turnarse para estar con el niño mientras los mayores terminan de comer. En ocasiones los adultos disponibles no son tan sensibles a las necesidades de los pequeños (y de sus padres) y será necesario pedir explícitamente el relevo para poder terminar el postre o el café. Paciencia, en realidad son pocos días del año en los que es estrictamente necesario acudir a este tipo de eventos.

Por lo tanto, que necesite moverse durante la comida es algo normal durante gran parte de su desarrollo. De hecho, en general, junto con las recomendaciones sobre alimentación siempre se acompaña la recomendación de hacer ejercicio físico (¡como mínimo una hora al día!), pero como hemos visto, en estas edades, más que promoverlo, es suficiente con no impedirlo, ya que, en caso de poder hacerlo, lo normal es que ellos solitos se muevan más de lo que en ocasiones nos gustaría. En cualquier caso, es importante que toda la familia mantenga un estilo de vida activo.

«Es que tarda una eternidad en comer»

Algunos padres se desesperan ante la lentitud de sus hijos para comer, y parece que es algo bastante extendido a estas edades: algunos niños comen (aparentemente) más lento que los adultos. ¿Por qué? Esto se puede deber a dos motivos: primero, que quizá le estamos pidiendo que coma más de lo que es capaz de comer. La solución la hemos mencionado ya algunas veces: no forzarle. No es que el niño coma lento, es que ese niño ya hace rato que ha acabado de comer y son sus padres los que se empeñan en que coma más de lo que necesita.

Y otro motivo es, simplemente, que los niños tienen otros ritmos; se visten despacio, caminan despacio, recogen los juguetes despacio y también comen despacio. Los niños lo hacen todo más lento, se entretienen mucho por el camino para observar muchas cosas que los adultos hemos aprendido a pasar por alto. Por eso es importante respetar su ritmo, ser pacientes y darles el tiempo que necesitan, en pro del buen clima y el bienestar de toda la familia.

De acuerdo, pero...

Podéis estar muy concienciados de la importancia de la alimentación de vuestros hijos e intentar limitar la cantidad de alimentos superfluos que se llevan a la boca, pero os vais a encontrar con que, frecuentemente, vuestro esfuerzo es en realidad nadar a contracorriente, ya que como hemos visto, la mayoría de niños pasan de una dieta bastante controlada por debajo del año, para poco después recibir toda clase de alimentos superfluos sin apenas control. Puede darse la circunstancia de que amiguitos del parque, o sus padres le ofrezcan a vuestro hijo toda clase de productos que vosotros no escogeríais. Puede ocurrir en la escuela o en casa de los abuelos. Va a ocurrir con toda seguridad en los cumpleaños u otras reuniones familiares y sociales. Tranquilidad. Es normal. No se puede controlar todo. Es cierto que mientras el niño no conoce ciertas cosas (gominolas, dulces, refrescos, snacks) es más fácil restringirlo, pero antes o después lo va a conocer porque este tipo de productos nos invaden. La regla general debería ser el «no ofrecer, no negar». En función de la situación podremos evitar estos productos, o limitar la cantidad de consumo pero, en general, se puede decir que es mejor no prohibir rotundamente su consumo, ya que la prohibición expresa puede incrementar su deseabilidad. Es mejor concentrarnos en la oferta de los productos que hay en casa y en el modelo que nosotros les damos en el día a día. Si se trata de algo excepcional no debería suponer un problema. Si la situación se va a dar con cierta regularidad (escuela, familiares, etc.) se pueden acordar menús alternativos que sean más saludables para todos.

Para saber más...

Basulto, J.: *Se me hace bola: Cuando no comen como queremos que coman.* Debolsillo, Barcelona, 2013.

—, *Mamá come sano. Alimentación saludable en el embarazo y la lactancia.* Debolsillo, Barcelona, 2015.

González, C. (2005). *Mi niño no me come.* Colección.

Recomendaciones para la alimentación en la primera infancia (de 0 a 3 años). Guía elaborada por la Dirección General de Salud Pública del Departamento de Salud de la Generalitat Catalana. Plan integral de promoción de la salud mediante la actividad física y la alimentación saludable (PAAS).

Sobredosis de azúcar. (Sucre, comment l'industrie vous rend accros), de Edouard Perrin y Jean-Baptiste Renaud (2012).

CAPÍTULO 10

Los terribles dos años y las rabietas

«Quiéreme cuando menos lo merezca, porque será cuando más lo necesite».

Doctor Henry Jekyll, personaje de Robert Louis Stevenson

MUCHOS PADRES HEMOS pasado por esta situación en algún momento u otro: todo va bien, estamos tranquilamente con nuestro hijo haciendo la compra, comiendo o dando un paseo. Y, de repente, como si le hubiera alcanzado un rayo, nuestro hijo estalla. Puede haber desencadenado esta respuesta desde el detalle más insignificante (desde nuestra óptica de un adulto, claro está) hasta algo de mayor envergadura. De repente nos vemos en medio de una situación que no sabemos cómo manejar: ahí está nuestro hijo totalmente desbordado, gritando, con la cara roja, probablemente pataleando en el suelo, y nosotros, blancos como la pared, Pensando «¡nooo, ahora nooo... tierra trágame...!» ¡Bienvenidos a «los terribles dos años»!

Alrededor de los dos años (en algunos niños será un poco antes y en otros, un poco después) se dan una serie de cambios a nivel cognitivo, fisiológico y motor que hacen que la estabilidad relativa de la que disfrutábamos se desvanezca como por arte de magia. Hay que tener en cuenta que los «terribles dos años» es un fenómeno normal en nuestro contexto, relacionado con el impulso a la autonomía: los niños tienen que poner a prueba su individualidad, que tienen el control de su mundo y que poseen nuevos y emocionantes «superpoderes». Se sienten motivados a probar sus propias ideas, hacer valer sus preferencias y tomar sus decisiones. Si entendemos que las expresiones de voluntad de nuestros hijos son un esfuerzo sano y normal para buscar su independencia (y no simplemente cabezonería o desafío hacia nosotros) tendremos muchos menos conflictos con ellos, les podremos ayudar a adquirir un mejor autocontrol y contribuiremos a que tengan un mayor sentido de competencia. De hecho, es interesante saber que esto de «los terribles dos años» no es un fenómeno universal, y existen culturas en las que no se produce este incremento en las exigencias de los niños y en su negativismo. Cuando se investigó acerca de los motivos que podrían explicar estas diferencias, se observó que las madres estadounidenses pensaban que sus hijos podían entender las consecuencias de tocar objetos prohibidos desde muy pronto (algunas decían que desde los 7 meses), mientras que las guatemaltecas ubicaban esta comprensión en edades mucho mayores, entre los 2 y los 3 años. Además, las madres estadounidenses consideraban que sus hijos eran capaces de mostrar mal comportamiento de manera intencional y les castigaban por ello, mientras que las de Guatemala no compartían este punto de vista. Otra diferencia entre ambos grupos era el grado de supervisión adulta, mucho mayor en el caso de los niños estadounidenses, así como en el tipo de responsabilidades domésticas, siendo estas más maduras en el caso de los niños de Guatemala[1]. Así, podemos ver cómo las respuestas que observamos en los niños, son en parte una reacción a la forma que tenemos de mirarles los adultos y se relacionan con nuestras suposiciones acerca del porqué de sus actos. Por eso una parte de la solución consiste en cambiar esta mirada.

---

1. Papalia Diane, E.; Sally, W. O., y Feldman, D.: *Desarrollo humano*, 12.ª ed. Mc Graw Hill, Madrid, 2012.

Habría tres grandes cambios a nivel cognitivo que serían los que estarían detrás de esta especie de «primera adolescencia» por la que tantos niños pasan a partir de los dos años: aparece por primera vez el sentido del «yo», comienza el desarrollo de la autonomía y da inicio también la socialización. Veamos estos conceptos con un poco más de detalle:

Aparece el sentido del «yo»

A partir de la información que extraen del mundo que les rodea, y muy especialmente de aquello que se dice acerca de ellos, los bebés empiezan a formar de un modo rudimentario un concepto acerca de sí mismos y de los otros. Poco antes de los dos años (alrededor de los 20 a 24 meses) los bebés empiezan a usar pronombres en primera persona (yo), y entre los 19 y los 30 meses podemos observar cómo comienzan a aplicarse términos, tanto descriptivos («grande», «pequeño») como evaluativos («bueno», «malo», «fuerte»).

Es muy importante que tengamos en cuenta que todos estos términos con los que comienzan a formar su concepto de sí mismos, estarán influidos por las palabras que usan otros para describirles, y que al final, acabarán teniendo un papel importante en el desarrollo de su autoestima. Si a un niño le decimos mucho que es «malo», acabará interiorizando en su visión de sí mismo el ser «malo», e incluso se acabará comportando de forma que encaje en esa etiqueta. Lo mismo si le decimos que es «tonto», «vago», «llorón», etc. Hay que ir con mucho cuidado con las etiquetas que ponemos a los niños, cuantas menos, mejor.

Desarrollo de la autonomía

Entre los 18 meses y los tres años, una vez que el niño ha desarrollado un sentido de confianza básica en el mundo gracias al vínculo que establece con sus cuidadores y empieza a tener un rudimentario concepto de sí mismo. También de manera progresiva comienza a sustituir el juicio de sus cuidadores por el suyo propio, desarrollando sus propios puntos de vista, valoraciones, opiniones, etc., que pueden ser diferentes de los que puedan tener sus cuidadores. Empieza a decidir qué le gusta y qué no, qué es bueno y qué es malo, a tener su propio sentido estético, del orden, etc. Esto lo podemos ver con «curiosas recetas» que a estas edades pueden hacer los pequeños como, por ejemplo (y citamos ejemplos reales de primera mano), el yogur con pimentón, o las lentejas con canela. «A ti puede no gustarte, pero a mí sí», parece que digan con la mirada. Es ahora cuando, quizá, también empiezan a ser autónomos con sus propias ideas respecto al orden de sus juguetes (¡o nuestras propias cosas!) y esas ideas tan particulares sobre el orden o la estética comienzan a ser visibles en nuestro hogar. Todas estas «excentricidades de bebé» son signos de autonomía (decide por sí mismo), aunque cuando muchos padres piensan en autonomía no tienen precisamente este tipo de escenas en la cabeza, sino más bien la de un bebé obediente y tranquilo, que se sabe entretener él solito jugando sin molestar.

Socialización

La socialización es el proceso por el cual los niños interiorizan las normas que existen en la sociedad en la que viven y las hacen propias, convirtiéndose en miembros responsables e integrados en su sociedad. El éxito de la socialización sería cuando los niños ya no obedecen las normas solo para obtener recompensas o evitar castigos externos, sino porque han hecho suyas estas reglas. Conforme avance este proceso de socialización —y de la mano de un progresivo desarrollo del lenguaje—, fenómenos típicos de esta etapa como las rabietas, comienzan a disminuir, porque los niños dejan de guiarse simplemente por las consecuencias de su conducta y comienzan a actuar basándose en sus propias ideas acerca de cómo deben hacerlo: comienzan a autorregularse (a controlar su propia conducta para adaptarse a lo que su entorno espera de ellos). Según Aristóteles, «Cualquiera puede enojarse, eso es algo muy sencillo. Pero enojarse con la persona adecuada, en el grado exacto, en el momento oportuno, con el propósito justo y del modo correcto, eso, ciertamente, no resulta tan sencillo». Poco a poco irán aprendiendo.

Porque, aunque muchas veces no lo parezca, uno de los principales objetivos de los niños es agradar y satisfacer a sus padres: cuando sus padres reaccionan de un modo u otro ante una conducta determinada, los niños absorben esta información acerca de lo que aprueban o no sus padres, y gracias a este proceso de socialización y autorregulación, su fuerte deseo de complacer a sus padres les llevará (progresivamente) a hacer lo que saben que ellos desean, estén o no delante para verlo. Aunque claro, todos tenemos nuestras contradicciones, y este impulso para agradar y adaptarse choca constantemente con el impulso a la autonomía y a hacer valer sus propias y exóticas ideas.

¿Qué pasa en el cerebro en esta etapa?

Todos estos cambios que estamos viendo se producen porque el cerebro del niño está cambiando también a un ritmo vertiginoso. Aunque ahora nos metamos en algunos conceptos un poco técnicos, merece la pena para poder comprender por qué en esta época se producen tantos cambios y los niños suelen mostrarse tan poco razonables en algunos momentos.

La historia de Phineas Gage, un obrero de ferrocarriles que vivía en un pequeño pueblo de Estados Unidos a finales del siglo XIX, nos puede ayudar a entender esto un poco mejor. El 13 de septiembre de 1843 se encontraba dirigiendo un grupo de trabajadores encargados de volar rocas para la construcción de una línea de ferrocarril. Para preparar las detonaciones, tenían que perforar un agujero en la roca, y ahí añadir explosivos, un detonador y arena. Todo eso se compactaba con una barra de hierro para, posteriormente, proceder a la detonación. Justo se encontraba en medio de estas tareas cuando a las 16:30 horas, según cuentan los periódicos de la época, se creó una chispa mientras compactaba la mezcla con su vara de hierro, probablemente porque se le olvidara añadir la arena a la mezcla. Esto produjo una explosión que haría que la barra que sostenía entre sus manos, de un metro de longitud y 3 centímetros de diámetro, saliera disparada a una enorme velocidad y atravesara su cráneo entrando por el lado izquierdo de la cara, pasando por detrás del ojo izquierdo y saliendo por la parte superior de la cabeza.

Sorprendentemente no murió. Se mantuvo consciente en todo momento, e incluso pocos minutos después se encontraba hablando con los médicos que le atendían y los testigos del accidente. «Doctor, aquí tiene mucho trabajo por delante», se cuenta que dijo al médico que se acercó a socorrerlo minutos después del accidente. Semanas después de este fatídico suceso, los médicos consideraron que Gage estaba totalmente recuperado y le dieron el alta.

Se había recuperado, pero solo aparentemente, porque tras el accidente nunca volvió a ser el mismo. Quien hasta aquel día había sido un hombre prudente, responsable, a quien sus compañeros consideraban «el más eficiente y capaz capataz que habían tenido jamás» se volvió irregular, irreverente, blasfemo e impaciente. Era obstinado cuando le llevaban la contraria, pero pese a que continuamente estaba pensando en planes futuros «los abandonaba rápidamente», y era muy bueno a la hora de «encontrar siempre algo que no le convenía». Perdió su trabajo en el ferrocarril y su capacidad para mantener cualquier otro por mucho tiempo: o bien lo dejaba, o bien le despedían, siendo además frecuentes las discusiones con sus compañeros. Obstinado, irreverente, impaciente, irregular, blasfemo en ocasiones... ¿De qué nos pueden sonar esas características?

El caso de Phineas Gage se estudia en todas las universidades. Gracias a él conocemos cuáles son las funciones de la corteza prefrontal del cerebro. Su caso está considerado como una de las primeras pruebas científicas que sugerían que una lesión del lóbulo frontal podía alterar aspectos de la personalidad, la emoción y la interacción social. Antes de este caso (y hasta bastante tiempo después), el córtex prefrontal se consideraba una estructura sin ninguna función ni relación alguna con el comportamiento humano. ¡Qué equivocados estábamos!

Pero como vemos, gracias al caso de Phineas Gage y a muchos otros, el cerebro humano es un órgano de una complejidad absoluta. Cada pequeña área, cada pliegue, giro o circunvolución de la corteza cerebral tiene una función muy específica, y si se lesiona esa área, perdemos ciertas habilidades. Hay diferentes áreas para el lenguaje, para el movimiento, para la visión o para el oído. Y también hay áreas que se encargan de tareas tan avanzadas como el pensamiento complejo, la planificación, la toma de decisiones, etc. El área que se encarga de esas funciones es la corteza prefrontal, y es precisamente el área que quedó dañada tras el accidente de Gage.

Pero volvamos a los niños. Cuando nace un niño, aunque le veamos «muy completito» con sus brazos, sus pies, sus orejas, sus deditos... en realidad no está «terminado de hacer», sus órganos son aún inmaduros y necesitan un tiempo hasta alcanzar su funcionamiento adulto; y entre todos los órganos el que más tiempo va a necesitar para terminar de madurar es su cerebro. Utilizando la misma metáfora que emplea la psicóloga Rosa Jové[2], podríamos decir que su cerebro es como un ordenador recién comprado: está todo nuevo, pero por dentro aún no tiene instalado ningún programa. Estos programas se irán instalando conforme el niño se desarrolle, según sus experiencias diarias.

Pero, además, no todas las áreas del cerebro se desarrollan igual ni al mismo tiempo. Según crece, poco a poco, el niño va desarrollando habilidades más complejas: gatear, caminar, andar, coger objetos, correr... estas nuevas capacidades van de la mano de la maduración e interconexión de las áreas encargadas de su control. Esta maduración incluye diferentes procesos como la mielinización de los axones que comunican las neuronas, el establecimiento de nuevas conexiones, el fortalecimiento de algunas conexiones y la destrucción de otras, etc. Así, las diferentes experiencias que vive el niño le ayudan a dar forma a un cerebro en desarrollo. Durante los 2 o 3 primeros años los cambios son muy rápidos y muy importantes, pero algunas regiones, como la corteza prefrontal, no terminan de madurar hasta bien entrada la veintena, es decir, cuando el pequeño ya es capaz de volar del nido...

Efectivamente, la corteza prefrontal tarda tanto en madurar porque es la encargada de controlar las conductas más complejas como la planificación, la inhibición de conductas, la autorregulación emocional, la atención, las funciones ejecutivas, etc. La misma área que Phineas Gage se lesionó y que vuestro hijo no ha podido desarrollar aún, de ahí lo irritante que puede llegar a ser su conducta en algunas ocasiones. ¡Paciencia! No es un proceso precisamente rápido.

---

2. Jové, R.: *La crianza feliz. Cómo cuidar y entender a tu hijo de 0 a 6 años*. La Esfera de los Libros, Madrid, 2013.

Las rabietas

Si hay conductas que ejemplifiquen a la perfección en qué consiste esa crisis de los dos años, esas conductas serían las rabietas. Las rabietas (pataletas, berrinches, etc.) son la manifestación de la frustración de un niño ante un deseo que no puede cumplir. Son especialmente frecuentes entre los 2 y 4 años de edad (no son extrañas, aunque son menos frecuentes, en edades más avanzadas) y constituyen un fenómeno normal dentro del desarrollo infantil. Como hemos visto, se dan cuando los niños empiezan a buscar su independencia y a poner a prueba las normas que hay a su alrededor. Conforme los niños vayan desarrollando otras habilidades más complejas y tengan más recursos, las rabietas tenderán a disminuir, lo cual suele ocurrir de manera progresiva a partir de los 4 o 5 años de edad.

Pero que las rabietas formen parte del desarrollo normal no implica que no se pueda hacer nada para poder gestionarlas mejor, ya que de una mala gestión de las mismas pueden derivarse complicaciones. Un factor que va a determinar la gestión que hagamos de las rabietas va a ser la interpretación o lectura que hagamos de esta conducta: si las interpretamos como un desafío o un pulso de poder, se generará una situación más difícil de manejar. Nunca deberíamos entender las rabietas como una batalla entre el niño y sus padres, sino más bien como una relación de ayuda entre los padres y su hijo que está sufriendo. Porque sí, un niño con una rabieta está pasándolo mal, y no está bien ignorar a alguien que sufre, tenga la edad que tenga.

¿Por qué se producen las rabietas?

Para poder actuar correctamente cuando se producen las rabietas debemos conocer por qué se producen. Ya hemos visto que el cerebro es un órgano que, a estas edades, aún se encuentra en desarrollo; coloquialmente podríamos decir que las áreas implicadas en el control de la conducta están aún *un poco verdes.*

No todo el cerebro funciona a una, diferentes áreas se encargan de diferentes funciones, y además, en determinados momentos hay ciertas áreas que predominan sobre otras. Para no entrar en demasiados detalles, vamos a simplificar y hablar de «dos mentes», por un lado tendríamos la mente racional y por otro lado estaría la mente emocional. Según Daniel Siegel y Tina Bryson[3], cada una de estas «mentes» tendría unas determinadas áreas cerebrales asociadas que, bajo determinadas circunstancias, pueden dejar de funcionar de manera sincronizada. Para lograr una vida equilibrada sería necesario que estas dos mentes trabajen de manera coordinada, lo que estos autores denominan *integración.*

La corteza cerebral, y más específicamente la corteza prefrontal, sería el área más relacionada con la *mente racional,* mientras que las estructuras subcorticales, en especial la amígdala, serían las que controlarían esa *mente emocional.* Pero lo que sucede es que en los niños más pequeños, especialmente durante los tres primeros años de edad, hay un claro predominio de las áreas emocionales por encima de las racionales.

Así, las zonas inferiores del cerebro son las más relacionadas con la mente emocional. Comprenden estructuras más primitivas, encargadas de funciones básicas como la respiración o el parpadeo, así como de reacciones innatas o impulsivas, o de las emociones. La ira, o las respuestas de lucha o huida ante situaciones desagradables, surgen de ahí. Estas áreas inferiores son las primeras en desarrollarse en los niños[4].

3. Siegel, D. J., y Bryson, T. P.: *El cerebro del niño: 12 estrategias revolucionarias para cultivar la mente en desarrollo de tu hijo.* Alba, Madrid, 2012.

4. Gogtay, N.; Giedd, J. N.; Lusk, L.; Hayashi, K. M.; Greenstein, D.; Vaituzis, A. C., y Rapoport, J. L. (2004): «Dynamic mapping of human cortical development during childhood through early adulthood», *Proceedings of the National Academy of Sciences of the United States of America, 101(21),* 8174-8179.

Por otro lado, el «cerebro superior» estaría más relacionado con esa mente racional de la que hablábamos. Está formada por unas estructuras evolutivamente más avanzadas, en especial, la corteza prefrontal, que como hemos visto es donde residen muchas de las funciones superiores como la toma de decisiones, la planificación, empatía, reflexión, etc.

Como explican Siegel y Bryson, el cerebro funciona mejor cuanto más integradas están esas zonas superiores e inferiores, lo que estos autores denominan *integración vertical*. No obstante, en la educación de los niños, podemos encontrarnos con un pequeño contratiempo: mientras que desde el nacimiento el cerebro inferior se encuentra ya casi desarrollado en su totalidad (y se encarga de pedir alimento, realizar funciones básicas, etc.), el superior como hemos visto, no alcanza su total madurez hasta bien entrada la veintena. De ello se deriva una consecuencia no por obvia menos importante: los hijos no podrán mostrar todas esas aptitudes superiores (como la empatía, planificación, toma de decisiones, etc.) de manera óptima hasta prácticamente su emancipación; de hecho, no es casual que en muchos casos la emancipación se produzca alrededor de esas edades: es justo cuando el cerebro está preparado para funcionar de manera óptima y autónoma. Eso no quiere decir que sean totalmente incapaces hasta tan tarde para planificar o tomar decisiones, pero su capacidad será más limitada cuanto más pequeños sean. Por ello, debemos ser muy comprensivos con ellos cuando aparentemente sin motivo alguno, se dejan caer hacia su lado más visceral, más emocional, y parezcan incapaces de comportarse de un modo racional. De hecho, probablemente sean realmente incapaces de ello. Así, no es razonable que esperemos de ellos un comportamiento racional en todo momento, un perfecto control de sus emociones, una gran habilidad en la toma de decisiones, etc. Al fin y al cabo, a veces tampoco nosotros como padres mostramos estas capacidades, ¿no?

¿Son iguales todas las rabietas?

Según nos muestran Siegel y Bryson, existirían dos tipos de rabietas en función de donde se originen: las rabietas del «cerebro superior» y las rabietas del «cerebro inferior», y es importante poder diferenciarlas ya que el modo de abordarlas será diferente.

Las rabietas de «cerebro superior»

Las rabietas del «cerebro superior» serían las que se producen de un modo instrumental, esto es, cuando el niño decide que la va a liar para conseguir lo que él quiere. Estas rabietas son más frecuentes cuanto mayor es el niño, y es difícil verlas antes de los tres años, porque la zona encargada de generarlas, la corteza prefrontal, aún no está suficientemente formada antes de ese momento. Son rabietas intencionales, que se hacen para lograr un objetivo, y el niño en muchas ocasiones es capaz de detenerla una vez lo ha logrado; en otras ocasiones estas rabietas pueden convertirse en inferiores (ahora hablaremos de ellas) y, pese a haberse iniciado de manera intencional acabar de manera totalmente descontrolada.

Ya que estas rabietas se originan en el cerebro superior, deberían tener también una respuesta de cerebro superior: la firmeza. No ceder ante sus demandas, porque si lo hacemos, sentamos un peligroso precedente enseñándole que ese es un modo válido de conseguir sus objetivos. Por el contrario, debemos enseñarle métodos alternativos de expresar, negociar y lograr sus deseos, así como a canalizar su frustración cuando no es posible lograrlos. Si nos mantenemos firmes ante estas rabietas de «cerebro superior», estas tenderán a disminuir su frecuencia de aparición, dado que al ser intencionales, dejan de emplearlas cuando el niño entiende que no le ayudan a lograr sus objetivos. Pero hay que recordar que la firmeza o el no ceder no implica castigar ni extinguir (ignorar) al niño: lo más sensato es acompañarlo en estos momentos, consolarlo, cuidarlo, transmitirle afecto aunque nos mantengamos firmes en nuestra postura y le demos alternativas. Porque el afecto no tiene por qué estar reñido con la firmeza. No obstante, las estrategias que ahora comentaremos para manejar las rabietas se aplican también en estos casos.

Las rabietas de «cerebro inferior»

Por otro lado tendríamos las rabietas de «cerebro inferior», mucho más frecuentes entre el año y los tres años y, aunque en apariencia puedan ser muy similares a las de cerebro superior, tanto en su origen como en el manejo que van a requerir de nosotros, son diferentes. En estas rabietas, son las zonas inferiores del cerebro, las primitivas, las que han tomado el control; en estas rabietas tiene un papel muy importante la amígdala. Esta estructura es quien maneja la situación, manteniendo casi «bajo secuestro» al cerebro superior. Una persona que se encuentra bajo este *secuestro amigdalino* es prácticamente incapaz de tomar el control sobre su cuerpo y emociones. Cuando un niño se encuentra en este estado lo primero que se debe hacer es lograr una conexión emocional con él. La prioridad es ayudarle a bajar ese nivel de activación emocional; una vez lo hayamos logrado, ya podremos apelar a su cerebro superior o racional, ayudándole a analizar y reflexionar sobre lo ocurrido.

Pero ¿cómo podemos diferenciar las rabietas superiores de las inferiores? Hay dos claves que nos pueden ayudar. Para empezar, la edad. Es difícil que un niño menor de 3 años tenga una rabieta de «cerebro superior», las estructuras necesarias para ejecutar este tipo de rabietas aún no están desarrolladas, por lo que probablemente por debajo de esta edad nos encontremos ante rabietas de cerebro inferior. Otra clave que nos puede ayudar a diferenciarlas es su desarrollo: las de «cerebro superior» suelen cesar inmediatamente cuando se logra el objetivo que la ha originado, o ante la amenaza de perder algún privilegio valioso. Las de «cerebro inferior» son insensibles a este tipo de consecuencias, no atienden a razones ya que las estructuras encargadas de ello en ese momento no funcionan porque se encuentran «secuestradas» por el «cerebro inferior». No obstante, como decíamos antes, debemos tener en cuenta que una rabieta que originalmente es de «cerebro superior», puede acabar descontrolándose y acabar siendo de «cerebro inferior».

¿Cómo manejar las rabietas?

Ya hemos aprendido que las rabietas no se dan porque el niño sea un malcriado o porque los padres no sepan imponer su autoridad, sino que se dan, simplemente, porque forman parte de su desarrollo. Podemos gestionarlas de un modo más consciente y respetuoso con sus necesidades sin por ello dejar de ser firmes en las situaciones que lo requieren. ¿Qué podemos hacer? Primero vamos a ver algunas estrategias de prevención que pueden evitar el inicio de una rabieta, y después analizaremos cómo podemos actuar una vez ésta ya ha arrancado. Vamos a ello.

¿Qué podemos hacer *antes* de la rabieta? Estrategias de prevención

Las rabietas van a producirse, son casi inevitables, pero poniendo un poco de atención podremos lograr, al menos, disminuir la frecuencia con la que aparecen. Comprender y empatizar con nuestro hijo es imprescindible, porque va a marcar nuestra actitud de partida, pero además es recomendable tratar de satisfacer sus necesidades, no solo las más evidentes y básicas. Poder anticiparnos a determinadas situaciones, y hacer que nuestro hijo también las anticipe, nos ahorrará del mismo modo algún que otro disgusto. Veamos con más detalle estas ideas.

Comprender y empatizar

Puede parecer algo muy general y poco concreto, pero de hecho es la idea más importante de todas. Por eso hemos empezado explicando cuál es el desarrollo y funcionamiento del cerebro de un niño a estas edades: para poder saber qué podemos pedir y qué no, qué es normal y qué es extraordinario. Porque lo que es normal no se cura.

Como hemos dicho, las rabietas son un fenómeno normal, y como tal debemos gestionarlas. Si comprendemos que son un fenómeno evolutivo que con el tiempo se soluciona, la actitud que tendremos hacia ellas será más positiva que si pensamos que es una enfermedad o desviación que requiere de «mano dura para que el niño no se malcríe».

Todos hemos visto los manuales de instrucciones de los aparatos electrónicos. En la mayoría hay un apartado que se llama «solución de problemas frecuentes». En él, ante determinados problemas que puedan surgir (como «no se enciende la pantalla»), se nos ofrecen soluciones como «¿ha comprobado que tiene pilas?», «Quizá ha olvidado presionar el botón *on/off*», etc. El objetivo de este apartado es evitar que lleves tu nuevo dispositivo al servicio técnico, o que lo devuelvas pensando que está averiado cuando no lo está. Si vuestro hijo viniera con el famoso «manual de instrucciones», probablemente en el apartado de preguntas frecuentes ante problemas como «mi hijo tiene rabietas» diría algo así como: «¿Ha comprobado que la edad de su hijo sea superior a los 6 años?», «Por favor, asegúrese que existe una correcta mielinización del córtex frontal antes de solicitar esas funciones», «Por favor, revise el apartado 1 (Qué es un niño) antes de proseguir».

Satisfacer las necesidades básicas
Con necesidades básicas no solo nos referimos a salud, alimento o sueño. Hablamos, por ejemplo, de lo que señala el artículo 31 de la Convención Sobre los Derechos del niño: «El niño tiene derecho al esparcimiento, al juego y a participar en las actividades artísticas y culturales». Aunque no todos los niños son iguales (los hay más y menos activos), la mayoría necesitan moverse bastante. No forma parte de nuestra naturaleza tener que pasar muchas horas al día sentados prácticamente en la misma posición. Y si eso es algo que a muchos adultos ya nos cuesta, a los niños más todavía. Por eso debemos facilitarles en la medida de lo posible que puedan desfogarse y moverse tanto como necesiten, y si es en situaciones de juego libre, mucho mejor.

Además, los niños también necesitan cierta seguridad, y el no ser capaces de comprender cómo se estructura el día les genera mucha ansiedad. Muchos niños se benefician de unas rutinas que les ayuden a comprender en qué momento se encuentran, qué va a suceder después, qué es razonable esperar y qué no. Esto les da una seguridad que podrá evitar alguna que otra rabieta.

Normas y límites
Hay personas que tienen una visión muy negativa de los límites y las normas, que llegan a asociarlos con un tipo de educación punitiva y autoritaria. Si bien es verdad que las normas excesivas y los límites arbitrarios tienen un valor educativo bastante cuestionable, también es cierto que los niños no pueden evitar vivir en un mundo lleno de límites y normas. De hecho, la mayoría de límites y normas que tienen los niños no se los ponen sus padres, sino que ya estaban ahí, forman parte del mundo en el que viven. Por un lado están los límites naturales (si al niño le da por comerse dos cajas de ciruelas, aprenderá

que ahí había un límite que es mejor respetar) y por otro lado tenemos las normas implícitas, normas que todos conocemos y respetamos aunque no estén escritas en ningún lugar («no es correcto hacer comentarios sobre los kilos de más de otras personas gritando y señalándoles con el dedo»).

Más allá de estos límites naturales y normas implícitas, están aquellos que cada familia decide establecer porque son importantes de acuerdo con sus valores. Con este tipo de límites es importante «elegir las batallas», ya que vivir en una casa en la que todo está regulado por normas puede hacer que el ambiente que haya sea irrespirable, y que el niño no sepa ni a qué atender. Por ello, puede ser útil tener unas pocas normas y límites muy claros respecto a las cosas que para nosotros sean importantes. Si nos mantenemos firmes, ayudaremos a los niños a saber qué cosas son negociables y cuáles no. Respecto a las normas, tener por ejemplo unos horarios más o menos estables (sin perder la cabeza) les ayuda a comprender en qué momentos es más adecuada (y esperable) una actividad u otra. No obstante, hablaremos con más detenimiento sobre las normas y límites en el próximo capítulo.

Evitación de situaciones y contextos potencialmente conflictivos
Ser conscientes de que determinadas conductas, lugares o actividades incrementan la frecuencia de que vuestro hijo muestre una rabieta ayuda a poder evitar estas situaciones y con ellas las rabietas. Ya lo dice la cultura popular, «más vale prevenir que curar» o «evita la ocasión y evitarás el peligro». Por ejemplo, si al llevar al niño a la guardería siempre pasamos por un parque, y esto hace que el pequeño quiera bajar del carro y jugar, con el consiguiente retraso y rabieta al impedírselo, lo más sencillo sería cambiar el camino para evitar conflictos en ese punto. A veces la solución a un problema puede ser bastante sencilla, pero simplemente, por el motivo que sea, en

ese momento, no la vemos. Ese era el caso, por ejemplo, de Laura y Carlos, que acudieron a consulta para tratar de solucionar los problemas que tenían con su hija Carmen. Uno de los problemas que más malestar les estaba causando eran las rutinas matutinas. Todos los días llegaban tarde para coger el autobús que llevaba a Carmen al colegio. «Cuando no se retrasa vistiéndose, es con el desayuno, y si no, se tira media hora viendo los dibujos. Es imposible salir de casa con ella a la hora que toca». Hubo una pregunta en la primera cita que les hizo guardar un largo silencio: «¿Habéis probado a despertarla media hora antes?». Al cabo de dos semanas volvieron a la consulta. Solo habían llegado tarde al autobús un día. A partir de ahí no se solucionaron todos sus problemas, seguimos trabajando en otros aspectos más complejos de la conducta de Carmen, pero al menos los días ya no comienzan con tan mal ambiente. A veces todo se soluciona tomándonos las cosas con un poco más de tiempo y con un poco (o bastante) más de calma. A veces consiste solo en dejarles 5 minutos de margen para que terminen de hacer lo que sea que para ellos es tan importante, aunque a veces a los mayores esos 5 minutos nos dé la sensación de ser eternos.

¿Qué podemos hacer *durante* la rabieta? Estrategias de manejo

Conectar y redirigir

Cuando los niños se sienten desbordados emocionalmente, por ejemplo, en una rabieta, la mente emocional ha «secuestrado» a la racional, con lo que son incapaces de mostrar las funciones cerebrales más avanzadas que implican la participación de la corteza y el lenguaje. Es frecuente que en estas ocasiones nuestro primer impulso sea tratar de ayudarles razonando con ellos, porque puede parecernos que es lo que necesitan cuando se están comportando de ese modo «tan poco razonable». Pero no, en realidad lo que necesitan es todo lo contrario.

Cuando las que conducen la situación son, como hemos visto, las estructuras cerebrales inferiores que controlan las emociones, los niños no tienen la capacidad para ser receptivos a mensajes que vayan a su «cerebro racional», por lo que debemos tratar de conectar emocionalmente con ellos: mediante la empatía, la contención emocional, mensajes calmados, etc. Esta es la estrategia que Siegel y Bryson denominan «conectar y redirigir». Una vez hemos logrado la conexión emocional, va a comenzar a disminuir esa activación amigdalina, con lo que van a estar más receptivos a los mensajes destinados a su corteza frontal. Es el momento de redirigir: racionalizar, solucionar problemas y planificar. Porque cuando un niño está así de alterado, la lógica o la razón no suele ser efectiva hasta que hayamos atendido sus necesidades emocionales. Lo primero es sintonizar con su estado emocional para más tarde, cuando esté más tranquilo, poder hablar tranquilamente de lo ocurrido.

Todo esto no quiere decir que debamos dejarnos llevar por la permisividad o la ausencia de los límites más lógicos: las reglas relativas al respeto hacia los demás, las agresiones, etc., no pueden obviarse por mucho que predomine la mente emocional sobre la racional. Será necesario interrumpir esa conducta, apartar al niño de la situación, para luego ya conectar y redirigir.

¿Cómo podemos conectar y redirigir con nuestro hijo?

1. Bajar a su nivel, hablarle con calma, mirándole a los ojos, intentando que nos mire mientras le hablamos. Esto es importante siempre que nos comunicamos con un niño, pero cuando estamos en una situación como esta, mucho más importante todavía. Nunca debemos emplear el chantaje emocional: «Si te portas así, papá no te querrá», «Te voy a dejar ahí solo». Bastante tiene el pobre con el disgusto que tiene como para que encima le estemos hablando de este

modo. Deberíamos transmitirle que nuestro afecto hacia él o ella es independiente de la conducta que en ese momento está mostrando: porque es que es así, nuestro amor no depende de cómo se comporte.

2. Transmitir afecto y contención emocional. No es extraño que en este momento rechace el contacto físico o que no quiera saber nada de nosotros. Si es así, debemos respetarlo y no tomarlo como un ataque, entenderemos que simplemente está ofuscado y esperaremos (manteniéndonos siempre dentro de su alcance visual). Pero si acepta el contacto físico, es una ocasión idónea para que le demos un abrazo, le besemos o le cojamos para demostrarle que estamos ahí, que no nos vamos a ir de su lado, y que comprendemos su malestar. El objetivo es que no se sienta rechazado a causa de su conducta.
3. Evitaremos los sermones o las grandes explicaciones, especialmente en la fase más explosiva de la rabieta (predominio del cerebro emocional). Los mensajes, cuanto más breves y sencillos, mejor: «cariño, lo siento, ahora eso no puede ser».
4. Redirigir. Una vez la pataleta ha acabado, y en función de la edad del niño, podemos hablar con él acerca de lo ocurrido, pero nunca durante la misma. Le haremos ver qué es lo que ha sucedido, los límites que estaban presentes en esa situación y que no podíamos saltar, y hablaremos de alternativas para futuras ocasiones.

A veces se puede ceder

«¿Que quieres la camiseta roja en vez de la verde? Vale, ponte la roja, no pasa nada». No todo es tan importante. De hecho, nuestro Código Civil contempla que «si los hijos tuvieren suficiente madurez, deberán ser oídos siempre antes de tomar decisiones que les afecten». Si las posibles consecuencias de dejarles elegir no van más allá de un atentado al buen gusto, podemos evitar alguna rabieta permitiéndoles un cierto grado de control en algunos aspectos de su vida. Así, no debemos ver como un pulso o una batalla cada deseo que muestra nuestro hijo. Pero habría que tener en cuenta que esa cesión nunca debería ser en medio de la rabieta con el objetivo de que esta finalice. Aquí, con «ceder», nos referimos a que, en el mismo momento en el que nuestro hijo nos comunica qué es lo que quiere, nosotros hacemos una rápida valoración y decidimos si se lo concedemos o no. Y una vez hayamos tomado esa decisión es mejor mantenerse firmes. Porque decir «no» para luego, en medio de la rabieta, acabar cediendo, no hace más que incrementar la probabilidad de que el niño (sobre todo, cuanto mayor sea) instrumentalice esa conducta. Además, hay que tener presente que cuando cedemos estamos sentando precedente, por lo tanto, si no es algo que vayamos a estar dispuestos a hacer o conceder en otras ocasiones, es más recomendable negarnos desde el principio y mantenernos firmes.

Negociar alternativas

Como ya hemos dicho, la firmeza no debería estar reñida con el afecto, y es que a veces no podemos o no queremos ceder. Hablamos de situaciones en las que darle al niño aquello que quiere no es la mejor opción: por ejemplo, no podemos quedarnos indefinidamente en el parque, no podemos dejarle cruzar la calle por cualquier lado, no puede llevarse lo que quiera del supermercado, ni ir en el coche fuera de su sillita. Aquí no queremos (ni debemos) ceder, pero sí podemos tratar de negociar con nuestro hijo una alternativa: «ya sé que quieres esto, pero no puede ser. Si quieres, podemos...».

Modelado o aprendizaje vicario

La mayor parte de la conducta humana se aprende mediante la observación de modelos, y para los niños sus padres son el principal modelo. Por eso es importante que nuestra conducta, tanto durante el episodio de la rabieta como en otras situaciones, sea un ejemplo para nuestros hijos: no elevando la voz, no tratando de imponernos mediante la fuerza, siendo razonables, cediendo y pidiendo perdón cuando es necesario, reconociendo nuestros errores, etc. Como dice una famosa cita de la madre Teresa de Calcuta, «no te preocupes si tu hijo no te escucha, te observa todos los días».

Pues el hijo del vecino no la lía como el mío...

Llegados a este punto, es probable que muchos os estéis preguntando: «De acuerdo, todo esto está muy bien, pero ¿entonces, no puedo hacer "nada" para evitar las rabietas?», «Pues el hijo de mi vecino tiene 3 años y no monta los líos que monta mi hijo». Esto puede suceder por diferentes motivos. Por un lado, el hijo del vecino, el sobrinito, el amiguito del parque... suelen salir ganando en la comparación por un motivo muy simple: no estamos tanto tiempo observándoles como a nuestro propio hijo. De hecho, probablemente para los padres de estos hijos modélicos, sea el nuestro el que sale ganando en la comparación porque no monta los follones que monta el suyo. Por otra parte, además del tiempo total de observación, hay que tener en cuenta que los niños no se comportan igual en todas las situaciones ni con todas las personas (al igual que los adultos). Efectivamente, nos la lían más a nosotros, que para algo somos sus padres. Nos la lían más en el supermercado o por la noche en casa, antes de ir al cole cuando vamos con prisa al trabajo... esas situaciones que todos conocemos. Pero claro, en un contexto extraño, en el que no sabemos qué terreno pisamos, todos somos más prudentes. Igual que los mayores no se la liamos a una persona con la que no tenemos mucha confianza, pero luego le montamos la escenita a nuestra pareja o a nuestros hijos. Ellos también nos reservan ese «privilegio» a nosotros. Es decir, se la lían al que más confianza le tienen. Por eso no es extraño que un mismo niño se comporte modélicamente en la guarde o con su cuidadora, con los abuelos, en el dentista... pero luego nos la líe en casa. «¿De qué te quejas? con lo bien que se porta, y el caso que hace...». De hecho, esto suele ocurrir con las madres, que se desesperan viendo como todo es más difícil con ellas, mientras que con el padre suele ser todo más fácil. En relación con este fenómeno hay un estudio que se encargó de demostrar lo que muchos habían observado y, efectivamente, pudieron determinar que los niños se comportan peor cuando están con sus madres. El único pero de este estudio, es que nunca se hizo. En realidad era solo un artículo satírico en forma de noticia falsa de la web *Mom News Daily*. Pero como la realidad está ahí, gran cantidad de medios relacionados con la paternidad dieron la noticia por buena y se compartió de forma masiva, ya que lo que decía sonaba muy verosímil.

Algunos padres toman esto como prueba evidente de que ellos hacen las cosas bien y es la madre quien estaría haciéndolo todo mal, lo que puede llegar a generar conflictos en la pareja. Con el paso del tiempo, si el padre pasa el suficiente tiempo con los hijos, la situación se equilibra un poco, y se la empiezan a liar más a los dos por igual.

Por otra parte, tenemos las diferencias en temperamento. Los padres de más de un hijo pueden observar de primera mano que, a pesar de tratar de educar de una forma similar a dos hermanos, estos son personas diferentes y las diferencias pueden observarse, probablemente desde los primeros días de vida. Así que, efectivamente, puede que nos haya tocado un hijo más movido, intenso, insistente, con las ideas claras... o como lo queramos decir. Lo cual no tiene por qué ser algo necesariamente negativo. Simplemente, es así.

Y por la parte de los padres, efectivamente las estrategias que aquí hemos comentado no son las únicas estrategias que se pueden emplear. Existe otro conjunto de estrategias que también funcionan, y probablemente más rápidamente que las que aquí se han expuesto. Tal vez esa otra familia esté empleando otras técnicas que aunque pueden resultar efectivas para que el niño «se comporte», pueden no estar transmitiendo lo que queremos transmitir a nuestros hijos. Efectivamente, recursos como la extinción (ignorar la conducta o directamente ignorar al niño), castigos (incluso físicos), gritos, amenazas, humillaciones, etc., pueden ser formas de cortar por lo sano con los problemas de mala conducta, pero no consiguen que el niño interiorice los valores que le queremos transmitir, ni que se autorregule, sino que más bien, lo que hacen es que el niño inhiba su conducta movido por el miedo a las reacciones de sus padres o cuidadores. Efectivamente, las estructuras subcorticales que controlan las respuestas emocionales como el miedo, están bien desarrolladas y no es necesario esperar años para que funcionen correctamente. Aunque a golpe de vista, pueda parecer que el resultado es deseable (la buena conducta), los efectos a medio y largo plazo, o incluso los efectos actuales, pero no observables en la conducta del niño, pueden no ser los deseables (sobre esto hablaremos con más detalle en el capítulo sobre premios y castigos).

Efectivamente, las estrategias que proponemos en este capítulo, como en los demás, no son el camino más rápido o el más fácil. Aquí os hemos mostrado el otro camino. El camino de la empatía, de la comprensión, del respeto por el ritmo y el desarrollo de vuestro hijo. Os hemos contado qué podéis hacer para evitar que sufra y para acompañarle emocionalmente en estas situaciones, y también lo que podéis hacer para evitar que estas situaciones se den con tanta frecuencia o con tanta intensidad. Pero seguro que volverán a darse, al igual que un bebé volverá a manchar el pañal. Pero si abordamos de un modo respetuoso estas situaciones, estaremos construyendo unos cimientos sólidos tanto para él como persona, como para nuestra relación, lo que tendrá consecuencias a largo plazo. Mejor basar estos cimientos en el cariño y el respeto y no en el miedo.

Para saber más...

Bilbao, Á.: *El cerebro del niño explicado a los padres*. Plataforma, Barcelona, 2015.

Jové, R.: *Ni rabietas ni conflictos*. Madrid, La Esfera de los Libros, 2011.

Revill, B.: *La vida secreta de los bebés*. Documental de la BBC, 2014.

Siegel, D. J., y Bryson, T. P.: *El cerebro del niño: 12 estrategias revolucionarias para cultivar la mente en desarrollo de tu hijo*. Alba, Madrid, 2012.

CAPÍTULO 11

Límites, normas y estilos parentales

«Si los límites no son realmente necesarios y se erigen únicamente para obtener determinados resultados o para inculcar obediencia a un niño, dejan de ser límites verdaderos».
Rebeca Wild

LLEGAMOS A UN capítulo peliagudo, con el que algunos estaréis muy de acuerdo, y otros no tanto. Porque hablar sobre autoridad y límites, sin duda, despierta pasiones: para algunos padres con visiones más clásicas o tradicionales de la crianza, los límites y la autoridad son medios necesarios para una correcta educación de los hijos: «no puede crecer sin límites, debe aprender a tolerar la frustración y saber que no se puede conseguir siempre todo lo que uno quiere». Por otro lado, hay padres con una mentalidad más progresista que ven los límites y la autoridad sobre los hijos como estrategias de coacción y manipulación, que limitan la libertad de sus hijos: «Yo no quiero limitar a mi hijo, quiero que sea verdaderamente libre y que pueda desarrollarse en todo su potencial». Partimos de la base que todos los padres queremos lo mejor para nuestros hijos, pero como todo en la vida, hay diferentes maneras de abordarlo. Para algunos, enseñarles desde bien pequeños a tolerar la frustración y saber encajar las dificultades, es el mejor modo de prepararles para ser adultos exitosos, que sepan desenvolverse en un mundo cada vez más complicado. Para otros, evitar a sus hijos innecesarias complicaciones y proporcionarles todo aquello que ellos no pudieron lograr, es la mejor forma de sentar las bases de un futuro mejor. Pero ¿quién está en lo cierto? Si nos vamos a los extremos, como estamos haciendo en estos ejemplos, probablemente nadie.

Por ejemplo, el conocido pediatra Carlos González afirma en su libro *Bésame mucho:* «¿Debemos entonces dar a nuestros hijos todo lo que pidan? Por supuesto que no. Pero no porque eso les malcriaría, sino simplemente porque es imposible. No existen los niños sin límites. Factores físicos que ni el niño ni sus padres pueden modificar ya imponen unos límites considerables». Un poco más adelante, aclara su postura al señalar «no estoy defendiendo que no pongamos límites a nuestros hijos, por la sencilla razón de que eso es imposible. Lo que pido es que no les pongamos límites artificiales y artificiosos». También nos gusta la manera de plantear los límites del neuropsicólogo Álvaro Bilbao cuando dice «Ayudar al niño a conocer y respetar los límites es una de las tareas más importantes que puede tener cualquier padre de cara a favorecer el desarrollo intelectual y emocional de sus hijos. No te sientas culpable por poner límites. Los límites están presentes desde el nacimiento y forman parte de la vida de cualquier persona. Intenta poner los límites antes de que se produzca la conducta, o por lo menos, antes de que se convierta en un hábito. Pon los límites con la misma firmeza, calma y cariño con la que les das un beso a tus hijos. Les estarás ayudando a desarrollar una parte de su cerebro que, [...] les ayudará a conseguir sus metas y a ser felices».

A nosotros nos gusta especialmente la visión de los límites que defiende Rebeca Wild en *Libertad y límites. Amor y respeto.* Rebeca Wild fue una pedagoga alemana que, junto a su marido, fundó el Centro Experimental Pestalozzi, «el Pesta», una escuela libre en Ecuador que funcionó entre 1977 y 2005. Rebeca Wild se aleja de esa visión de los límites como una medida de coacción para hacer o dejar de hacer determinadas cosas, o de los límites como medida última de seguridad. Ella entiende los límites como algo positivo, como algo que da seguridad, protege y ayuda a mantener el mejor clima posible para todos, padres e hijos. Para Wild, los límites marcarían la diferencia entre aquellas zonas que son seguras, que permiten la exploración y el desarrollo de la libertad, de aquellas otras zonas menos seguras, desconocidas y que requieren de un control constante para evitar peligros y consecuencias negativas.

Desde esta postura, entendiendo los límites como algo necesario, y que aportan seguridad, se enfatiza mucho la importancia de contar con un entorno seguro en el que el niño se pueda desarrollar con libertad. Si el entorno en el que se desarrolla el niño no es seguro o no está adaptado a sus necesidades y limitaciones, nos veremos obligados muchas más veces de las que nos gustaría, a estar imponiendo límites que simplemente buscan evitar el daño: cuidado con el enchufe, no te acerques a esa ventana, no te lleves eso a la boca, no subas ahí, eso no lo toques, cuidado que se rompe, etc.

Pero, como decíamos, en ocasiones parece existir una especie de complejo a la hora de hablar de los límites, quizá por miedo a caer del lado del autoritarismo o parecer que las necesidades emocionales de los niños han pasado a un plano secundario. Por esto, muchas veces se acaban haciendo verdaderas acrobacias terminológicas para evitar describir como límites cosas que, en lenguaje claro y llano, lo son, como por ejemplo, el respeto a otras personas, o realizar conductas que puedan poner en riesgo la salud y seguridad propia o de los otros. Este quizá sería el caso de la psicóloga Rosa Jové, cuando afirma que «cualquier límite es un obstáculo para una crianza feliz» [1], o que, «la palabra *límite* es una coacción a la libertad [...]. Verán cómo se puede

1. Jové, R.: *La crianza feliz. Cómo cuidar y entender a tu hijo de 0 a 6 años.* La Esfera de los Libros, Madrid, 2013.

educar sin poner límites». Sin embargo, como hemos comentado, aunque no le guste la palabra límite, lo que luego propone no se aleja tanto de lo que en verdad podemos entender como límites.

La cuestión es que, lo pintemos como lo pintemos, los límites están ahí, forman parte de la vida, y por mucho que nos empeñáramos en ello, seríamos incapaces de evitárselos a nuestros hijos. Vivir lleva de la mano, necesariamente, estar limitados. Pero hay muchos tipos diferentes de límites, y muchas formas de mostrárselos a los niños. No todos los límites son igualmente importantes, ni todas las formas de aplicarlos son válidas.

Límites, ¿qué límites?

Vamos a ver cómo hay límites que establecen los padres y límites que no; límites que son innegociables y otros que no tanto. Porque cuando hablamos de límites no podemos simplificar tanto como todo o nada, límites sí o límites no. Veamos.

Los límites naturales

La mayor parte de los límites que experimentan los más pequeños no son los que les ponen sus padres, sino los que simplemente están ahí, que forman parte de la vida o de su propio desarrollo. Pensemos en un bebé de cinco meses, que lleva buena parte de la tarde viendo una pelotita con la que juega su hermano. Está a pocos centímetros de él, pero son los justos para que le resulte imposible alcanzarla por sí mismo. Y eso le frustra. Dentro de unos meses no dudará en darle un manotazo a su pobre hermano y cogerla para él solo, pero hoy por hoy, su propio desarrollo le está imponiendo un límite.

Pero ahora pensemos en su hermano, que tiene tres años, y distraídamente está jugando con la pelota. Esa misma mañana se ha cogido un berrinche tremendo en el parque, porque su amigo ha estrenado una nueva bicicleta ¡sin ruedines! Él lo ha intentado, pero cada vez que ha tratado de alcanzar los pedales, se ha caído al suelo. Al igual que su hermano, también ha experimentado un límite impuesto por su propio desarrollo.

Pero no solo es el desarrollo el que impone sus límites, la propia naturaleza también lo hace constantemente: un día, saliendo del parque, uno de nuestros hijos que por aquel entonces tendría unos dos años y medio, cogió un gran disgusto porque pidió al «sol solet, vine a vore'm, vine a vore'm»[2], y el desconsiderado sol se negó a salir de nuevo a las siete de la tarde. No está en nuestras manos decidir si el sol sale o deja de salir, tan solo somos los encargados de dar la mala noticia.

Y así podríamos enumerar ejemplos infinitos. No necesitamos generar situaciones para mostrar a los niños que no puede ser todo lo que ellos quieran, ¡constantemente lo están comprobando!

Las normas implícitas

Imaginemos que llega a nuestra empresa un nuevo compañero de trabajo. Probablemente en el primer café que tomemos con él o ella le expliquemos algunas cosas que debe tener en cuenta, como por ejemplo: «fulanito es hermano del jefe, cuidado con lo que le dices; ten cuidado con la hora de llegar que son muy estrictos, sin embargo la hora de comer es más flexible», etc. No somos nosotros los que hemos puesto esas normas o condiciones, probablemente no estén ni siquiera escritas, pero como queremos echarle un cable al recién llegado para que no tenga ningún contratiempo se las transmitiremos lo antes posible.

2. Canción tradicional en valenciano que dice «Sol, solecito, ven a verme, ven a verme».

Nuestro mundo está lleno de normas y límites. A veces no somos muy conscientes de ellos, pero están ahí, la inmensa mayoría no están siquiera escritos o especificados en ningún sitio. ¿Alguna vez habéis ido a una entrevista de trabajo en bañador? Probablemente en la oferta de trabajo no constara por ningún lado una frase del tipo «Por favor, absténganse los candidatos de acudir a la entrevista en ropa de baño», pero es un pequeño detalle que todos los candidatos conocen, respetan y cumplen. Porque tienen experiencia previa en diversas situaciones sociales que les da la competencia necesaria para hacer frente a nuevas situaciones del modo más adaptado posible. Aunque no seamos conscientes de ello, llevamos acumuladas varias décadas de experiencia en este tipo de situaciones, con miles y miles de modelos distintos de conducta que nos muestran qué es lo apropiado y qué no, en función de diversos factores. Pero los niños son unos recién llegados que desconocen la mayoría de estas normas y límites. Serán sus padres los encargados de ayudarles a comprender el mundo en el que viven y tomar las mejores decisiones posibles.

Una de las principales metas del desarrollo es la socialización, que implica pasar a ser un miembro adaptado a la sociedad a la que perteneces, y esto básicamente consiste en la internalización de las normas: el proceso mediante el cual las normas dejan de estar marcadas desde fuera y pasan a estar autorreguladas. Poco a poco interiorizamos las normas y modos de funcionar de la sociedad a la que pertenecemos. En relación con este punto debemos tener en cuenta que esta capacidad no se da hasta, al menos, los 3 años de edad[3]. Es a partir de entonces cuando evitamos pegar a otros niños no por miedo a las consecuencias de hacerlo, sino porque estamos comenzando a desarrollar el concepto de que eso, simplemente, no está bien.

3. Kopp, C. B. (1982): «Antecedents of self-regulation: A developmental perspective», *Developmental Psychology*, *18*(2), 199.

Normas y límites familiares

Bien, ya sabemos que el sol no puede salir cada vez que lo llamemos, que por mucho que lo deseemos, con 7 meses es complicado andar, y que tocar con las manos sucias todas las frutas del supermercado es poco higiénico y, por tanto, no está permitido. ¿Y eso es todo? No, estas son las normas y los límites más obvios y naturales, y son los que menos cuesta a los padres poder aplicar. En estos casos no suele haber dudas. Se aplican sin mayor problema. Pero queda un último conjunto de límites que no están marcados por leyes inmutables ni son un imperativo social: son los límites y normas que cada familia decide aplicar porque quiere, según sus valores y su forma de ver el mundo y la vida. Hay familias que le conceden una gran importancia a la puntualidad, otras al orden, otras a la alimentación, otras familias al estudio, a los horarios o al deporte. Cada familia decide cuáles son los factores a los que dan más importancia, y se los transmitirán a sus hijos como normas o límites: «así no puedes salir de casa», «no son horas de estar despierto», «no quiero que comas de eso», etc. Y es legítimo hacerlo, porque no todo vale. Pero aquí es especialmente importante que seamos selectivos. En un primer momento, cuando los niños son pequeños, con los límites y normas que no dependen de vosotros, esos que tan solo mostráis a vuestro hijo para ayudarle en su desarrollo y protegerle, ya tenéis más que suficiente para que el niño llegue al final del día con una buena dosis de frustración acumulada. No se puede hacer esto, esto otro tampoco, esto no está bien visto, cuidado con eso, eso no lo toques, aquello no, lo otro no, y eso tampoco. Por lo tanto, si con lo que queda a nuestro criterio pretendemos controlar y regular cada aspecto de la vida de nuestros hijos, es probable que el ambiente que se genere en casa sea irrespirable y que vuestro hijo, obviamente, se salte gran parte de esos límites que se le han impuesto. Más que nada porque no es capaz de atender a tanto límite y tanta norma. Por lo tanto, especialmente en estas edades, es importante ser selectivos y decidir cuáles son los valores más importantes para vosotros y los que verdaderamente merecen unos límites y normas para su cumplimiento con dos o tres años de edad.

Los límites innegociables

Hasta aquí hemos visto un modo de clasificar los límites (límites naturales, normas implícitas y valores familiares). Porque la idea importante es que no hablamos de límites sí o no, o si los límites son buenos o malos, sino que existen muchos tipos de límites distintos y que no todos son igualmente importantes en todos los momentos o para todas las familias. Así, otra forma de dividir los límites sería en límites negociables e innegociables. Por lo general podemos decir que existen tres asuntos clave para los cuales siempre habría que establecer un límite, y serían los temas relacionados con la salud, la seguridad y con el respeto a los demás: estos deberían ser los límites innegociables. Y lo que queda fuera de estas áreas, puede tener mayor o menor importancia dependiendo de la jerarquía particular de valores de cada familia. Serían aspectos en los cuales podemos ser más flexibles y podemos ceder. Pero cuidado, si queremos llevar a rajatabla estos límites, aunque los restrinjamos a estas tres áreas, si no sabemos acotar la cosa de una manera más o menos sensata, también podemos llevar el asunto de los límites a extremos, ya que para el área de la salud, si queréis que vuestro hijo lleve una vida 100% saludable, podéis no solo limitarle cuando haga cosas graves, sino ante cada pequeñísimo peligro que pueda afectar, por poco que sea, su salud. Y lo mismo ocurre con la seguridad y el respeto a los demás. Si queremos un entorno 100% seguro, lo mejor será encerrarles en una burbuja, aislados de todo peligro, pero todos sabemos que eso no es ni posible, ni deseable. Y en cuanto al respeto a los demás, tampoco es lo mismo enseñar que no está bien pegar o humillar a los demás, a pretender que el niño no haga el más mínimo ruido «para no molestar» en la mayoría de las ocasiones. No tenéis que perder de vista que, al fin y al cabo, es solo un niño.

Los estilos parentales: ¿cómo aplicar los límites?

Sabiendo entonces que parte del trabajo de los padres en cuanto a los límites, consiste en ayudar a sus hijos a conocer progresivamente e internalizar las normas más importantes del mundo y la sociedad a la que pertenecen, así como también sus propios valores familiares. Para ello será muy importante que los padres actúen como modelo, respetando esos mismos límites y normas que tratan de inculcar a los hijos. Porque, por lo general, si un límite es bueno y razonable para el hijo, debería serlo también para los padres, y si no hay una coherencia entre la conducta paterna y los mensajes verbales, al hijo le va a resultar mucho más difícil hacer suyos esos límites.

Pero de acuerdo, ejercer de modelo es importante, pero va a llegar el momento en el que, por mucho que no acostumbréis a vuestro hijo a comprar huevos de chocolate o golosinas en el supermercado, él o ella lo va a pedir. O quizá os pida salir de casa en pijama, aunque nunca os lo haya visto hacer; o quizá pega a un amigo, aunque nunca haya visto ese modelo en casa. ¿Cómo poner límites en esas situaciones?, ¿le dejamos hacer, y que se dé cuenta por sí mismo que eso no es adecuado?, ¿lo castigamos?, ¿le gritamos?, ¿dialogamos e intentamos convencerle? Los padres, en función de sus creencias, su visión del mundo o su propia experiencia personal, van a tender a poner en marcha unos recursos u otros para lograr que su hijo atienda a los límites o normas que se consideran adecuados para él. Esos modos de llevar a la práctica el establecimiento de los límites o las normas, sería lo que se conoce como «estilos parentales», y es algo que se ha estudiado mucho en psicología para comprender qué implicaciones pueden tener para el hijo a medio o largo plazo las distintas formas de educar que tienen sus padres con él.

A lo largo de los años, distintos autores han definido y clasificado estos estilos parentales; de las primeras clasificaciones, y quizá la más conocida es la que Diana Baumrid hizo en los años 60 del siglo pasado, en la que hablaba de tres estilos parentales: autoritario, permisivo y democrático (en realidad, Baumrid lo llama «autoritativo», pero posteriormente se acabó imponiendo la denominación «democrático») No obstante, antes de pasar a señalar cuáles serían las principales características de estos estilos (seguro que en estos momentos estáis deseando saber si sois autoritarios, democráticos o permisivos) es necesario tener en cuenta que los modelos que vamos a enseñar no suelen observarse de forma pura, sino mezclando características de unos y otros, pero con un estilo predominante. Estos estilos no son necesariamente estables a lo largo del tiempo y suelen variar en función de variables como el sexo del hijo, su edad, posición entre sus hermanos, etc. así como cambios sociales, familiares o de otro tipo, que suceden a lo largo de la vida de la familia. Esto es, los padres no suelen tener un estilo fijo, sino más bien una tendencia global a comportarse de un modo u otro. Además, es necesario tener en cuenta que lo que vamos a describir no se limita a niños de 0-3 años, pero es interesante conocerlo para tener una perspectiva más completa.

Dicho esto, veamos en qué consisten estos estilos. Por un lado tendríamos el estilo autoritario. Según Baumrid[4], los padres *autoritarios* intentan modelar, controlar y dirigir las conductas y actitudes de sus hijos de acuerdo con unas ideas concretas,

---

4. Baumrind, D. (1966): «Effects of authoritative parental control on child behavior», *Child Development*, 887-907.

habitualmente rígidas y de carácter absoluto. Estos padres no suelen expresar de un modo abierto su afecto hacia los hijos, tienen poco en cuenta sus intereses o necesidades inmediatas, y las normas que aplican suelen ser impuestas sin que medie ninguna explicación. Valoran la obediencia como una virtud y recurren a los castigos para frenar la voluntad de su hijo (y muy poco a las recompensas o alabanzas) en los asuntos en los que las acciones o creencias de este entran en conflicto con lo que sus padres piensan que es una conducta correcta. Así, no alientan la negociación entre padres e hijos, porque consideran que el hijo debe aceptar los puntos de vista paternos como los correctos. Son partidarios de mantener al niño en una posición subordinada, restringir su autonomía y asignarle responsabilidades domésticas para inculcarle respeto por el trabajo, y llegan a considerar como un fin en sí mismo el mantenimiento del orden y de una estructura familiar tradicional.

En otro extremo tendríamos a los padres *permisivos;* en este estilo parental son los intereses y deseos del niño los que parecen dirigir las interacciones padres-hijos, ya que los padres se muestran poco interesados en establecer normas, ser exigentes o ejercer control sobre la conducta de los menores. Estos padres dotan de gran autonomía a sus hijos, siempre que ello no ponga en riesgo su supervivencia; tratan de comportarse de un modo no punitivo hacia los impulsos, deseos o acciones de su hijo, con quien incluso consultan sus decisiones sobre pautas educativas y le dan explicaciones sobre las normas familiares. No suelen ser exigentes en cuanto a responsabilidades domésticas o expectativas de madurez, y se presentan a sus hijos como un recurso del que pueden echar mano cuando lo necesiten, no como un modelo al que imitar, ni como un agente responsable de modelar o reconducir su conducta en caso de que sea necesario. De este modo, permiten a sus hijos tanta libertad como sea posible para que regulen sus propias actividades, evitando ejercer control sobre ellos y sin alentarles a obedecer normas o ajustarse a las expectativas que socialmente pueden recaer sobre ellos. Si quieren lograr algo por parte de sus hijos, intentan usar la razón o la manipulación, pero no ejercen de manera abierta el poder para lograr que se cumplan sus objetivos. Posteriormente, otros autores definieron lo que serían dos subtipos o variantes del estilo permisivo: los padres indulgentes y los negligentes. Los indulgentes se caracterizarían por una indiferencia hacia las actitudes y conductas del niño, tanto las positivas como las negativas, mostrando gran pasividad y permisividad. A esto se le sumaría, en el caso de los padres negligentes, el no responder ni atender a las necesidades de sus hijos, mostrando un escaso o nulo compromiso con su labor paterna, estando caracterizada su relación por la frialdad y el distanciamiento.

Y, finalmente, tendríamos el estilo *democrático,* que sería el más equilibrado, el estilo al que en teoría se debería aspirar, y que se caracteriza por unos padres que mantienen una relación cálida, afectuosa y comunicativa con sus hijos, al tiempo que son firmes y exigentes con ellos. Estos padres tratan de dirigir las actividades de su hijo de un modo racional y orientado a los asuntos concretos que se dan en un momento dado; animan el intercambio verbal y una comunicación abierta, compartiendo con su hijo las razones que se encuentran detrás de sus normas, así como también le piden sus motivos cuando se niega a seguirlas. Estos padres valoran tanto la voluntad propia de su hijo como la obediencia, por lo que ejercen un control firme en puntos en los que discrepan, pero sin doblegar al niño con restricciones. Hacen respetar sus propios puntos de vista como adultos, pero reconocen los intereses y necesidades individuales de su hijo. Estos padres reconocen y valoran las cualidades presentes de sus hijos, pero al mismo tiempo establecen objetivos que desean que logren en un futuro.

Estilos parentales y salud mental del hijo

Se ha observado que estos estilos parentales pueden jugar un papel importante en el desarrollo y mantenimiento de problemas psicológicos en los niños, tales como ansiedad, depresión, síntomas somáticos[5] o aislamiento social. Recientemente se ha publicado un meta-análisis[6] en el que se analizaban datos de más de 1.000 estudios diferentes, abarcando una población superior a los 700.000 niños; este macroestudio analizaba la relación entre estos estilos parentales y problemas psicológicos como los antes citados. ¿Qué es lo que se observó? Los resultados indican que los padres con mayores niveles de calidez en la relación con sus hijos, los que comunican de forma clara y consistente a sus hijos qué es lo que esperan de ellos (al mismo tiempo que supervisan la conducta del niño relacionada con esas expectativas) y que garantizan una mayor autonomía de sus hijos, se asociaron con menores niveles de síntomas psicopatológicos en sus hijos a lo largo del tiempo. Por el contrario, los padres con estilos caracterizados por un control severo mediante castigos o gritos, o por un control basado en la culpa, retirada de afecto o chantaje emocional, eran los que tenían hijos con mayores niveles de ansiedad, depresión o aislamiento social.

En cuanto a los estilos parentales, en este mismo estudio se observó que el estilo democrático estaba asociado con los menores niveles de sintomatología, mientras que los estilos negligente y autoritario con los mayores. Estos estilos están caracterizados por menores niveles de calidez en la relación padres-hijos, lo que podría explicar según los autores la presencia de estos síntomas. Sorprendentemente, en el estudio no

5. Los síntomas somáticos serían síntomas tales como dolores de tripa, dolores de cabeza, tensión muscular, etc., que no tienen un origen orgánico claro y que explican muchas faltas a clase y visitas al pediatra.

6. Pinquart, M. (2016): «Associations of Parenting Dimensions and Styles with Internalizing Symptoms in Children and Adolescents: A Meta-Analysis», *Marriage & Family Review,* 1-28.

se observó asociación entre el estilo permisivo y esta sintomatología. ¿Por qué? Los autores sugieren que los efectos negativos de la ausencia de control parental se verían compensados de algún modo por los efectos positivos de la calidez en la relación. En este sentido, también hay que señalar que algunos estudios realizados en España, habían encontrado que los niños con padres que mostraban un estilo indulgente eran los que mejores puntuaciones tenían en variables como autoestima, ajuste psicológico o problemas conductuales, lo que no se observa en trabajos realizados en otros países. No obstante, un reciente estudio[7] ha mostrado que estas diferencias se deben a diferencias en el planteamiento de los experimentos (diferencias en los cuestionarios empleados), más que a verdaderas diferencias culturales: cuando se emplean los mismos cuestionarios que en otros trabajos en los que se observa una clara ventaja del modelo democrático, los resultados son equivalentes.

En la siguiente tabla[8] podemos ver una síntesis de los principales rasgos que caracterizarían los cuatro estilos parentales más habitualmente analizados, así como consecuencias que el empleo de unos u otros tendrían sobre los hijos.

En síntesis, podríamos decir que la mayoría de las veces los padres no son quienes ponen los límites a los hijos, sino que son quienes están a su lado para ayudarles a comprender el funcionamiento del mundo en el que viven, indicándoles qué pueden hacer y qué no, qué es seguro y qué es un riesgo, y qué es conveniente para su salud y para relacionarse con los demás. La misión de los padres es estar a su lado, guiarles para

7. Osorio, A., y González-Cámara, M. (2016): «Testing the alleged superiority of the indulgent parenting style among Spanish adolescents», *Psicothema, 28*(4), 414-420.

8. Tomada de Torío López, S.; Peña Calvo, J. V., y Rodríguez Menéndez, M.ª del C.: *Estilos educativos parentales. Revisión bibliográfica y reformulación teórica,* Revista USAL, Salamanca, 2008.

	Rasgos de conducta parental	Consecuencias educativas sobre los hijos
Democrático	• Afecto manifiesto • Sensibilidad ante las necesidades del niño: responsabilidad • Explicaciones • Promoción de la conducta deseable • Técnicas punitivas razonadas (privaciones, reprimendas) • Promueven el intercambio y la comunicación abierta • Hogar con calor afectivo y clima democrático	• Competencia social • Autocontrol • Motivación • Iniciativa • Moral autónoma • Alta autoestima • Alegres y espontáneos • Autoconcepto realista • Responsabilidad y fidelidad a compromisos personales. • Prosociabilidad dentro y fuera de la casa (altruismo, solidaridad) • Elevado motivo de logro • Disminución en frecuencia e intensidad de conflictos padres-hijos
Autoritario	• Normas minuciosas y rígidas • Recurren a los castigos y muy poco a las alabanzas • Comunicación cerrada o unidireccional (ausencia de diálogo) • Afirmación de poder • Hogar caracterizado por un clima autocrático	• Baja autonomía y autoconfianza • Baja autonomía personal y creatividad • Escasa competencia social • Agresividad e impulsividad • Moral heterónoma (evitación de castigos) • Menos alegres y espontáneos
Indulgente	• Indiferencia ante sus actitudes y conductas tanto positivas como negativas • Responden y atienden las necesidades de los niños • Permisividad • Pasividad • Evitan la afirmación de autoridad y la imposición de restricciones • Escaso uso de castigos, toleran todos los impulsos de los niños • Especial flexibilidad en el establecimiento de reglas • Acceden fácilmente a los deseos de los hijos	• Baja competencia social • Pobre autocontrol y heterocontrol • Escasa motivación • Escaso respeto a normas y personas • Baja autoestima, inseguridad • Inestabilidad emocional • Debilidad en la propia identidad • Autoconcepto negativo • Graves carencias en autoconfianza y autorresponsabilidad • Bajos logros escolares
Negligente	• No implicación afectiva en los asuntos de los hijos • Dimisión en la tarea educativa, invierten en los hijos el menor tiempo posible • Escasa motivación y capacidad de esfuerzo • Inmadurez • Alegres y vitales	• Escasa competencia social • Bajo control de impulsos y agresividad • Escasa motivación y capacidad de esfuerzo • Inmadurez • Alegres y vitales

que se adapten de la mejor forma a su entorno, porque los límites y las normas sirven en última instancia para proteger y mantener el mejor clima para todos, grandes y pequeños. Pero, como dice Rebeca Wild, si esos límites no son realmente necesarios, dejan de cumplir su función. Y no todo vale con tal de hacer cumplir los límites, por muy positivos que estos sean. Como hemos visto, hay diferentes tipos de padres: los hay autoritarios, permisivos y democráticos.

Existen algunas posturas que defienden que la familia no es una democracia, sino un sistema jerárquico, y que no hay que consultarlo todo con los hijos. Efectivamente, estamos de acuerdo en que no se puede consultar todo con los hijos (algunas cosas, a veces, sí que se pueden consultar) y que la autoridad la tienen los padres, ya que son los que tienen la capacidad para tomar las decisiones más importantes. Sin embargo, como hemos visto, las investigaciones apoyan el estilo parental democrático. Parece que a veces se tiende a confundir el estilo democrático con el permisivo o el indulgente, ya que los padres con estilo «democrático» serían los que logran mantener una relación cálida y fluida con sus hijos, al tiempo que son firmes y exigentes en los asuntos que lo requieren. De igual modo se ha relacionado el estilo de crianza denominado «crianza con apego» o «natural» con el estilo parental indulgente. Desde nuestro punto de vista, aunque este estilo de crianza no está reñido con un estilo parental democrático, tampoco es garantía de él. Pueden darse casos, efectivamente, de estilos indulgentes, aunque probablemente también parecen menos probables los estilos negligente y autoritario, que serían los más perjudiciales para las criaturas especialmente en este tramo de edad.

Que tengamos uno u otro estilo predominante en la relación con los hijos va a tener implicaciones a largo plazo, no solo en su educación, sino en la calidad de la relación y en su bienestar emocional.

Para saber más...

Bilbao, Á.: *El cerebro del niño explicado a los padres*. Plataforma, Barcelona, 2015.

Christophe Nick, Thomas Bornot, Gilles Amado, Alain-Michel Blanc: *El juego de la muerte*, 2009.

Jové, R.: *La crianza feliz. Cómo cuidar y entender a tu hijo de 0 a 6 años*. La Esfera de los Libros, Madrid, 2011.

Nelsen, J.: *Cómo educar con firmeza y cariño: disciplina positiva*. Medici, Barcelona, 2007.

Wild, R.: *Libertad y límites: amor y respeto*. Herder, Madrid, 2006.

CAPÍTULO 12

¿Cómo motivar la conducta del niño? Los premios y los castigos

«A un niño al que se le ha prometido algo a cambio de aprender o de actuar responsablemente, se le han dado todas las razones para dejar de hacer esto cuando ya no exista una recompensa a obtener».

Alfie Kohn

AHORA QUE YA nos hemos detenido a reflexionar acerca de los límites, las normas y los estilos parentales, cabe preguntarse: ¿y cómo podemos llevar todo esto a la práctica? Hemos visto cómo el modelo que ejercemos los padres es muy importante, pero con el modelo no basta: van a darse situaciones en las que el niño se comporte de forma que sea necesario detener su conducta y hacer lo posible para que no vuelva a darse en un futuro; y lo contrario también, habrá otras ocasiones en las que se comporte de forma adecuada, por lo que queramos que continúe comportándose así. Y esto requiere de herramientas por parte de los padres, como la capacidad de observación, reflexión, paciencia, y empatía. Pero, como hemos intentado transmitir al hablar de otros temas como el sueño o las rabietas, por poner dos ejemplos, no todo vale con tal de conseguir que el hijo se comporte del modo que sus padres desean: el fin no justifica los medios.

¿Soluciones televisivas para la vida real?

Desde el año 2006 en adelante se pusieron de moda en nuestro país una serie de programas del estilo de *Supernanny, SOS Adolescentes, Hermano Mayor, El Campamento* o incluso *El encantador de perros,* que contribuyeron a acercar al público general las técnicas de modificación de conducta empleadas durante décadas, todo ello envuelto en un atractivo espectáculo televisivo. Sin duda, de todos ellos el programa que más éxito tuvo y el que más ha calado en la cultura popular ha sido *Supernanny,* hasta el punto que, aún hoy no es extraño que algunos padres esperen en consulta que el psicólogo acuda al domicilio familiar para hacer una intervención idéntica a la del formato televisivo.

Por si se da la extraña situación de que alguien no conozca ninguno de estos programas, explicamos cuál era la estructura básica de la mayoría de ellos: comienzan con la presentación de la familia sobre la que se va a intervenir y nos muestran los problemas que les hacen solicitar ayuda. Luego aparece el profesional quien, tras una fase de observación, traslada su análisis a la familia y les propone unas pautas de intervención. La primera fase de aplicación de estas pautas suele hacerse con el profesional presente, y luego este deja a la familia durante unos días para que sean ellos mismos quienes las llevan a cabo. Más tarde vuelve, analiza la nueva situación y da unos últimos consejos a las familias, al tiempo que muestra unas imágenes del antes y el después de la intervención (siempre exitosa).

Si mencionamos aquí estos programas es porque, como decíamos, han contribuido a acercar al gran público un repertorio de técnicas de modificación de conducta que, aunque antiguas y muy conocidas, no habían tenido un amplificador tan potente en nuestro país hasta ese momento: premios, castigos, extinciones, economías de fichas, etc. Estas técnicas se basan en los principios del condicionamiento operante, término que se refiere al proceso en el cual la frecuencia con que está ocurriendo una conducta, se modifica o se altera debido a las consecuencias que esa conducta produce[1]. Uno de los autores más importantes y que más ha aportado al campo ha sido B.F. Skinner; sus ideas y estudios influyeron mucho a la sociedad americana de los años 50, cuando se vivió una verdadera fiebre por el conductismo. A raíz de las ideas de Skinner y su «conductismo radical», se puso de moda pensar que prácticamente cualquier área de la vida se podría modificar mediante el empleo de técnicas como los premios y los castigos. Si tenéis curiosidad por ver hasta dónde llegaban estas ideas del conductismo radical, os gustará leer *Walden Dos*[2], una novela distópica escrita por el mismo Skinner en el que diseña una sociedad que está íntegramente basada en los principios de modificación de conducta. Por muy en contra que uno esté de la aplicación de estos métodos, la novela no deja de ser fascinante, y un claro ejemplo de la visión de estos teóricos del siglo pasado.

Las técnicas de modificación de conducta

Pero dejando de lado la historia, vamos a describir brevemente algunas de las principales técnicas de modificación de conducta, que a todos nos pueden resultar familiares, aunque no sepamos exactamente en qué consisten.

Cualquier conducta puede tener cuatro posibles consecuencias: un refuerzo positivo, un refuerzo negativo, un castigo o un no-refuerzo (o extinción). Tanto el refuerzo positivo como negativo incrementan la probabilidad de que la conducta que

---

1. Reynolds, G. S.: *Compendio de condicionamiento operante.* Editorial Ciencia de la Conducta, 1973.

2. Skinner, B. F.: *Walden dos. Hacia una sociedad científicamente construida.* Fontanella, 1973.

les ha precedido se repita, mientras que el castigo o el no-refuerzo la disminuyen. Veámoslo con un poco más de detalle:

Refuerzos positivos (premios)
En psicología se llaman refuerzos positivos a lo que comúnmente llamamos premios, aunque estos no necesariamente tienen que ser tangibles, sino que un elogio o una sonrisa también pueden actuar como un premio. Consideramos que un refuerzo positivo es cualquier estímulo que, cuando está presente, aumenta la probabilidad de que se dé una conducta. «Si te acabas todas las lentejas, podrás comer un helado». En este caso (luego analizaremos si es afortunado o no el empleo de premios en esta situación) el helado sería un premio que tendería a producir un incremento en la conducta: en principio, el niño comerá las lentejas para poder acceder al helado.

Refuerzos negativos
En ocasiones se emplea el concepto «refuerzo negativo» como una forma suave de hablar de un castigo, pero en realidad son cosas muy diferentes. Un refuerzo negativo es algo que, al igual que el refuerzo positivo, incrementa la probabilidad de que se dé una conducta. Por ejemplo: si nos duele la cabeza, tomamos un analgésico y cesa el dolor. La conducta de tomar un analgésico es un reforzador negativo, ya que nos ayuda a escapar de una situación desagradable (el dolor de cabeza); este alivio del dolor de cabeza es lo que refuerza la conducta de tomar el analgésico, lo que hará que la próxima vez que nos duela la cabeza, sea más probable que recurramos a ese mismo analgésico («a mí el ibuprofeno me va muy bien»). En el caso de los niños, es frecuente que se empleen estos refuerzos «perdonando» tareas u obligaciones que no le gustan al niño, para conseguir que realice cierta conducta. Por ejemplo, «si terminas los deberes no es necesario que bajes la basura».

Castigos
Un castigo es cualquier estímulo que cuando está presente disminuye la probabilidad de que se dé una determinada respuesta; los castigos pueden ser de dos tipos, o bien un estímulo aversivo, o la retirada de consecuencias positivas. Aplicar un producto amargo en las uñas de un niño que se las muerde, o en el pezón de una madre que quiere destetar, son ejemplos de castigos del primer grupo (estímulo aversivo), que harán que el niño se lo piense dos veces en el futuro antes de volver a repetir esas conductas. Cuando un niño pega a otro en el parque y sus padres lo cogen y se van de allí para evitar que pegue a otros niños sería un castigo del segundo tipo: se le está retirando al niño algo que le gusta (estar en el parque).

Extinción (o no-refuerzo)
La extinción es el fin de un estímulo que antes reforzaba una conducta; en la práctica, muchas veces implica ignorar intencionalmente una conducta que previamente se solía reforzar. «Cuando te calmes te haré caso», o dejar llorar «para que aprendan a dormir». Desde este punto de vista, se entiende que la atención que le prestan los padres a su hijo cuando está alterado (con una rabieta, habitualmente) actúa como un premio a esa conducta, por lo tanto, de ahí la recomendación de ignorarle (extinción) para que deje de manifestar esa conducta al no obtener lo que buscaba (la atención de sus padres). Esto, que en parte es cierto, ya que los niños quieren la atención de sus padres (porque la necesitan), en realidad explicaría solo una parte de la situación. Se puede enfocar de otra forma, podemos darle al niño lo que necesita (la atención) sin necesidad de darle lo que pide si consideramos que esto no es adecuado (chucherías en el supermercado o el juguete de su hermano). Una aplicación menos dudosa de estas técnicas es hacer oídos sordos a las palabrotas que dice un niño de manera puntual;

si no hacemos más caso a estas palabras que al resto, y sobre todo si no las empleamos nosotros delante de él, al final, el niño probablemente dejará de emplearlas (si no siguen siendo reforzadas en otros contextos). En general podemos decir que es mejor atender a las conductas positivas que a las negativas, pero ignorar las conductas negativas no quiere decir ignorar los sentimientos de nuestros hijos cuando lo están pasando mal y necesitan de nosotros. Es decir, podemos ignorar una petición que consideramos inadecuada, pero nunca al niño que hace esa petición, especialmente cuando lo está pasando mal ante nuestra negativa. Como hemos dicho en otras ocasiones, la firmeza no debería estar reñida con el cariño.

Economía de fichas

Los sistemas de economía de fichas son programas sistemáticos de refuerzos (y en ocasiones también de castigos, aunque esto es cada vez menos frecuente) que tienen por objetivo incrementar o disminuir determinadas conductas. Las «fichas» tienen la misma función que el dinero en un mercado: la persona las gana cuando realiza conductas deseables, y las puede canjear por premios. Estas fichas pueden adoptar casi cualquier forma, pero habitualmente suelen ser «gomets» (pequeñas pegatinas de colores), o caritas sonrientes. Veamos un ejemplo práctico, que puede darse en cualquier consulta de psicología: los padres un niño de 5 años, se quejan de su conducta: no quiere recoger sus juguetes, no se lava los dientes, se levanta de la mesa durante las comidas, hay que repetirle *mil veces* que se vaya a dormir, etc. Como vemos conductas muy claras, e intuimos (ahora luego veremos por qué) que el castigo no acaba de ser del todo bueno, ¡vamos a premiar el buen comportamiento! (Más adelante veremos como esto tampoco es una solución universal). Por lo tanto, el psicólogo ayuda a los padres y al hijo a hacer algo similar a esto:

	L	M	X	J	V	S	D	
RECOGER LOS JUGUETES	☺	☺	☺		☺	☺		*1 hora extra de TV el fin de semana*
LAVARSE LOS DIENTES	☺	☺	☺	☺	☺	☺	☺	*Merendar en McDonalds*
PERMANECER SENTADO DURANTE LA COMIDA		☺			☺			*Dar un paseo en bici*
IRSE A DORMIR AL PRIMER AVISO	☺	☺	☺	☺	☺	☺		*Ir al cine*

Crean una tabla en la cual aparecen las conductas que quieren modificar enunciadas en positivo («no levantarse de la mesa» se sustituye por «permanecer sentado en la mesa»), una casilla para cada día de la semana, y una recompensa asociada a esa conducta. Si el niño cumple cada día con la conducta requerida, se le pone una cara sonriente (no se recomienda poner caras tristes porque sabemos que «los castigos son malos», así que se deja en blanco) y si llega a un número determinado de conductas, puede «canjear» esas caras sonrientes por un premio. Si no, hay dos opciones: o bien la semana siguiente se empieza de nuevo, o bien se sigue hasta acumular cierto número de caritas.

En principio este modo de aplicar las técnicas de modificación de conducta parece ideal: no castigamos, reforzamos lo positivo cada día con un reconocimiento (carita sonriente), damos un premio a la constancia, lo enunciamos todo en positivo... Pero llegados a este punto, muchos padres hacen la siguiente pregunta: ¿y hasta cuándo tenemos que hacer esto?, ¿cuántas veces le tenemos que llevar al McDonalds para que siga lavándose los dientes? Y es que este es uno de los principales problemas de este tipo de programas: en el momento en el que dejamos de reforzar una conducta, esta deja de realizarse. De hecho, antes ya hemos hablado de éste fenómeno: se llama extinción. «Si no me llevan el fin de semana al McDonalds, ¿para qué me voy a lavar los dientes?».

La solución propuesta en estos programas es realizar un procedimiento de retirada progresiva de las fichas (programa de desvanecimiento) a la vez que estas se van sustituyendo por otro tipo de reforzadores presentes en el medio en el que se desarrolla la conducta. Esto se puede hacer aumentando el tiempo entre las entregas de fichas o incrementando el criterio para la obtención de las mismas. Además se propone que las fichas se acompañen de reforzadores sociales como el reconocimiento verbal, de modo que estos puedan sustituir al menos parcialmente a las fichas.

Aunque estos programas, habitualmente tienen resultados positivos, sobre todo a corto plazo, en realidad una economía de fichas no deja de ser eso, una economía, y lo que estamos haciendo es pagarle al niño para que se comporte como nosotros queramos. Pero claro, una vez se ha acostumbrado a recibir este «sueldo», la idea es que se lo vayamos retirando poco a poco, disimuladamente, para que continúe comportándose como nosotros queremos, pero ya sin recibir nada a cambio. La realidad es que los niños no son tontos y por mucho que tratemos de disimular, ellos suelen darse cuenta de esta especie de «bajada de sueldo» ante la cual, dejan de mostrarse tan motivados por cumplir con su parte del trato; porque desde el principio habíamos planteado el problema desde el punto de vista de la motivación extrínseca (el niño se comportaba como querían los padres a cambio de un premio).

El problema de los castigos

Con el tiempo se ha tendido a priorizar el empleo de refuerzos por encima de los castigos; de hecho, el propio Skinner señalaba que la búsqueda de alternativas al castigo es un indicio de civilización. Y se busca evitar el empleo de castigos no porque estos no funcionen, que lo hacen, al menos a corto plazo, sino porque su uso conlleva una serie de efectos que no son deseables. Hay bastante investigación acerca de las consecuencias negativas asociadas al empleo de los castigos, que se pueden resumir en seis categorías principales[3]: el castigo genera una serie de respuestas emocionales negativas (por ejemplo miedo, rabia, ansiedad, etc.) en quien lo recibe; genera un modelo negativo de conducta que más adelante se puede tender a imitar; interfiere en la calidad de la relación entre el castigador y el castigado, llegando a aparecer conductas de evitación o huida de la figura que aplica el castigo; se puede producir lo que se conoce como «sustitución de la respuesta», esto es, que la conducta castigada se sustituye por otra igualmente indeseable; y, finalmente, en ocasiones puede incluso producir un incremento de la respuesta castigada o una disminución en otras que sí son positivas. Por estos motivos actualmente prefiere evitar el empleo del castigo en pro de otras técnicas de conducta basadas en el refuerzo o en la extinción. Pero todas estas consecuencias no se limitan, como podría parecer, al empleo de los castigos físicos, sino de cualquier tipo de castigo.

Las consecuencias del castigo físico

Castigo físico es otra forma de llamar a lo que siempre se ha conocido como pegar a los niños, y es un recurso frecuentemente asociado a estilos parentelas autoritarios. Son muchos quienes aún piensan que dar un azote, una palmada, un cachete o una bofetada a un niño no es pegar, que no es tan grave o tan negativo para los niños, e incluso piensan que es una forma de educar. Pero no es así.

Lo primero que hay que entender si hablamos del castigo físico es que es ilegal[4]. Afortunadamente, desde el año 2007

---

3. Reeve, J.: *Motivación y emoción,* 5.ª ed. McGraw Hill, Madrid, 2010.

4. Ojuelos, F. J. (2016): «Un breve apunte jurídico sobre el derecho a la intimidad de los hijos (y, a propósito, sobre la facultad correctora de los padres): las declaraciones del Juez Calatayud». Accesible desde https://fojuelos.com/2016/08/24/un-breve-apunte-juridico-sobre-el-derecho-a-la-intimidad-de-los-hijos-y-a-proposito-sobre-la-facultad-correctora-de-los-padres-la-declaraciones-del-juez-calatayud/

el castigo físico es considerado como delito en España. Actualmente, el art. 154 del Código Civil afirma lo siguiente: «la patria potestad [...] se ejercerá siempre en beneficio de los hijos, de acuerdo con su personalidad y con respeto a sus derechos, su integridad física y mental», dándose respuesta de este modo a los requerimientos del Comité de Derechos del Niño, que mostraba su preocupación por la posibilidad de que «corregir razonable y moderadamente a los hijos» que hasta ese momento se reconocía en el Código Civil a los padres y tutores, pudiera contravenir el artículo 19 de la Convención sobre los Derechos del Niño[5].

Y es que, hasta 2007 el Código Civil permitía «corregir razonable y moderadamente a los hijos» y en nuestro derecho se ha venido reconociendo tradicionalmente la facultad de corregir y castigar a los hijos, aunque no se permitiera el ejercicio abusivo de este derecho. Sin embargo, estos términos ambiguos «razonable y moderadamente» hacían que por ahí se pudiera colar de alguna forma el castigo físico. Ya desde 1989 la Convención de los Derechos del Niño de Naciones Unidas instaba a los países que la ratificaban (entre ellos, España) a «adoptar todas las medidas legislativas, administrativas, sociales y educativas apropiadas para proteger al niño contra toda forma de perjuicio o abuso físico o mental, descuido o trato negligente, malos tratos o explotación, incluido el abuso sexual, mientras el niño se encuentre bajo la custodia de los padres, de un representante legal o de cualquier otra persona que lo tenga a su cargo». Pero tuvieron que pasar 18 años hasta que, tras un intenso debate parlamentario, saliera adelante

5. No obstante, y antes de ese momento, el Código Penal ya recogía que «el que habitualmente ejerza violencia física o psíquica sobre quien sea o haya sido su cónyuge (...) o sobre los descendientes (...) será castigado con la pena de prisión de seis meses a tres años, (...) y, en su caso (...) inhabilitación especial para el ejercicio de la patria potestad, tutela, curatela, guarda o acogimiento por tiempo de uno a cinco años (...)».

esta modificación del artículo 154, con el voto en contra de los partidos conservadores del hemiciclo, quienes se mostraban partidarios de no entrar a juzgar estas cuestiones por pertenecer al ámbito familiar[6].

Pero más allá de las connotaciones legales que hemos comentado, esta manifestación extrema del estilo educativo autoritario (aunque no por extrema poco frecuente), constituye un acto intolerable y de nulo valor educativo. En cuanto al valor educativo del «cachete a tiempo», queda muy bien explicado en un metaanálisis[7] publicado en 2016 en el que se analizaron de manera conjunta datos de más de 160.000 niños, procedentes de 75 estudios diferentes. ¿Cómo les afectó el hecho de que sus padres les pegaran? Los autores del estudio señalan que este «se centra en lo que la mayor parte de los estadounidenses reconocerían como «pegar», y no en situaciones más graves. Es decir, sus conclusiones no son acerca de los niños que han sufrido lo que se conoce como «malos tratos» o «abusos físicos», sino sobre niños que han sufrido castigos físicos como parte de su educación (el famoso «cachete a tiempo»). Pues bien, en este estudio se concluye de manera rotunda que el castigo físico es perjudicial para la salud física y emocional de los niños y que sus efectos negativos se prolongan a largo plazo: hay una fuerte asociación entre el castigo físico y 13 de las 17 posibles consecuencias perjudiciales analizadas en el estudio, entre ellas, agresividad, conductas antisociales, problemas mentales o peor calidad de la relación con los padres. De este modo, y a la luz de los datos, la manida afirmación de que «un cachete a tiempo» no hace daño a nadie, no se sostiene, ya que sí que hace daño, a largo plazo y a muchos niveles. Pero

6. http://elpais.com/diario/2007/12/21/sociedad/1198191602_850215.html

7. Gershoff, E. T., y Grogan-Kaylor, A. (2016): «Spanking and child outcomes: Old controversies and new meta-analyses», *NCBI, 30*(4), 453-69. Accesible desde https://www.ncbi.nlm.nih.gov/pubmed/27055181

aún hay otra conclusión del estudio: además, observan que el castigo físico no logra los objetivos de los padres, ya que no está asociado a una mayor conformidad o cumplimiento de pautas paternas, y se asocia con una menor interiorización de las normas morales, menores habilidades cognitivas o menor autoestima. Por lo que podemos afirmar que «el cachete a tiempo» ni es inocuo, ni es educativo.

La retirada de privilegios

El tipo de castigo más empleado por los padres es el consistente en la retirada de un privilegio. Aunque este tipo de castigos parecen mucho más razonables que otros más severos y con los que la mayoría de la gente no está de acuerdo, tampoco están exentos de algunos problemas: no suelen guardar relación con la conducta que se pretende corregir, no son contingentes (no se aplican inmediatamente después de la conducta) y no requieren realmente un esfuerzo por parte del niño. ¿Qué tendrá que ver que haya derramado la leche con que no tome postre?, ¿o que haya pegado a un niño en el parque con que se quede sin ver la tele?

Además del tipo de castigo que se aplique, otro problema es la frecuencia con la que se utiliza. Porque cuando se hace en exceso, pierde fuerza y los niños se hacen insensibles a este. La de padres que acuden a consulta diciendo: «Le hemos quitado la tele, la *tablet,* sus juguetes favoritos, le hemos dejado sin parque... se lo hemos quitado todo, pero parece que le da igual». Y es que a veces parece que el fin del castigo sea «fastidiar al niño para que aprenda», ya sea en forma de dolor físico o emocional; como si el valor educativo dependiera del grado en el que sufre el niño. Por eso a veces los padres llegan a ridiculizar o humillar a los hijos con el objetivo de que estos «aprendan». Y sí, es verdad que aprenden, pero quizá no lo que sus padres quieren: este tipo de medidas lo que promueven es la rabia del niño, y la rabia no le lleva precisamente a pensar en querer portarse bien.

Otro problema es que el castigo, en muchas ocasiones, es algo improvisado que se hace en caliente; por lo que en muchas ocasiones se reduce a una situación en la que los padres se enfadan, pierden los papeles, gritan a sus hijos y les aplican una consecuencia desproporcionada e impulsiva. Y todos sabemos que cuando se hacen las cosas en caliente no se suelen hacer del mejor modo posible, con lo que muchas veces esas medidas al final no se mantienen, con lo que además los padres pierden credibilidad. Esto puede alimentar en el niño la idea de que «da igual lo que haga, y da igual lo que mis padres digan, porque al final nunca pasa nada». Y eso tampoco educa.

Por lo tanto, si entendemos el castigo en estos términos, como un método que parece destinado a fastidiar al niño para que aprenda, desproporcionado, que no guarda relación con la conducta que queremos cambiar, que se improvisa, etc. entonces además de ser éticamente cuestionable el pretender lograr cosas mediante amenazas, es que ni si quiera es útil desde un punto de vista pedagógico. Porque al final los niños lo único que acaban aprendiendo es cómo llevar a cabo las conductas que queremos corregir sin ser descubiertos para evitar esos castigos, pero no llegan a aprender los motivos que hay tras la desaprobación de sus padres, ni el modo correcto de comportarse.

La motivación intrínseca y la motivación extrínseca

Cuando hablamos de motivación es necesario hacer una distinción entre la motivación intrínseca y la motivación extrínseca. La motivación intrínseca es la que nace desde dentro, la que nos lleva a implicarnos en una actividad por el propio placer que nos proporciona hacerla. Por el contrario, la motivación extrínseca es la que viene de fuera, la que nos lleva a hacer algo para lograr otro objetivo; es hacer algo para conseguir otra cosa diferente. Veamos un par de ejemplos: por un lado tenemos a una niña de tres años que está paseando por el monte con sus padres y, de repente, encuentra un pequeño lago con un montón de piedras en la orilla. Nada más verlo, corre hacia el lago y comienza a coger una piedra detrás de otra lanzándolas al agua. Sus padres le insisten en seguir con la caminata, pero ella no parece escucharles: continúa lanzando una piedra detrás de otra sin descanso. Luego descubre algunas piedras más grandes y pesadas que están un poco más lejos, se las acerca una a una a la orilla con considerable esfuerzo, y va alternando piedras grandes y pequeñas que lanza al agua. Las pequeñas son divertidas porque puede lanzarlas más lejos, las grandes le gustan porque son más escandalosas al caer... Podría estar así horas. Nadie le ha pedido que lance estas piedras, nadie le está reconociendo el considerable esfuerzo que lleva haciendo durante un buen rato lanzándolas y desplazándolas. Lo hace, simplemente, porque le gusta. Se siente bien haciéndolo, es divertido; no preferiría que viniera nadie a lanzarlas por ella. No tendría sentido. Esta niña está intrínsecamente motivada a lanzar piedras al agua. Como la mayor parte de niños de su edad, todo sea dicho.

Ahora pensemos en otro niño de su misma edad. Sus padres han decidido que ya es hora de dejar el pañal, por lo que quieren que se acostumbre a utilizar el orinal y vaya haciendo ahí sus necesidades. Ya que el niño parece no mostrar interés de manera natural por este objeto, deciden premiarle cada vez que se sienta en el orinal dejándole ver sus dibujos favoritos en la *tablet* durante el tiempo que permanezca sentado. Como le gusta mucho, le han comprado un modelo de orinal que llevan ya incorporado el soporte para una *tablet* para no tener que estar al lado sujetándoselo. ¡La medida es todo un éxito!

Desde ese momento, cada vez con más frecuencia el pequeño pide sentarse en el orinal. Pero ¿qué es lo que sucede? Que la conducta de sentarse en el orinal no está motivada por motivos propios del niño (por ejemplo, sentirse «mayor»), sino por motivos externos (ver los dibujos). ¿Qué es lo que está pidiendo el niño en realidad? ¿pide que le lleven a hacer pipí o en realidad está pidiendo ver los dibujos? Si le damos un premio por sentarse en el orinal, la atención no se enfoca en las sensaciones internas de tener la vejiga llena, sino en los dibujos animados. Aunque aprenderá a hacer el pipí en el orinal de las dos formas, si premiamos el sentarse en el orinal, probablemente esté más motivado a estar allí más tiempo y más veces al día, ya que no solo va allí a hacer pipí o caca, sino que tiene allí montada su «butaca de cine».

¿Cómo afectan los premios y castigos a la motivación?

Pero, mientras haya motivación, ¿qué más da si esta viene de dentro o de fuera? La cosa es que el niño esté motivado, ¿no? De hecho, cuanta más motivación, mejor, ¡intrínseca y extrínseca!, podríamos pensar. Pero esto no es exactamente así, ya que ambos tipos de motivación son diferentes, sobre todo en sus efectos. Cuando la meta es la calidad, es decir, lo que pretendemos es un trabajo bien hecho, o si lo que buscamos es un compromiso duradero con un determinado valor o conducta, no hay incentivo externo (premio o castigo) que pueda competir con el poder de la motivación intrínseca. Mediante el empleo de premios y castigos podemos lograr un compromiso a corto plazo en la ejecución de una determinada tarea, pero tanto su calidad como su estabilidad en el tiempo acabarán estando condicionadas a la presencia de esos premios o castigos. Es decir, si lo que pretendo conseguir es el premio, pero llegados a un punto, no me dan ese premio a cambio, o incluso si ya me lo han dado, mi compromiso con la tarea será mucho menor que si realizo esta tarea por mi propia motivación. Al tratar de conseguir ese premio, se cambia al foco del motivo original a otro diferente. Por esto se suele decir que tanto los premios como los castigos acaban por minar la motivación intrínseca que es la que de verdad nos interesa potenciar cuando estamos educando a los niños[8]. Queremos que hagan determinadas cosas comprendiendo los motivos de nuestras demandas (siempre en función de la edad del pequeño, claro), no simplemente para evitar un castigo o lograr un premio. Porque en el momento en el que desaparezca la amenaza de castigo o la promesa de un premio, si ese era el único o más importante motivo para la realización de la conducta, ésta tenderá a desaparecer.

A principios de los años 70 del siglo pasado se llevaron a cabo algunos experimentos que ilustran muy bien el modo en el que el empleo de recompensas puede acabar influyendo en la motivación para llevar a cabo una tarea, así como en la calidad de la misma. En el primero de ellos, realizado con adultos (estudiantes de psicología), los participantes tenían que trabajar en un interesante puzzle de relaciones espaciales (un cubo, formado por diferentes piezas que generalmente resultaba muy atractivo a ese perfil de participantes); a la mitad de ellos se les prometió dinero por hacerlo, mientras que a la otra mitad no. En un momento de la prueba el experimentador les anunciaba que iba a ausentarse unos minutos hasta que comenzara la siguiente fase del experimento; durante ese lapso, los participantes podían seguir jugando con el puzzle, leyendo alguna de las revistas que había por ahí, o simplemente, estar estando. En realidad, precisamente eso era la siguiente fase del experimento, durante la cual, se les observaba para ver durante cuánto tiempo jugaban con el puzzle cuando tenían la opción de hacerlo o no. ¿El resultado? los

8. Kohn, A.: *Punished by Rewards*. Mariner Books, 1999.

participantes que habían recibido dinero a cambio, emplearon menos tiempo en jugar con el puzzle que aquellos que no lo recibieron. Parece que haber puesto una recompensa sobre la tarea hacía que la tarea resultara menos interesante[9], «¿quién habría pensado que el juego podría convertirse en trabajo simplemente premiando a la gente por hacer lo que les gusta hacer?»[10].

Otro experimento similar se hizo en niños de entre 3 y 5 años; a estos niños se les ofreció poder dibujar con rotuladores mágicos, algo que los niños de estas edades encuentran muy atractivo y que no suelen hacer a menudo. De forma similar al experimento anterior, a una parte de estos niños se les dijo que si pintaban con esos rotuladores les darían un certificado especial personalizado, decorado con un lazo rojo y una estrella dorada. Una semana después, los niños fueron observados en sus clases y se comprobó que los niños a los que se les prometió aquel certificado estaban menos interesados en pintar con rotuladores mágicos que aquellos a los que no se les había ofrecido nada por ello, e incluso menos interesados de lo que ellos mismos estaban antes de que se les hubiera ofrecido el premio[11].

Estos dos estudios, pese a sus diferencias (el primero observa los efectos inmediatos del refuerzo, y el segundo el efecto demorado de un refuerzo simbólico) llegan a la misma conclusión: las recompensas externas reducen la motivación intrínseca. Y este es un peligro asociado al empleo de los premios que muchas

9. Deci, E. L. (1971): «Effects of externally mediated rewards on intrinsic motivation», *Journal of Personality and Social Psychology, 18*(1), 105.

10. Anderson, R.; Manoogian, S. T., y Reznick, J. S. (1976): «The undermining and enhancing of intrinsic motivation in preschool children», *Journal of Personality and Social Psychology, 34*(5), 915.

11. Lepper, M. R.; Greene, D., y Nisbett, R. E. (1973): «Undermining children's intrinsic interest with extrinsic reward: A test of the "overjustification" hypothesis», *Journal of Personality and Social Psychology, 28*(1), 129.

veces se pasa por alto: cuando introducimos una motivación externa, la motivación interna automáticamente disminuye.

Cuando te acabes las lentejas...

Alfie Kohn, escritor y conferenciante sobre temas de educación y crianza, ha señalado que, cualquier cosa que es presentada como un prerrequisito para poder hacer otra, acaba por ser vista como menos deseable y perdiendo su atractivo. Esto se ha ido demostrado en un experimento[12] en el que a un grupo de niños se les dijo que podrían pintar con rotuladores si antes pintaban un rato con ceras; y a otro grupo se les dijo que podrían pintar con ceras si antes pintaban un rato con rotuladores. Al cabo de dos semanas se vio que la actividad que se había planteado como prerrequisito había perdido su interés para ese grupo de niños. Es algo para tener muy en cuenta cada vez que decimos a un niño «cuando te acabes las lentejas podrás comer un helado»: automáticamente las lentejas pierden el (mucho o poco) valor que tenían. Quizá alguien ahora esté pensando: ¡ya lo tengo! Le diré a mi hijo «hasta que no te acabes el helado no hay lentejas». La mala noticia es que probablemente no funcione por dos motivos: el sabor tan dulce y saturado del helado tiene un mayor potencial hedónico que las lentejas (parte con ventaja); además, por mucho que lo quieras plantear de esta forma «novedosa» probablemente tu hijo tenga muchas experiencias previas en las que el helado se le ha sido presentado como algo muy valorado y las lentejas como algo mucho peor.

Este mismo efecto hay que tenerlo también en cuenta cuando, por ejemplo, el abuelo (tío, amigo, padre o madre) le dicen

12. Lepper, M. R.; Sagotsky, G.; Dafoe, J. L., y Greene, D. (1982): «Consequences of superfluous social constraints: Effects on young children's social inferences and subsequent intrinsic interest», *Journal of Personality and Social Psychology, 42*(1), 51.

a un niño: «Si me das un beso, te doy un regalito». Cada vez que esto se repite, le estamos enseñando que los besos se dan para conseguir algo, ¿para qué voy a darte un beso si no me das nada a cambio? Además de que el hecho mismo de darle un beso al familiar en cuestión pierde atractivo a ojos de los niños, pasa a ser visto como una obligación.

¿Es posible educar sin premios ni castigos?

De acuerdo, los castigos son malos porque humillan, desalientan, interfieren negativamente en el vínculo, y muchas otras cosas. Y ahora resulta que los premios también son negativos porque interfieren en la motivación intrínseca, hace que los niños acaben dependiendo de ellos y estén más orientados a lograrlos que a la conducta que pretendemos reforzar. ¿Entonces qué herramientas podemos utilizar para lograr que los niños hagan o dejen de hacer determinadas cosas?

Teniendo estos efectos en mente, no es extraño encontrar a quien defiende que es necesario educar sin premios ni castigos, y por ello evitan cualquier tipo de reacción frente a la conducta de sus hijos. El problema es que así podemos caer en el estilo parental indulgente del que hablábamos en el capítulo anterior, que tampoco sería el más adecuado para el desarrollo de los niños.

Para poder abordar mejor este asunto, es necesario hacer un pequeño cambio de concepto: podemos entender los premios y los castigos no como estrategias educativas, sino como simples descripciones de fenómenos que forman parte de la naturaleza, porque nos gusten o no, los refuerzos y los castigos están ahí. Como hemos dicho, un refuerzo es algo agradable que ocurre después de una conducta que hace que quieras repetirla, y un castigo es una consecuencia desagradable que hace que no quieras repetirla. Y esto es algo que no podemos evitar. Durante la fiebre del conductismo se pensó que prácticamente cualquier conducta era objeto de ser modificada por este tipo de técnicas, pero esa visión tan reduccionista dejaba de lado otras variables que han resultado tanto o más importantes que el refuerzo y el castigo: los pensamientos, los sentimientos, las expectativas, la resiliencia, etc. variables que hacen que las personas den respuestas inesperadas e incomprensibles desde la limitada óptica del conductismo.

Pero decir que podemos educar sin premios ni castigos sería como decir que podemos educar sin reír o llorar. No podríamos sonreír cuando nuestro hijo nos dice «te quiero» porque esta sonrisa actúa como un refuerzo positivo. Ni tampoco estar tristes o mostrar enfado cuando nuestro hijo pega a un amigo en el parque, porque eso actúa como un castigo. Sería absurdo. El problema radica en condicionar una cosa a otra: «haz esto y obtendrás esto otro», y en abusar de estas estrategias. Ese es el núcleo del problema; si empleamos premios y castigos como estrategias prácticamente exclusivas en la educación porque pensamos que solo dándoles cosas cuando hacen algo bien, y castigándoles cuando se equivocan podemos lograr una «buena educación», estamos olvidando otros aspectos importantes.

De este modo, no podemos evitar que la conducta de nuestro hijo se vea reforzada o castigada por multitud de aspectos, entre los cuales estará nuestra reacción o la reacción de otras personas (lo cual, por mucho que queramos no podemos controlar). Pero otra cosa diferente, como decimos, es que nosotros utilicemos esos premios y castigos condicionándolos a su conducta y como única herramienta para relacionarnos con nuestros hijos. Por lo tanto, más que hablar de «educar sin premios ni castigos» quizá deberíamos hablar de cómo evitar las malas prácticas en cuanto al uso y abuso de los mismos.

¿Cómo podemos premiar adecuadamente una conducta?

Es natural que tras una conducta positiva se dé una consecuencia igualmente positiva; de hecho, es deseable que así sea. Pero como decíamos, es preferible evitar los chantajes, el «haz esto y te doy lo otro». No es necesario que andemos detrás del niño premiando cada cosa que hace y queremos que repita (y mucho menos estar pendientes de cada fallo para castigarle), pero para aquellas ocasiones en las que queremos hacerlo, podemos seguir algunas recomendaciones para minimizar las consecuencias negativas que se dan del abuso o del mal uso o de los premios.

¿Qué ofrecer? Mejor evitar cosas materiales y siempre con mesura

Deberíamos evitar que lo que ofrecemos como recompensa sea algo material, como un juguete, dinero o comida (especialmente productos insanos). Aquello que ofrezcamos, además, debe ser proporcional a la conducta que queremos reforzar. El neuropsicólogo Álvaro Bilbao nos ofrece algunos ejemplos de recompensas, ordenadas en función de su eficacia o ineficacia[13]:

Recompensas posiblemente eficaces	Recompensas poco eficaces
Pasar tiempo jugando a lo que el niño quiera	Juguetes y otros premios materiales
Darle una responsabilidad	Comida (alimentos insanos)
Darle un privilegio (elegir la cena, dentro de una oferta saludable)	Indicarle que lo ha hecho bien, pero que lo puede hacer mejor
Decirle que lo ha hecho bien	Felicitarle delante de los demás hasta hacerle pasar vergüenza.
Felicitarle	Promesas que probablemente no cumpliremos
Darle las gracias	Permitirle hacer algo peligroso o dañino para él

13. Adaptado de Bilbao, Á.: *El cerebro del niño explicado a los padres*. Plataforma, Barcelona, 2015.

Restarles importancia
Es preferible ofrecer pocos premios, que estos sean poco importantes, ofrecerlos de manera privada (para evitar el componente de competición o discriminación), y en todo caso, evitando hacer un gran acontecimiento del momento. Cuanto más sutiles seamos, mejor. Esto es aplicable sobre todo para las pequeñas cosas del día a día, lo cual no quita que, de manera puntual, para celebrar algún gran logro del pequeño podamos ser un poco menos discretos.

Ofrecerlos por sorpresa después de la conducta positiva
Cuando queremos reforzar una conducta, es preferible ofrecer la recompensa después de que se haya producido la conducta (y no antes de la misma). Preferiblemente, justo después de la conducta que queremos reforzar (de forma contingente). Así no coaccionaremos al niño para que muestre una conducta determinada, ni estaremos condicionando la recompensa a ese logro. «Qué rápido has recogido los juguetes, ¡qué bien! Así nos da tiempo a leer un cuento más antes de ir a dormir» (consecuencia positiva), es muy distinto a «Si recoges los juguetes rápido, leeremos un cuento antes de ir a dormir» (coacción: haz esto para obtener esto otro), y también es distinto de «Si no recoges rápido los juguetes te quedas sin cuento» (castigo por pérdida de privilegios). La diferencia parece sutil, pero el efecto que tiene en el niño y en su motivación es importante. Un problema que puede darse es que, a veces, si alguien recibe por sorpresa una recompensa por haber hecho algo, puede esperarlo en las sucesivas ocasiones e interferir en su motivación o interés en la tarea. Una posible forma de evitarlo es ofrecer esa recompensa sin hacer referencia a que su presencia se ha debido a una conducta concreta. Es decir, siguiendo el ejemplo anterior, no le diríamos nada y directamente le preguntaríamos por el libro que quiere que le leamos, lo cual se parece bastante a hacerlo de manera incondicional.

Incondicionalidad

Como hemos visto, no es bueno condicionar la recompensa a la realización de la conducta que queremos reforzar, porque esto hace que se pierda el interés en realizar dicha conducta. Pero hay algunas con las que es más importante si cabe seguir este principio; las hay muy obvias, como el afecto, el respeto, o la satisfacción de necesidades básicas. Pero hay otras que también es necesario alejar de las condiciones, son cosas que ofrecemos simplemente porque sí, porque queremos a nuestro hijo y consideremos justo que disfrute de ellas. Pensemos, por ejemplo, en las vacaciones en familia, en una excursión, el deporte o actividades culturales. Nunca deberíamos impedir a un niño disfrutar de estas cosas por mucho que haya actuado de modo incorrecto en otra área.

Que la recompensa esté relacionada con la conducta

Por ejemplo, parece razonable recompensar el interés por la lectura de un niño regalándole un libro por cada libro que acaba de leer. O, en relación con la retirada de pañal: muchos niños encuentran muy divertido ser ellos mismos quienes vacíen el orinal en el inodoro, quienes tiran de la cadena y quienes limpian el orinal (o juegan a llenarlo y vaciarlo de agua). Permitirles hacerlo es proporcionarles una recompensa intrínsecamente motivante (disfruto de la tarea) y está totalmente relacionada con la conducta que queremos recompensar: la autonomía en el control de esfínteres. Ofrecer una golosina cada vez que se hace pipí o caca en el orinal sería el ejemplo opuesto (además, puede producirle obesidad y caries).

Elogiar sin exagerar

No, elogiar no es malo (¡no todo es malo!), pero al igual que hemos visto con el resto de refuerzos, también debemos emplear los elogios de un modo más comedido. Los elogios (refuerzos verbales) no deberían ser desproporcionados, ni hacerse de un modo global y exagerado («¡madre mía, eres un genio»), sino atendiendo a la conducta concreta que se ha realizado («¡qué bonito!, ¡cómo te lo has currado!»).

Ahora, pensemos en el ejemplo que poníamos sobre la economía de fichas. Los premios a las conductas parecían justos y proporcionados, pero en realidad, pueden no ser los más adecuados. Recoger todos los días los juguetes se premiaba con una hora extra de televisión el fin de semana. Ahí el premio no es inmediato, es algo superfluo y no está relacionado en absoluto con lo que deseamos premiar. Ir al McDonalds como recompensa por lavarse los dientes. Además de lo anterior, ¿de verdad la comida basura puede ser un buen premio para algo? Dar un paseo en bici si ha permanecido sentado en la mesa durante las comidas: el tiempo de calidad con los padres o el deporte, nunca deberían estar condicionados al cumplimiento de ninguna condición. E ir al cine si ha ido a dormir al primer aviso: de nuevo, otro refuerzo demorado. Quizá no es tanto despropósito emplear una visita al cine como recompensa por algo que ha costado esfuerzo, pero sería mucho mejor como hemos visto si se ofrece por sorpresa y no se condiciona la conducta a ello. Y, ¿qué mejor recompensa por ir rápido a la cama que un rato más de cuentos y cosquillas con mamá o papá?

¿Cómo castigar correctamente una conducta?

A la hora de actuar ante una conducta incorrecta, más que hablar de castigos (que con frecuencia se asocian a los errores que antes hemos mencionado), es mejor hacerlo de las consecuencias lógicas y naturales. Puede parecer una diferencia de matiz, pero este matiz es importante porque lo que transmitimos al niño es muy distinto. Para empezar hay un cambio muy importante, y es el tono emocional, ya que podemos (o debemos) ser firmes al mismo tiempo que cálidos y cariñosos.

Las consecuencias lógicas y naturales, a diferencia de los castigos (inadecuados) están relacionadas con la conducta que queremos cambiar, son proporcionadas, se producen de manera contingente (inmediata) y, sobre todo, no buscan fastidiar al niño para que aprenda, sino mostrarle la forma correcta de comportarse. Es simplemente una forma en la que los niños experimentan la realidad que les rodea. Y, además, en el caso de las consecuencias naturales no son consecuencias que los padres o educadores ponen a los hijos, sino que esas consecuencias se derivan de manera natural de sus propias acciones. Por supuesto, no debemos confundir este concepto de «consecuencias naturales» con el eufemismo «consecuencia» que muchas veces se emplea para no hablar de castigo. «Pues la consecuencia de haber suspendido es que no bajas al parque»: no es una consecuencia natural, es un castigo, se llame como se llame. Y es algo que, como hemos visto, no educa. Para diferenciar las consecuencias lógicas[14] de los castigos, la consecuencia que apliquemos debería cumplir «las cuatro R» propuestas por Jane Nelsen[15]:

- Relacionada: como hemos visto, la consecuencia debe estar relacionada con la conducta que queremos corregir.
- Respetuosa: la consecuencia no debe culpar, avergonzar ni hacer sufrir al niño, y debe imponerse con amabilidad y firmeza.
- Razonable: la consecuencia debe ser razonable para el niño y para el adulto, y no debe incluir sermones adicionales, del tipo «ya te lo había dicho».
- Revelada de antemano: para permitirle al niño que sepa lo que va a suceder si decide comportarse de una determinada manera.

---

14. Las consecuencias lógicas, a diferencia de las naturales, sí requieren la intervención de los padres.

15. Nelsen J.: *Cómo educar con firmeza y cariño. Disciplina positiva.* Medici, Barcelona, 2007.

Ante la conducta incorrecta, en lugar de aplicar un castigo del tipo «te quedas sin tele / parque / postre / juguete / atención», es preferible explicar por qué no es correcto lo que ha sucedido (siempre de acuerdo al nivel de comprensión del niño, que irá en función de su edad), cuál es la consecuencia que se deriva de sus actos, cuál es la forma correcta de actuar en una situación similar y cómo reparar el daño causado. Y, como hemos dicho, esa consecuencia se deriva de modo natural de lo que ha hecho el niño, no es algo que arbitrariamente deciden sus padres.

De este modo estamos aplicando disciplina y límites, pero lo estamos haciendo desde el cariño y no desde el enfado. Y lo más importante es que estamos educando (le estamos enseñando la forma correcta de comportarse), y lo estamos haciendo sin que crezca la distancia que nos separa de nuestros hijos. Además de las consecuencias, conforme los niños crecen, podemos plantearnos el ir buscando soluciones junto a ellos al problema que se plantea: ¿cuál es el problema?, ¿cuál puede ser una buena solución? De este modo, nos alejamos de las consecuencias arbitrarias y desproporcionadas (que, en el fondo, son simplemente castigos) y contribuimos a poder extraer un aprendizaje de la experiencia. Así, poco a poco, el niño irá comprendiendo por qué no es adecuado comportarse de esa manera, trataremos que se ponga en el lugar del otro (si su conducta afectaba a terceros), le haremos implicarse en la reparación de las consecuencias de sus actos; y es a través de esta reparación y el esfuerzo que esta conlleva, cuando ocurre el aprendizaje. Veamos un par de ejemplos: el niño derrama intencionalmente un vaso de agua sobre la mesa. En lugar de dejarle sin postre o mandarle a su habitación, simplemente estaría bien que tomase la bayeta y recogiera el agua derramada (tal y como haríamos nosotros mismos si lo hubiéramos derramado). Si todavía es pequeño, le ayudaremos a hacerlo: importa más su implicación que lo bien que lo haga. Otro ejemplo sería un niño que no quiere recoger sus juguetes. En lugar de amenazar con un castigo («Si no lo recoges todo, te quedas sin parque») lo podemos enfocar de otra manera: «Si te apetece bajar al parque, recogemos los juguetes y bajamos». El niño podría decidir no recoger los juguetes, pero con ello estaría decidiendo no bajar al parque. Y si tarda una hora en recoger, disfrutará de una hora menos de parque. Todo esto sin necesidad de amenazas, gritos o malas formas que, en sí mismas, ya son un castigo. Así, muchas veces la diferencia es más cuestión de cómo se plantea la situación y de las formas que empleamos, que del hecho de mantener o no mantener un límite o norma.

Para saber más...

Jové, R.: *La crianza feliz. Cómo cuidar y entender a tu hijo de 0 a 6 años.* La Esfera de los Libros, Madrid, 2011.

Kohn, A.: Punished by Rewards. Mariner Books, 1999.

L'Ecuyer, C.: *Educar en el asombro.* Plataforma, Barcelona, 2013.

—, *Educar en la realidad.* Plataforma, Barcelona, 2015.

Nelsen J.: *Cómo educar con firmeza y cariño. Disciplina positiva.* Medici, Barcelona, 2007.

Noboru Kaetsu: *Pensando en los demás,* 2003.

CAPÍTULO 13

La operación pañal

«No por estirar la hierba esta va a crecer más deprisa».
Proverbio africano

Parece como si existiera una ley no escrita que dice que el mejor momento para quitarle los pañales a un niño fuera en el primer verano después de haber cumplido los dos años. Seguro que os ha pasado, o quizá os pase más adelante: si vuestro hijo ya ha cumplido los dos años o está a punto de cumplirlos, nada más llega el buen tiempo la idea probablemente os empezará a rondar la cabeza... ¿será el momento adecuado para quitarle los pañales? Y aunque la idea no se os haya pasado por la cabeza, vuestro entorno se asegurará de que empecéis a pensar en el tema, os lo empezarán a sugerir, a decirlo más o menos abiertamente, ¡quizá hasta os llegue a parecer que suena a orden!: «Pues a este niño habrá que quitarle ya el pañal, ¿no?». Bueno, ante todo mucha calma; en este capítulo vamos a explicar cómo podemos saber cuándo es un buen momento para dejar los pañales y qué hacer cuando llegamos a ese punto.

Imaginemos la siguiente situación: vuestro hijo ha cumplido un año, está gateando, y se os acerca alguien en el parque y os dice: «bueno, ahora que hace fresquito empezaréis ya con la operación andar, ¿no? Porque ya se sabe, que con el calor les cuesta más...». Igual que sería extraño forzar a un niño a caminar el primer invierno después de cumplido el año, también debería resultarnos extraño obligarle a dejar el pañal simplemente porque es el primer verano después de haber cumplido los dos años. Hay niños que andan con 10 meses, y aunque es algo pronto, entra dentro de lo normal. También hay niños que no andan hasta los 16 o 17 meses, y aunque es algo tarde, también entra dentro de lo normal. Cada niño tiene un ritmo evolutivo diferente. Si tratamos de forzar ese ritmo, lo único que vamos a lograr es frustrarnos y frustrarle. En general, está bien recordar que la edad media para dejar los pañales es de 3 años[1], por lo que querer quitarlos nada más cumplir los dos años, aunque en algunos casos el niño pueda estar preparado, en muchos otros estaríamos forzando la situación.

Cuando se habla del pipí y la caca en niños, y por consiguiente de quitar el pañal, es frecuente decir que los pequeños tienen que aprender a controlar sus esfínteres, pero en el fondo es una expresión muy poco afortunada. Se puede aprender a ir en bicicleta o cuáles son las capitales del mundo, pero no a contener esfínteres. Esto es un hito que se logra con el desarrollo, al igual que gatear o andar. Lo que sí se aprende es dónde hacer pipí o caca (orinal, váter, en el pañal o donde le digamos), pero el control no se aprende, se adquiere en el momento en el que el niño está fisiológicamente preparado, y será en un momento diferente en cada caso. No existen niños que por culpa de haber sido «educados incorrectamente» no logren el control de esfínteres, lo que sí existen son niños con problemas fisiológicos y niños con ritmos diferentes.

1. Brazelton, T. B., y Sparrow, J. D.: *Cómo dejar los pañales: el método Brazelton*. Medici, Barcelona, 2004.

El control de esfínteres es un proceso progresivo

En ocasiones da la impresión que el control de esfínteres sea un momento temporal puntual (los días o semanas de la famosa «operación pañal») tras la cual el niño ha adquirido una habilidad que no tiene marcha atrás, pero la realidad es muy distinta: el control de esfínteres es un proceso progresivo que no concluye hasta entrados los 5 años y medio o los 6 años de edad.

Entre el primer y segundo cumpleaños el niño empieza a reconocer que tiene la vejiga llena; tiempo después, alrededor de los 3 años, será cuando pueda empezar a retener y posponer la orina durante unos pocos momentos, alrededor de los 4 años y medio es capaz de inhibir el flujo al orinar, y no será hasta los 5 años y medio o 6, cuando sea capaz de evacuar e inhibir a voluntad. Hasta ese momento los «accidentes» pueden considerarse normales. Así, el 85% de los niños son capaces de inhibir la orina antes de los 4 años y medio, y el 90% antes de los 7 y medio. En cualquier caso, en caso de existir dificultades no es conveniente iniciar ningún tratamiento antes de los 5 años, ya que hasta entonces no se considera problemático[2]. En el caso de la defecación, el control de esfínteres debería estar desarrollado a los 4 años. En ambos casos, para considerarse problemáticos, los accidentes tendrían que darse de forma repetida durante al menos 3 meses y no deberse a los efectos de medicamentos o enfermedades. Habitualmente los trastornos relacionados con este tema (enuresis y encopresis)[3] presentan

2. María del Carmen Martorell y Olatz Gómez, «Control de esfínteres: enuresis y encopresis», en Remedios González, *Psicopatología del niño y del adolescente*. Pirámide, Madrid, 2000.

3. Enuresis: incontinencia urinaria durante el día o la noche (voluntaria o intencionada) en niños mayores de 5 años.
Encopresis: evacuación de heces de forma repetida, involuntaria o voluntaria, en lugares no apropiados para este propósito (incluida la ropa interior) en niños mayores de 4 años.

un patrón familiar, teniendo el 75% de los niños con enuresis algún familiar de primer grado con este trastorno, y ambos tipos de trastornos suelen remitir con el paso del tiempo si no van asociados a otro.

Cuándo quitar el pañal

Por todo lo expuesto, el mejor momento para quitar el pañal no es ese famoso primer verano después de haber cumplido los dos años, sino cuando el niño esté preparado. Aunque es obvio que el calor puede hacer que sea más cómodo para nosotros manejar los escapes, el mero hecho de que se acerque el buen tiempo no es motivo suficiente para lanzarnos a intentarlo. Lo ideal es esperarnos a que el niño esté preparado, y como hemos visto, antes de los dos años es poco probable que el niño lo esté, aunque con esta edad ya es un buen momento para empezar a observar las señales de que lo esté.

¿Cuáles serían esas señales que nos indicarían que está preparado? Vamos a ver algunos de esos indicadores que señalan el pediatra T. Berry Brazelton y el psiquiatra Joshua Sparrow, profesores de la facultad de medicina de la universidad de Harvard. Estos autores señalan que lo ideal sería esperarse hasta que se cumplan todas antes de lanzarnos a la retirada del pañal. A nivel global, el niño irá mostrando las siguientes señales:

- Permanece más tiempo sentado. Cuando aprenden a andar, la mayoría de niños quieren practicar esta nueva habilidad. Después de haber pasado tanto tiempo sin poder desplazarse libremente, al adquirir este «superpoder» lo que quieren es utilizarlo. Pero cuando ya se van conociendo el tema y ven que no es para tanto empiezan a estar interesados en aprender otras cosas sentados, como pintar, escuchar un cuento...

Esto suele pasar a partir de los 18 meses, pero como probablemente hayáis notado, hay niños más y menos movidos.

- Otro elemento al que hay que prestarle atención es al desarrollo del lenguaje. Si vuestro hijo no entiende lo que le decís, difícilmente podréis ayudarle a que aprenda dónde es correcto hacer el pipí y la caca, o que os tiene que avisar cuando sienta la necesidad de ir al baño. Cuando observéis que el niño es capaz de ejecutar órdenes que impliquen dos pasos, del tipo «coge la pelota y dásela a mamá», entonces su comprensión puede ser adecuada para iniciar esta tarea.
- También es importante que sepa decir «no». Este punto está relacionado con el requisito anterior, ya que se trata del desarrollo del lenguaje, pero en este caso la cuestión es que sepa decir claramente que no. Hasta que no se pueda oponer de manera inequívoca, el logro de dejar los pañales no podrá ser un logro realmente propio. Por este motivo a veces los niños dan el salto empujados por los padres, pero después parecen darse cuenta de que no es lo que ellos querían, por lo que se aguantan las ganas de hacer pipí o caca, pudiéndose provocar un doloroso estreñimiento, lo que al final produce un círculo vicioso que puede acabar siendo muy problemático.
- Empiezan a dejar las cosas en su sitio. Llega un momento en el que los niños empiezan a mostrar cierto interés por el orden. Puede que empiecen a recoger sus juguetes o a colocar sus coches o animalitos en fila. En este momento están aprendiendo dónde va cada cosa, lo cual les prepara para saber dónde deben ir la caca y el pipí.
- Otra señal, es que tu hijo se esté convirtiendo en un gran imitador. Os podéis ver reflejados en sus gestos o su forma de hablar, os puede pedir (o directamente coger) vuestros zapatos, gafas, etc. para hacer como vosotros. Esta necesidad de imitar el comportamiento de los mayores le ayudará a que también quiera utilizar el váter como los mayores.

- Ya, más directamente relacionado con el pipí y la caca, sería cuando empieza a hacer sus necesidades en momentos predecibles, por ejemplo, se despierta seco después de una siesta y hace pipí después, o hace caca todos los días por la mañana o por la noche, más o menos a la misma hora; entonces está un poco más cerca de dejar el pañal.
- Otra señal es cuando empieza a ser más consciente de su propio cuerpo: y empieza a nombrar sus partes y funciones. Llegados a este punto, estaros preparados para decirle «este es tu pene» o «esta es tu vulva» cuando os pregunte en un cambio de pañal o en la ducha. Es algo normal, está aprendiendo cómo es su cuerpo.

Otras señales más directamente relacionadas con el hecho de dejar los pañales serían el empezar a mostrar interés por utilizar el váter, comunicar que ha hecho sus necesidades, empezar a utilizar el váter o el orinal, que le empiecen a molestar los pañales, que mantenga los pañales secos durante mucho tiempo, por ejemplo después de las siestas, y que cuando los moje lo haga «a lo grande» (esto es que ya retiene cantidades importantes de pipí), que se vaya a algún sitio concreto a hacer sus necesidades, que quiera hacer pipí «como los mayores» o pueda desvestirse solo.

Además de todas estas señales, los padres que quieran (y puedan) esperarse, podrán observar otras señales mucho más fáciles de interpretar, como cuando el niño sencillamente les dice «ya soy mayor, ya no quiero pañales» o alguna frase parecida. Si os esperáis a escuchar una frase como esta, probablemente el abandono de los pañales sea una tarea bastante más sencilla, y os evitéis lo de tener que recordar cada x minutos que vaya al baño, lo de sentarle muchas veces hasta que salga algún pipí o caca, lo de «tener el mocho siempre cerca», lo de pasarse «un fin de semana encerrados en casa», o cualquier otra de las muchas otras técnicas relacionadas con «la operación pañal», además de algún que otro disgusto y estrés innecesario.

A veces puede ocurrir que el niño esté preparado a nivel fisiológico, que haya aprendido la manera en la que debe hacer sus necesidades, que ya esté familiarizado con todo lo necesario, etc., pero que psicológicamente no esté preparado para dar este paso. Y es que para algunos niños puede ser difícil decirle adiós al pañal por diferentes motivos. Puede que les cueste desprenderse del pañal en sí mismo, como objeto, al igual que les puede costar desprenderse de un muñeco o del chupete, o puede que les cueste despedirse del momento de intimidad que tenían con sus cuidadores durante el cambio de pañal. Y es que a veces el momento del cambio es un momento de relax durante el que recibe atención exclusiva, caricias, cosquillas, alguna canción... y es un momento en el que aún se puede sentir bebé, en una etapa en la que muchas veces todo el mundo le dice que ya es mayor, cuando quizá el niño no tiene el menor interés en serlo. Si cambiamos esos momentos de relax por presiones para dejar el pañal y que «se haga mayor» a la fuerza, con más motivo se aferrará a esos momentos que le quedan de sentirse bebé. Si en lugar de forzarle tratamos de acompañarle en el proceso con paciencia y cercanía, la probabilidad de que muestre estas resistencias será menor. También puede ser una cuestión de miedos, que le cueste un poco reunir el «valor» para dar ese paso tan importante.

Además, un problema con el que muchas familias se encuentran es no tener libertad para elegir el momento en el que retirar el pañal. No tienen esa libertad porque se les fuerza, directa o indirectamente desde la escuela infantil a hacerlo en el mismo momento que el resto de compañeros; o más frecuentemente estas presiones vienen del hecho de tener que entrar en «el cole de mayores» ya sin llevar pañal, y es una presión que se cae tanto sobre el niño que nació en enero, como sobre el que nació en diciembre. Desde que entran en el «cole de mayores» ya se espera de todos que muestren las mismas capacidades, aunque en realidad puede haber grandes diferencias madurativas entre compañeros de una misma clase. Cuando en estas edades se da un conflicto en el colegio o la guardería con motivo del control de esfínteres, no podríamos hablar tanto de un problema en el niño, sino más bien de un problema de la propia guardería o cole, que no han sido capaces de adaptarse a los diferentes ritmos de los alumnos. Por eso es recomendable preguntar por estos temas al buscar una escuela infantil o colegio, ya que independientemente del tema del control de esfínteres, la gestión que hagan de estos «problemas» también puede dar pistas de cuál es la visión que tienen de la infancia.

Sí, vale, muy bien, pero... ¿cómo lo hacemos?

Como hemos visto, lo primero sería observar con calma a vuestro hijo y ver si muestra las señales de estar preparado. Si pensamos que ya lo está, pero la propuesta no parte de él, debemos escoger una fecha en la que no coincida con otros eventos importantes como el inicio del cole, la llegada de un hermanito, un cambio de residencia, el destete o el abandono del chupete. Aunque, es verdad que en estas edades a veces cuesta encontrar el momento en que no coincida con alguno de estos sucesos.

En cualquier caso, pongamos que ya hemos decidido que es un buen momento para intentarlo, pero no sabemos por dónde empezar. Entonces, podríamos distinguir dos fases, la anterior a la retirada del pañal y la de la retirada del pañal en sí misma.

Algunos días o semanas antes del día elegido para dejar el pañal (si es que decidimos nosotros el día y no el propio interesado), podemos ir explicándole qué es lo que esperamos de él. Le podemos ir adelantando que en unos días ya no llevará pañal y que es importante que nos avise cuando necesite ir al váter. Si no parece especialmente motivado, podemos comprarle algún libro sobre el tema. En las secciones infantiles de las librerías seguro que encontráis muchos libros diferentes con dibujos atractivos para ellos, en los que les explican todo el proceso. Escoged el que más os guste y dedicadle tiempo a leerlo con vuestro hijo y a hablar del tema. Si no lo está haciendo ya, también podéis invitarle a ir con vosotros al baño y aprovechar para explicarle todo el proceso: «Me siento aquí, el papel está allá, luego me lavo las manos, el jabón está aquí, la toalla allá...». Además, otro aspecto importante es facilitarle las cosas para que pueda ser autónomo, por ejemplo, colocándole un reductor en la taza del váter para que esta sea más adecuada a su tamaño, un escalón para que pueda acceder a ella y no tenga que estar con los pies colgando, ropa cómoda para que pueda subirse y bajarse los pantalones por sí mismo, o cualquier otra cosa que veáis que le puede ayudar en el proceso. Si el «váter de los mayores» le impone mucho, podéis ir haciendo aproximaciones progresivas al mismo, para que se vaya familiarizando con él antes de la fecha en la que tenéis previsto dejar de usar los pañales, y si aún así no le termina de hacer mucha gracia, os podéis plantear el uso de un orinal. Además, durante esta etapa, podéis aprovechar los cambios de pañal para ir dejándole ratitos sin pañal para que se vaya acostumbrando a estar sin él y para que vosotros podáis ver su reacción.

Si optáis por el orinal, a la hora de escogerlo veréis que hay muchos modelos. En realidad, para cumplir su función tampoco es que necesiten disponer de una tecnología muy puntera, así que la gran mayoría serán suficientes para lo que necesitáis. Como es más bien una cuestión estética, sería una buena idea dejarle participar en la elección, ya que es él quien lo tiene que usar y a quien le tiene que gustar. De hecho, hay algunos que hacen diferentes sonidos para festejar que el niño ha hecho sus necesidades en su sitio, pero a veces puede pasar que cuando por fin se sienta, el niño se asusta con el ruidito y ya no quiere volver a sentarse allí. Por eso es más recomendable decantarse por algo más sencillito y al gusto del interesado. Del mismo modo, si también participan en la elección de la ropa interior, les puede hacer más ilusión usarla.

Una vez que el niño ya ha entendido de qué va el asunto y se ha familiarizado con los objetos que va a necesitar, como el váter, el orinal, el escalón, el papel, la ropa interior, etc., podemos plantearnos dar el siguiente paso: le quitamos el pañal. Entonces, ¿solo le quitamos el pañal de día, o también el de noche? Nos podemos plantear dejar los pañales primero de día y, cuando el proceso esté más avanzado, hacerlo también de noche, o si nos hemos esperado lo suficiente y el niño controla bastante (de forma que ya llevamos un tiempo retirando los pañales de la noche secos) también se pueden quitar los del día y de la noche a la vez. Nuevamente, será el propio niño quien nos debiera marcar el ritmo. Con el tema del pañal nocturno pasa lo mismo que con el diurno: no hay ninguna prisa, y no pasa nada porque lo aguante unos cuantos meses más si se siente más seguro. Que lo quiere hacer a la vez, perfecto. Que no, también.

Llegados a este punto necesitamos un poco de organización y logística. En cuanto a la organización, es recomendable escoger un fin de semana tranquilo, con menos compromisos, para comenzar a funcionar sin pañales, y eliminar así estrés innecesario al proceso. Podéis empezar por preguntarle al niño si quiere dejar el pañal. Si os dice que sí, todo será más fácil. Si os dice que no, o veis que tiene miedo a estar sin él, podéis plantearle estar algunos ratos sin pañal para que se vaya acostumbrando antes de quitarlo definitivamente. Si disponéis de tiempo, podéis plantearos retirarlo más adelante. Una vez retiréis el pañal, podéis recordarle que vaya al lavabo antes de dormir, o antes de salir de casa, pero no es necesario estar recordándoselo a todas horas, a no ser que veáis que, efectivamente, se le olvida y debido a eso tiene muchos accidentes. Además, tendréis que coordinar con el resto de cuidadores que se van a hacer cargo del niño, para que sepan en qué punto del proceso estáis, para que no pille a nadie desprevenido. Hasta que el niño os diga lo contrario, es conveniente acompañarlo al baño cada vez y quedarnos con él el tiempo que necesite, sin desesperarnos si necesita algo más de tiempo del que consideráis adecuado. Paciencia, es normal, está aprendiendo.

En cuanto a la logística, los padres y cuidadores también tenemos que aprender, como el niño, un poco sobre la nueva situación. Si antes teníamos en cuenta llevar pañales y toallitas, ahora deberemos llevar una muda de ropa, varias de ropa interior, alguna bolsa de plástico, etc. También es práctico disponer de empapadores, fundas para la silla del coche o cochecito, o poner un protector de colchón impermeable, ya que tenemos que contar con la posibilidad de algunos escapes. Igualmente, si antes teníamos nuestros sitios preferidos en los que nos resultaba más cómodo cambiar un pañal (por ejemplo, una cafetería con un cuarto de baño amplio con un buen cambiador), ahora nos vendrá bien conocer la ubicación de los servicios allá donde vayamos, para que una vez escuchemos la frase «¡mamá pipí!» no tengamos que ponernos a buscar un cuarto de baño a la carrera y seamos capaces de ir directos al más cercano.

Por otro lado, un aspecto importante al que deberíais prestar atención es a vuestra propia reacción ante los «éxitos y fracasos» de vuestro hijo en esta tarea. Como logro que es, está bien alegrarse e incluso felicitarle por ello, pero todo en su justa medida. Le podemos transmitir nuestra alegría sin necesidad de hacerle una fiesta cada vez que hace sus cosas en su sitio. Por el contrario, tampoco debemos hacer una reacción excesiva en caso de escapes o accidentes. En general, podemos decir que el uso de premios y castigos no es recomendable para lograr abandonar los pañales (ni para muchas otras cosas), ya que el objetivo es que sea él quien conduzca el proceso y su consecución sea un logro del niño, no de los padres.

Errores frecuentes

La principal idea que nos puede ayudar a evitar cometer muchos de los errores más frecuentes en la retirada del pañal es entender, como hemos explicado, que el control de esfínteres es básicamente una cuestión madurativa. Le podemos enseñar dónde hacerlo, pero no le podemos enseñar a controlar esfínteres si todavía no está preparado. Si le forzamos y le hacemos «aprender» antes de tiempo, lo único que conseguiremos será pasar todos una temporada estresados: los mayores detrás del niño recogiendo pipis y cacas, y el niño agobiado por tener que enfrentarse a repetidos fracasos, lo cual puede hacer que lo pase mal de una forma innecesaria. Al final, el resultado será que logrará adquirir el control de esfínteres a la edad que tenía que hacerlo, pero después de haber pasado todos una temporada agobiados, y probablemente habremos dificultado el proceso (e incluso podría suceder que lleguemos a retrasar este logro) debido a nuestras presiones. En general, los errores más frecuentes que cometemos los padres en la retirada del pañal son los siguientes:

Presionarle

Hay veces que es evidente que el niño no tiene el más mínimo interés en dejar los pañales. Igual que no tiene sentido pelear con el niño para que duerma si no tiene sueño, tampoco tiene sentido intentar forzar este proceso. Si pensamos que fisiológicamente está preparado pero lo que le falta es un poco de motivación, sería mejor dedicarle más tiempo a hablar del tema directamente, o indirectamente mediante cuentos o juegos y dejar para más adelante el intento, que estar peleando con el niño para que se siente en el váter cuando está claro que no quiere. Otras veces parece que el niño ha aceptado el cambio, pero el resultado es que se aguanta las ganas de hacer pipí o caca (durante muchas horas en el caso del pipí o días en el caso de la caca). Estos también pueden ser indicadores de que hemos ido demasiado rápido.

Humillarle

No deberíamos humillar nunca a nuestros hijos, igual que no deberíamos humillar nunca a nuestra pareja ni a cualquier otra persona. No está bien humillar a los demás, pero si además esta persona es nuestro hijo y este es un tema delicado, con más motivo. No debería hacer falta explicación, pero parece que sí, porque aún hoy en día es frecuente escuchar cómo se insulta a niños muy pequeños cuando están aprendiendo a funcionar sin pañales («¡¡¡cochino!!!»), o peor todavía, ¡cuando hacen sus necesidades en el pañal que nosotros mismos le hemos colocado para que lo utilice con esa finalidad! Hace poco una mamá nos comentaba cómo en la *escoleta* de su pueblo, las reuniones de padres se hacen en medio de la calle y la profesora le dice a los padres delante de todo el mundo «hoy vuestro hijo se ha hecho pipí tres veces, vamos a decirle todos juntos: "Bebé, eres un bebé que te haces pipí encima"». Seguro que se os ocurren formas más sutiles de gestionar los escapes.

Castigarle

Cuando ocurra un accidente o escape no debemos dramatizar ni castigarle. En general es mejor evitar los castigos, con que el niño experimente la consecuencia del escape es más que suficiente, ya que a nadie le gusta mancharse con el pipí o la caca. Además muchas veces esto implica interrumpir su juego para tener que cambiarse de ropa, o el niño puede experimentar vergüenza o frustración por no haber conseguido aguantarse. No tenemos por qué añadir a todo esto un castigo, ¡bastante tiene el pobre con lo que le ha pasado! Como hemos dicho, la presión excesiva no va a facilitar el proceso, más bien todo lo contrario. En estos casos, nuestra reacción debe ser mínima, transmitiéndole que es algo normal y que no hay por qué preocuparse.

Perder los nervios o enfadarnos con el niño

No esperamos que cuando un niño empieza a hablar lo haga directamente como un adulto; cuando empiezan a andar, consideramos normal que les cueste durante una temporada, que se peguen «culás», que anden un poco tambaleantes y que tengan que ir agarrándose a los muebles hasta que se atreven a soltarse. Con el sueño pasa algo parecido: no podemos esperar que de hoy para mañana duerman del tirón, más bien los periodos de sueño se van alargando y los despertares se van reduciendo, hasta que poco a poco van desapareciendo. En todos estos casos, y el control de esfínteres no es una excepción, se trata de procesos del desarrollo que llevan su tiempo, por lo que no tiene sentido ponernos nerviosos o enfadarnos con el niño cuando está empezando a dominar una nueva habilidad. Si no nos enfadábamos con él, ni nos poníamos nerviosos cuando nos pedía ayuda cuarenta veces al día cuando empezaba a caminar, ¿por qué nos desesperamos ahora que nos pide ayuda 8 o 10 veces para aprender a utilizar el baño? Si lo entendemos como lo que es, quizá tenemos un poquito más de paciencia para ayudarle también en esta etapa.

Calificar negativamente lo que sale de su cuerpo
Por ejemplo, «¡¡uuuhhh qué mal hueleeee!!», porque podría avergonzarse y por eso no querer avisarnos cuando tenga que ir al baño. Si lo que queremos es que nos avise, es mejor tratar el tema con la mayor naturalidad posible, sin hacer grandes reacciones.

Competir con otros padres
Debemos evitar comparar a nuestro hijo con el hijo del vecino, el primito o el hermanito. El desarrollo de los niños no es una competición o una carrera. No está bien compararlos porque cada niño lleva su ritmo y hay mucha variabilidad en los tiempos que necesitan para alcanzar diferentes hitos. No tiene sentido que los padres nos colguemos medallas porque nuestro hijo gane estas carreras inexistentes; controlará esfínteres cuando tenga que hacerlo, dormirá del tirón cuando tenga que hacerlo y crecerá lo que tenga que crecer. Nosotros, con no dificultar el proceso, ya tenemos bastante.

Alegrarnos o festejar en exceso los éxitos
Como hemos comentado, está bien alegrarnos y transmitirle esa alegría con cada avance que haga, pero si exageramos mucho, aunque lo hagamos con la buena intención de motivarle, también podemos estar presionando en exceso, ya que puede pensar que si le damos tanta importancia a los éxitos, también se la daremos a los accidentes. Mejor mostrar alegría pero con moderación. El estar hablando todo el día sobre el tema, aunque sea en positivo, también puede ser una forma de presión para el niño.

Premiar con juguetes, chucherías o pantallas
Aunque parezca buena idea incentivarle con este tipo de premios para que se siente en el váter o en el orinal, esto puede no ser tan buena idea, principalmente por dos motivos. Por un lado, lo que queremos es que aprenda a ser consciente de las

señales de su propio cuerpo que son las que le indican cuando es necesario ir al baño y hacer sus necesidades. Si dirigimos su atención hacia la chuchería o los dibujos animados, se sentará en el orinal solo para conseguir esto, no porque se de cuenta de que necesita hacer pipí o caca. Además, en relación con esto, pero a otro nivel, lo que queremos es que sea él quien conduzca todo este proceso, ya que se trata de un importante paso hacia su independencia; no podemos pretender conducir nosotros cuando lo que queremos es que sea él quien avance en su independencia. Lo ideal es que el motor de todo el proceso sea interno.

Hablar con todo el mundo de un proceso que en realidad es algo privado del niño

¿Nos gustaría que nuestra pareja fuera hablando con todos nuestros conocidos sobre la consistencia de nuestras caquitas? ¿o que fuera contando por ahí si nos hemos hecho pipí en la cama o hemos mojado los pantalones? Evidentemente los niños lo viven diferente, y la mayoría de niños de estas edades no tendrá el menor problema en invitar a sus amiguitos a observar el pipí o la caca que acaban de hacer. Pero para algunos niños especialmente sensibles o tímidos puede resultar incómodo o humillante que vayamos hablando por ahí con todo el mundo sobre sus avances y retrocesos en este sentido. En general, si lo que queremos es que aprendan que esto es un proceso privado, que los mayores hacemos en solitario en el cuarto de baño, no tiene mucho sentido ir gritándolo a los cuatro vientos con familiares y conocidos, especialmente cuando el niño experimenta dificultades en el proceso.

Apropiarnos de su logro

Dejar los pañales debería ser un logro del niño, y lo ideal es que lo pueda vivir como algo que ha conseguido por sí mismo, aunque nosotros estemos a su lado acompañándole. Si percibe que lo ha hecho por sí mismo, probablemente nos evitemos complicaciones en el proceso.

Dificultades frecuentes

Aunque, como hemos comentado, este es un proceso esencialmente fisiológico en el que sobre todo debemos prestar atención a no «forzar la maquinaria» ni presionar al niño, hay algunas dificultades que pueden darse con frecuencia. Mientras que algunas de estas dificultades vendrán derivadas de haber presionado más de la cuenta durante el proceso, otras son independientes y están relacionadas con otros factores.

Estreñimiento

Muchos niños responden a las presiones para que deje el pañal con estreñimiento. Aunque al principio parezcan aceptar el hecho de no llevar pañales, en ocasiones responden aguantándose las ganas de ir al baño, provocándose problemas de estreñimiento. Esto hace que defecar les produzca dolor con lo que le cogen más miedo a ir al baño cerrándose así un círculo vicioso. En estos casos la defecación puede ser muy dolorosa, pudiendo producirse en ocasiones, una fisura anal. En estos casos es conveniente no presionar al niño y en un primer momento poner mucha atención a su alimentación disminuyendo al máximo el consumo de (en caso de que exista dicho consumo) galletas, bollería o repostería (aunque sea casera), papillas, de «cereales infantiles» (casi siempre están azucaradísimos), de zumos (aunque sean caseros)[4] y no digamos de aperitivos salados, refrescos o cualquier otra bebida azucarada.

4. Basulto, J. (2017): «Los doce mandamientos de la ley del zumo (aunque sea casero) en niños», Cadena SER. Accesible desde http://cadenaser.com/programa/2017/05/22/ser_consumidor/1495463603_416336.html

Para calmar la sed, agua (excepto en menores de seis meses, claro, que calman su sed con la leche materna o, en su defecto, la fórmula infantil). Ah, y se debe evitar el sedentarismo, que predispone al estreñimiento y puede empeorar el cuadro por pérdida de tono muscular. Si con estas intervenciones no se soluciona el problema, es recomendable consultarlo con el pediatra, quien valorará la existencia de alguna patología que le esté causando este problema, así como la posibilidad de recetarle algún medicamento que le ayude a reblandecer las heces o un laxante suave[5]. Algunos profesionales recomiendan el empleo de enemas o supositorios, pero estos no deberían emplearse a no ser que se trate de una medida absolutamente necesaria, ya que pueden ser amenazadores y molestos para el niño, añadiendo más presión al proceso.

Retrocesos

En ocasiones, cuando ocurren sucesos importantes en la vida del niño, como el inicio del cole o la llegada de un hermanito, o que este empiece a gatear o andar (con lo que toda la familia le presta más atención al pequeño), pueden ocurrir accidentes aunque hiciera un tiempo que el niño ya se manejaba bien sin pañales. Este es un síntoma de estrés por la nueva situación. Si los accidentes son muy frecuentes podemos valorar el volver a usar pañales durante una temporada, explicándole que no hay ningún problema y que en poco tiempo podrá volver a dejarlos, cuando se sienta más preparado. Cuando ocurra alguna situación de este tipo, es recomendable consultarlo con el pediatra para que este descarte una infección de orina o algún otro problema que pudiera estar causando estos accidentes.

---

5. Bautista-Casasnovas, A. I. (2011): «Estreñimiento», *Anales de Pediatría Continuada,* 9(4), 201-8.

Mojar la cama

Este es un problema frecuente, ya que aunque no se considera verdaderamente como un problema hasta los 5 años, como hemos visto, las presiones para que los niños abandonen los pañales empiezan mucho antes. Hay que distinguir entre un niño que moja la cama después de haber adquirido el control nocturno, de un niño que aún está en el proceso de aprender a controlarlo. Como hemos visto, en momentos de estrés los retrocesos son frecuentes, y hay que saber que una vez han conseguido controlar el pipí de noche, es poco frecuente que estos accidentes se deban a un problema médico en niños mayores de 5 años que ya controlaban. En ocasiones el niño moja la cama durante el sueño REM y hasta explica que en ese momento estaba soñando que hacía pipí.

Si el niño nunca ha llegado a controlar, es posible que su sistema urinario o sus patrones de sueño todavía sean inmaduros. En estos casos habitualmente se consigue el control algo después sin necesidad de realizar ningún tratamiento. Esta es una condición que presenta un patrón familiar, ocurriendo en un 40% de hijos de un padre que mojaba la cama y en un 65% cuando les ocurría a ambos padres. A menos que esto suponga un problema para el niño, no debiéramos darle mayor importancia, ya que probablemente se resolverá por sí mismo. El objetivo de los padres debería ser acompañar al niño cariñosamente de forma que esta situación no le suponga una amenaza a su autoestima. Lo más recomendable es esperar a quitar el pañal nocturno hasta que el niño esté preparado para no mojar la cama por la noche, es decir, cuando ya se despierta seco y está motivado para dejar los pañales. En palabras del doctor Brazelton: «Presionar a un niño que moja la cama, es sinónimo de que siga haciéndolo».

Presiones del centro escolar

En muchas ocasiones las presiones no vienen tanto de los padres como del entorno, principalmente de otros familiares, de la guardería o del colegio. Es comprensible que en la guardería o colegio prefieran que los niños no lleven pañales, pero estas presiones interfieren con los ritmos propios de los niños, especialmente en el caso de los niños nacidos en los últimos meses del año, a los que se les exige igual que a otros compañeros que les pueden sacar más de 10 meses. Ante estas presiones, es frecuente que los niños se aguanten las ganas de ir al baño, pudiendo provocarse, como hemos comentado, problemas de estreñimiento. En otras ocasiones, los niños no son capaces de retener y se sienten frustrados ante los repetidos accidentes, y los padres pueden sentirse culpables o culpabilizados. Ante este tipo de situaciones es conveniente, en un primer lugar, tener en cuenta la flexibilidad del centro escolar antes de escogerlo. Puede que prefiráis un centro que esté un poco más alejado de casa si sabéis que no van a presionar a vuestro hijo en este aspecto (y si no le presionan en este aspecto, probablemente en otros tampoco). Cuando no es posible encontrar un centro que por norma respete los ritmos de los alumnos, podemos plantearnos hablar del tema a nivel individual con la profesora para intentar gestionarlo de la mejor manera para todos.

Presiones de los familiares o amigos

Otras veces los padres y la escuela están tranquilos esperando el momento en el que el niño esté preparado para dar el paso, pero es algún abuelo u otro familiar quien insiste una y otra vez en que el niño ya debería dejar los pañales. En este caso hay que diferenciar entre familiares que cuidan habitualmente al niño de los que no pasan tantas horas con él. Si no son cuidadores habituales, podéis escucharles cuando os expliquen cuándo y cómo lo hicieron y escoger entre darles una explicación de por qué queréis esperar, o simplemente asentir sin dar más explicaciones. Al fin y al cabo, sois vosotros quienes decidís el cómo y el cuándo hacerlo. Si la relación con el niño implica un contacto más directo, por ejemplo porque le cuiden los abuelos habitualmente, entonces sí que se haría necesario llegar a un acuerdo en cómo gestionar este tema.

Miedo a tirar de la cadena

Es frecuente en niños que están aprendiendo a utilizar el váter que tengan miedo a tirar de la cadena, ya que eso de que el agua se lleve por ese agujero algo que hasta ese momento era parte de ellos, puede ser algo difícil de asumir. No saben dónde va ese pipí o esa caca, pueden tener miedo de caerse y que les arrastre a ellos también... En los casos en los que les cuesta «desprenderse» de esta parte de ellos, podemos «despedirnos del pipí y la caca» (literalmente: «¡adiós pipí, adiós caca, buen viaje!»), ya que para ellos es algo suyo importante y les puede costar tirar de la cadena así sin más. En algunos casos, el sonido de la cadena puede resultar atemorizante para los niños más sensibles a los sonidos. Si es el caso y le da miedo, es recomendable tomar en serio sus preocupaciones y esperar a que se sienta preparado. Podéis esperar y tirar de la cadena un poco después sin estar el niño presente. Poco a poco, según se vaya acostumbrando a todas las novedades, estará preparado para que tiréis de la cadena en su presencia y posteriormente ser él mismo quien lo haga. ¡Todos los adultos tiramos de la cadena!

Miedo a que se les trague el váter

Se puede usar primero un orinal o un adaptador para que les imponga menos, después puede ser útil continuar con los váteres infantiles que hay en el centro escolar. Para casa existen orinales con el diseño de inodoro infantil que os pueden ayudar en la transición, aunque también hay quien opta directamente por instalar un inodoro infantil. Cuando se han familiarizado con estos, es más sencillo dar el salto al de mayores.

Viajes

Es posible que si tenéis que viajar cuando vuestro hijo está aprendiendo a funcionar sin pañales observéis un retroceso en el proceso, ya que en ocasiones se atreven a hacerlo en sitios conocidos, pero no en un entorno extraño. Lo mismo puede suceder cuando salgáis de casa y tenga que acudir a un baño público. En realidad, tampoco es algo exclusivo de los niños, a muchos adultos les ocurre igual. Se da de forma más acentuada en los viajes ya que no solo cambiamos el sitio concreto en el que hacer nuestras necesidades, sino muchas más cosas: horarios, rutinas, alimentación, etc. Los niños son, por lo general, más dependientes que los mayores de sus rutinas, por lo que pueden acusar más todos estos cambios. Si tenéis que hacer un viaje cuando hace poco tiempo que vuestro hijo abandonó los pañales, es recomendable que le aviséis con antelación para que no le pille por sorpresa tanto cambio y coger su orinal o reductor, su muñeco favorito, algunos libros que le gusten, etc. Podéis explicarle, en caso de ser necesario, que no hay ningún problema en reanudar la etapa «sin pañales» cuando volváis a vuestro contexto habitual, aunque habitualmente en pocos días se resuelve el problema.

¡Socorro, mi hijo se toca!

Probablemente ya haya pasado antes de abandonar los pañales. En un cambio de pañal, durante el baño... en los pocos momentos en los que haya tenido libre acceso a sus genitales, probablemente los haya descubierto y los haya explorado, como ha ido haciendo con el resto de su cuerpo. Es una conducta normal, y algo que, por lo general, harán de manera ocasional, aunque en algunas temporadas pueden realizarlo con mayor frecuencia. Pero claro, hasta que no abandonan los pañales, es una zona de su cuerpo a la que no tenían acceso, con lo que es en este momento cuando de repente tienen «vía libre» para investigar. Ante esta situación algunos padres pueden sorprenderse o sentirse incómodos, no saben si ignorar la situación, castigarles, explicarles que eso no se hace, que no se hace en presencia de otras personas, que no se hace con las manos sucias... En principio no tenéis que hacer nada, probablemente cuanta más atención le prestéis y más intentéis que no lo haga, más interés muestre en ello. Más adelante podéis ir explicándole que ese tipo de exploración conviene hacerse en privado y siempre con las manos limpias. Si la conducta se da con demasiada frecuencia, podéis consultarlo con el pediatra para que valore una posible infección. Una vez descartado un posible problema por parte del pediatra, podéis plantearos si se trata de un periodo de más estrés o alguna otra necesidad que pueda tener vuestro hijo como atención, movimiento, juego libre o contacto con otros niños.

Ante todo, mucha calma

El control de esfínteres es un proceso evolutivo y progresivo; alrededor de los tres años los niños son capaces de retener durante un breve espacio de tiempo las ganas de orinar, pero no será hasta pasados los 5 años que este proceso sea totalmente controlado a voluntad. Las diferencias entre unos niños y otros son muy grandes, y dos niños de una misma edad pueden estar en momentos muy distintos de este proceso. Para abandonar el pañal no hay que tener prisa y dejar que sea el propio niño quien decida cuándo está preparado. Existen una serie de señales directas e indirectas que nos indican que ese momento está llegando. En todo caso, evitaremos el uso de castigos, de excesiva euforia ante los éxitos y, si debemos ser nosotros quienes tomemos la iniciativa, planificar bien el momento, ir anticipándoselo y haciendo partícipe al niño, y tener controladas todas las cuestiones logísticas para cuando llegue el día. Así que para este proceso, paciencia, comprensión, cariño, cercanía y confianza en que vuestro hijo será capaz de dar este importante paso hacia su autonomía.

Para saber más...

Brazelton, T. B., y Sparrow, J. D.: *Cómo dejar los pañales: el método Brazelton*. Medici, Barcelona, 2004.

González, C.: *Entre tu pediatra y tú*. Temas de Hoy, Madrid, 2011.

Jové, R.: «El control de esfínteres». En La crianza feliz. Cómo cuidar y entender a tu hijo de 0 a 6 años. La Esfera de los Libros, Madrid, 2011.

CAPÍTULO 14

La guardería[1]... ¿es necesaria?

«Los padres y los bebés de nuestras sociedades se merecen la posibilidad de que, si las madres y padres quieren, puedan ser ellos los principales cuidadores de sus hijos, al menos durante los dos primeros años».
Manifiesto «Más tiempo con los hijos»

CUANDO NOS PLANTEAMOS tener familia, a veces las prioridades cambian. No es raro que el plan inicial sea hacer las cosas de una determinada manera y acabemos haciendo algo totalmente distinto. Hay muchas cosas que tenemos que decidir con la llegada de los hijos, pero una de las más importantes es el encaje de los tiempos que dedicaremos a diferentes aspectos de nuestra vida,

1. Somos conscientes de que, en el mundo de la educación infantil, la palabra guardería no es aceptada actualmente, aunque en la calle la mayoría de la gente llame así a las escuelas infantiles. Los profesionales de la educación infantil, quieren reivindicar que allí se hace algo más que «guardar» o «aparcar» a los hijos mientras sus padres trabajan. Pero con este modelo «escolar» frente al «asistencial» o de cuidados, también parece transmitirse la idea de que es necesario empezar cuanto antes con la educación formal, y que los padres no son suficientemente buenos para «educar» a sus hijos. No pretendemos hacer un uso despectivo del término, sino que entendemos las guarderías como un recurso necesario para los padres, beneficioso en muchos casos, en el que trabajan profesionales bien formados y muy motivados, a quienes les gusta su trabajo y los niños, y les cuidan, en su gran mayoría con todo el amor y el cariño. Pero entendemos que lo que se hace con bebés de pocos meses, no puede ser otra cosa que cuidarlos hasta que llegan sus padres (u otro cuidador) a por ellos. Por todo esto, a lo largo de este capítulo emplearemos la palabra guardería, con todo el cariño y el respeto, sin intención de ofender a ninguno de los excelentes profesionales que trabajan en ellas. De hecho, nosotros no podemos más que agradecer al equipo de nuestra *guarde,* por haber cuidado a nuestros hijos con todo el cariño y respeto.

especialmente las áreas de familia y laboral. El famoso problema de la conciliación.

Cada familia es diferente. Tiene unas características y unas circunstancias diferentes que hacen que lo que para una familia sea una solución óptima, para otra no sea ni siquiera una opción, o siendo una opción, esta no fuera deseable. Cada familia tiene que encontrar la mejor forma de encajar las necesidades y los deseos de todos sus miembros, para así encontrar el equilibrio que mejor les funciona. Así, no existen soluciones universales, que le sirvan a todo el mundo, ni permanentes. Lo que tal vez funcionó durante una temporada, pasado un tiempo puede dejar de hacerlo y requerir un cambio. Así, la situación ideal sería aquella en la que la familia puede decidir en todo momento, la solución que más se acopla a sus necesidades y deseos. Sin embargo, la realidad no siempre es esta, y lo que hay que hacer es encontrar la solución que más se acerca, dentro de lo posible.

Durante los primeros meses, especialmente si la madre puede disfrutar de una baja de maternidad, no suele haber muchas dudas en que el mejor sitio en el que puede estar el bebé es en casa con ella. Una vez pasado este tiempo, la cosa se complica y la decisión de cómo cuidar al bebé se convierte en una tarea compleja en la que intervienen múltiples factores: ¿qué es lo que quieren hacer los padres?, ¿están los dos miembros de la pareja de acuerdo?, ¿existen esos dos miembros de la pareja?, ¿con qué ayuda contamos?, ¿disponemos de ahorros?, ¿tenemos excesivas deudas?, ¿qué perspectivas laborales tienen los padres en sus respectivos trabajos?, ¿existen esos dos supuestos trabajos?, ¿qué opciones tenemos realmente?, ¿qué derechos tenemos?, ¿sería posible coger una excedencia?, ¿una reducción de jornada?, ¿existen familiares dispuestos a cuidar del bebé?, ¿queremos llevarle a la escuela infantil? (guarderías para que nos entendamos todos), ¿es realmente necesaria?, ¿para quién es realmente necesaria, para los padres o para los niños?, ¿hay otras opciones diferentes a las escuelas infantiles?, ¿le costará más adaptarse al colegio si no va a la escuela infantil?, ¿estamos perdiendo la oportunidad de que aprenda idiomas, música, psicomotricidad u otras cosas importantes para su futuro por no llevarle?, etc.

Al tratarse de un problema complejo, la pregunta ¿guardería sí o no? no puede ser respondida. La pregunta estaría mejor planteada si incluyera mucha más información para el caso concreto. ¿Sería positivo llevar a Fulanito de x meses, *este* número de horas a *esta* guardería? Aun así, habría que contemplar muchos de los factores antes mencionados, posibilidades reales, deseos de los padres, implicaciones laborales, de salud, económicas, etc. En última instancia, aún contemplando todos los factores que queramos, los únicos que pueden tomar esa decisión, por supuesto son los padres. Partiendo de esta base, vamos a tratar de responder algunas preguntas en relación con este problema que en ocasiones parece irresoluble.

¿Cuál es la situación en España?

Respecto a las licencias parentales, las más conocidas y extendidas son los permisos de maternidad y paternidad. Estos son permisos para los trabajadores. No se trata de una ayuda económica por ser padre o madre, sino que se permite unas semanas de descanso sin ir a trabajar, pero sin dejar de cobrar el sueldo. Las mujeres ocupadas que reúnen los requisitos tienen derecho a una baja por maternidad de 16 semanas remuneradas al 100% de la base reguladora. Este permiso se puede repartir entre el padre y la madre, pudiendo disfrutar el padre hasta de 10 semanas. En caso de que se reúnan los requisitos excepto el periodo mínimo de cotización se puede acceder a un subsidio no contributivo durante 42 días remunerados al

100% del IPREM[2]. Además, las madres (o padres) de menores de 9 meses tienen derecho al permiso de lactancia que consiste en una reducción de una hora de la jornada con el salario íntegro, o se puede disfrutar como jornadas completas, lo que en la práctica suele suponer dos semanas a sumar al permiso de maternidad.

Con esta situación, en España, en palabras del pediatra y neonatólogo, Adolfo Gómez Papí: «Después del parto la mujer espera seguir siendo la misma persona que era antes de tener al bebé, con las mismas inquietudes, ocupaciones e intereses. Ha sido educada para ser eficaz en su trabajo y una profesional competente. De hecho, la sociedad le va a exigir y le va a presionar para que siga siendo la misma. Le concede una baja maternal (si la puede disfrutar) para que durante ese tiempo se dedique a ser madre en exclusiva, pero espera que después se reincorpore a sus actividades como si nada hubiera sucedido».

Por su parte, los padres trabajadores pueden disfrutar de dos días de permiso retribuido por nacimiento de hijo y luego el derecho a su permiso de paternidad, que desde enero de 2017 es de cuatro semanas ininterrumpidas, remuneradas igualmente con el 100% de la base reguladora, independientemente del disfrute compartido de los periodos de descanso por maternidad[3]. En octubre de 2016 se aprobó una propuesta para igualar progresivamente el permiso de paternidad al de maternidad.

Además, padres y madres tienen derecho a excedencia sin remuneración por cuidados familiares hasta que el hijo cumple 3 años; derecho a la reducción de entre un octavo y la mitad

2. Merino, P.: *Maternidad, igualdad y fraternidad: las madres como sujeto político en las sociedades poslaborales*. Clave Intelectual, Madrid, 2017.

3. Actualización enero de 2017 de la Ley 9/2009, de 6 de octubre, de ampliación de la duración del permiso de paternidad en los casos de nacimiento, adopción o acogida.

de la jornada laboral, hasta los 12 años del menor; y permisos por enfermedad para cuidar a un hijo gravemente enfermo, o permiso de excedencia para cuidar de un familiar enfermo.

Con respecto a los servicios de educación y cuidado infantil en España, competencia de las comunidades autónomas, el 39% de los menores de 3 años asistía a escuelas infantiles en 2011, y el uso de cuidados informales era del 20%.

En cuanto a las prestaciones monetarias, existen una prestaciones sujetas a renta para familias con bajos ingresos con menores a cargo, familias monoparentales, familias numerosas o madres con discapacidad. También existen prestaciones que no dependen de la renta en el caso de menores a cargo afectados por una discapacidad o casos de nacimiento o adopciones múltiples.

El volumen más importante de transferencias directas a las familias se realiza a través de beneficios fiscales, principalmente el «mínimo por descendiente» y la «Deducción por maternidad» de 1.200€ anuales, que se puede adelantar cobrando 100€ al mes. También hay deducciones especiales para familias monoparentales, menores con discapacidad, familias numerosas o gastos educativos.

Otras ayudas importantes para las familias son las ayudas a la vivienda. En este apartado la inversión de España en 2012 fue de 27,29€ por persona, frente a los 134,65 de la media de la Unión Europea.

¿Son realmente necesarias las guarderías?

En enero de 2016, la diputada Carolina Bescansa, durante la constitución de las Cortes para la nueva legislatura, se llevó a su hijo de cinco meses al congreso y se armó un lio tremendo. Hubo análisis para todos los gustos: desde que era una mujer actuando de un modo machista, hasta que esa actitud era una muestra de verdadero feminismo. Cuando hay visiones tan dispares sobre un mismo hecho es que, sin duda, nos encontramos ante un tema muy sensible. La cuestión es que esta situación no debería haber generado tanto debate: simplemente era una madre que acudía al trabajo con su hijo.

Este hecho suscitó un debate en torno a la función de las guarderías, ya que muchos comentarios iban en la línea de «existiendo guarderías, ¿qué hace ahí ese bebé?». La pregunta podría plantearse en el sentido opuesto. Si la familia puede cuidarle, ¿qué hace ese bebé en la guardería? Aunque una pregunta así formulada, parece políticamente incorrecta. Y es que parece claro, al menos en nuestro contexto, que los padres necesitamos las guarderías ya que es habitual que ambos trabajen y las guarderías se contemplan como una herramienta necesaria para la independencia de las mujeres. Así, negar la necesidad de las guarderías se interpreta a veces como un retroceso, un ataque a la emancipación de las mujeres o incluso al feminismo. Sin embargo, lo que no está tan claro es si los niños las necesitan. En palabras de Lucía Galán (madre trabajadora y autora del conocido blog «Lucía, mi pediatra»): «Si tenemos la posibilidad de que se críen de forma natural, sin exposición a infecciones, sin horarios tan estrictos, con la comida casera, y los paseos matutinos al parque de la mano de un familiar o de alguien de confianza, mejor. Ya tendrá tiempo de madrugar y asumir responsabilidades cuando empiece el colegio»[4].

Sin embargo, hay algunos casos que pueden beneficiarse especialmente de los cuidados proporcionados por la guardería. Por ejemplo, en los que se requiere el aprendizaje de la lengua, ya que en casa se hable otra diferente, en familias de contextos

4. Galán, L. (2015): «¿Le apuntamos a la guardería?». Accesible desde http://www.luciamipediatra.com/le-apuntamos-la-guarderia/

desfavorecidos o con algún problema específico que requiera una atención especial. Pero lo más habitual es que la necesidad de la guardería sea más genuinamente una necesidad de los padres y no tanto de los hijos. Aunque en realidad tampoco sería una necesidad de los padres, sino que esta necesidad surge de la estructuración social, laboral y económica. Dejando a los niños muy tempranamente en este tipo de instituciones, se minimiza la «interferencia» que supone la crianza en la carrera laboral de los padres o en su disponibilidad para el mercado laboral. Pero en la relación entre padres e hijos, ambas partes pierden algo importante. Así, la mayoría de las madres viven su vuelta al trabajo con verdadera angustia, ya que no quieren separarse tan pronto de sus bebés. Se suele decir que la escolarización temprana de los niños se relaciona con la incorporación de la mujer al mercado laboral, pero sería más correcto decir «la incorporación de la mujer al mercado laboral, sin las consecuentes ayudas sociales necesarias para cubrir las necesidades de los niños y de las familias»: no se trata de un problema de la madre, sino de la sociedad en su conjunto, ya que con otra organización del tiempo y del trabajo, no serían tan necesarias las guarderías donde cuidar a bebés tan pequeños. De hecho, en otros países en los que la mujer tiene una mayor participación en el mercado laboral, al disponer de mejores ayudas a la conciliación, estas no se ven obligadas a separarse tan tempranamente de sus hijos.

Desde un punto de vista psicológico, hay dos mitos muy extendidos alrededor de las guarderías: que «espabilan» a los niños y que son necesarias para la socialización. Ambos son falsos. Los niños espabilan solos como parte de su proceso evolutivo, y la guardería solo «espabila» a aquellos que tienen un ambiente familiar muy empobrecido en el cual no se da la estimulación necesaria para su desarrollo, pero en la mayoría de las familias se proporciona la estimulación suficiente para que un niño crezca fuerte y sano. A continuación vamos a describir el panorama de lo que supone la adaptación de una clase de bebés a la guardería, contado por una educadora infantil con amplia experiencia:

> Los juguetes no les interesan [en referencia a los mayores de la clase, los de 8 a 12 meses], no quieren jugar, solo están pendientes de la puerta que fue el último lugar donde se despidieron de sus padres y del movimiento de las educadoras, siendo su único consuelo permanecer lo más cerca posible de ellas, pero sobre todo en sus brazos.
>
> Hay que sentarse en el suelo rodeada de los niños más desconsolados e ir cogiéndolos en brazos para intentar calmarlos con caricias. Una vez relajados se les deja cerca y se coge a otro, y así sucesivamente. Es preferible calmar primeramente a los niños que lloran con mayor intensidad y frecuencia porque su llanto provoca el contagio en el resto del grupo; si el llanto se propaga cuesta más conseguir de nuevo la calma[5].

Desde luego no parece un ambiente muy estimulante; en cualquier caso, si pasar por algo así fuera necesario para «espabilar» seguro que muchos padres no tendremos inconveniente en que nuestros hijos espabilen algunos meses más tarde...

Respecto a la socialización, los niños hasta al menos los 2 o 3 años, son bastante egocéntricos, y eso es parte de su desarrollo normal. Pueden jugar uno al lado del otro, pero aún no existe el juego cooperativo. La pediatra Lucía Galán, lo explica así «[hasta los dos años] Necesita sus rutinas, su casa, sus horarios, sus besos y abrazos, su "minimundo". No tiene ninguna necesidad de saber que hay allí fuera. No le interesan los otros niños, ni siquiera los otros adultos que no sean sus

5. Ocamica, B.: *Mi aula de bebés. Guía práctica para padres y educadores infantiles*. Desclée De Brower, Bilbao, 2011.

familiares más cercanos. ¿Sabéis qué pasa si ponemos a un niño de 12 meses en una habitación con otros 10 niños de esa edad? Cada uno irá a su aire»[6].

La doctora en Psicología de la educación y coordinadora de Educación Infantil de la UAB, Silvia Blanch afirma que «desde el punto de vista emocional y psicológico, si solo pensamos en el niño, y no en las necesidades de las familias, donde mejor está es en casa»[7]. Igualmente, la psiquiatra Eulàlia Torras de Beà provocó mucha polémica por sus comentarios en contra de La Vanguardia donde afirmaba que «la guardería no puede criar saludablemente a un bebé». El pediatra Adolfo Gómez Papí lo resume diciendo que la mejor inversión es estar con los hijos, y lo explica de la siguiente manera: «para nuestros hijos queremos lo mejor: el mejor colegio, la mejor ropa, el mejor piso, la mejor comida... Para conseguirlo pasamos fuera mucho más tiempo del que permanecemos en casa. Pero lo que realmente necesitan los hijos es tener a sus padres cerca y poder acudir a ellos cuando los necesitan. Solo así pueden establecer una relación de apego seguro con sus padres». Por su parte, el pediatra Carlos González ha recibido todo tipo de críticas injustificadas por sus comentarios «machistas y retrógrados» al afirmar que donde mejor está un bebé es en casa con su madre.

Sin embargo, otros pediatras son más favorables con que los niños acudan a la guardería, como el doctor Josep Bras, responsable de sanidad de las guarderías de Barcelona, quien defiende el poder socializador de las guarderías y no ve problema en que los niños acudan a ellas, por encima de los 6 meses.

6. Galán, L. (2015): «¿Le apuntamos a la guardería?». Accesible desde http://www.luciamipediatra.com/le-apuntamos-la-guarderia/

7. «Niños de 0 a 3 ¿En casa o en la escuela?», en *La Vanguardia*. Accesible desde http://www.lavanguardia.com/vida/20170529/423018906283/ninos-crianza-casa-escuela.html

Sin embargo, él mismo asegura que el 80% de las guarderías que operan en Barcelona deberían cerrar porque muchas son, en sus palabras, «perreras para niños»[8].

Aunque estas afirmaciones pueden resultar polémicas, porque en ocasiones se han interpretado como un retroceso o un ataque a la emancipación de la mujer, lo cierto es que estos autores, además de recibir críticas por mantener su postura, reciben igualmente cientos de mensajes de agradecimiento y apoyo, ya que es el deseo de muchas familias el poder pasar más tiempo con sus hijos y si no lo hacen, no es porque no quieran o porque el trabajo «les libere» de estas funciones, si no porque no les queda más remedio que dejar a sus hijos en guarderías o a cargo de otro cuidador, cuando en realidad lo que quisieran es poder criarlos personalmente. La doctora Eulàlia Torres de Beà ante las acusaciones de «anti-progresismo» explica que aunque haya cambiado la tecnología y la sociedad, las necesidades y las angustias de los bebés no han cambiado, y recuerda que España es el tercer país mundial en consumo infantil de psicofármacos y que el papel de los padres en el cuidado de los hijos es insustituible[9]. Respecto a este supuesto anti-progresismo, si es dar pasos hacia delante o hacia atrás, es interesante considerar la experiencia de algunas repúblicas exsocialistas como Checoslovaquia y Hungría, en las que tras la caída del comunismo, la posibilidad de cuidar durante más tiempo de sus bebés se consideró una conquista, ya que estas mujeres durante décadas se sintieron forzadas a reinsertarse tempranamente a sus puestos de trabajo. Así, en los años 90 las organizaciones de mujeres

---

8. «Los pediatras recomiendan no llevar a los niños a la guardería hasta los dos años», en *La Vanguardia*. Accesible desde http://www.lavanguardia.com/vida/20151110/54438745495/pediatras-ninos-guarderia-dos-anos.html

9. Entrevista a Eulàlia Torras de Beà (2010). *Singulars*, TV3. http://www.ccma.cat/tv3/alacarta/singulars/eulalia-torras-de-bea/video/2790570/

checoslovacas defendían el derecho al cuidado de hijos y las licencias de tres años[10].

¿Cuál es la mejor edad para comenzar la escolarización?

Es una idea extendida que los niños necesitan ir a la guardería. Por ejemplo, según la consejera de educación de la junta de Andalucía, Adelaida de la Calle, «el mejor lugar para los niños es la escuela», «no es lo mismo que lo estimule un profesional que la abuela», «defendemos las escuelas infantiles, que no son guarderías donde dejar a los niños [...], sino como una etapa «determinante para el desarrollo intelectual y social de los más pequeños»[11], refiriéndose al tramo de edad de 0-3 años; por lo que considera un objetivo el universalizar la escolarización para esta etapa. En este razonamiento hay varias ideas implícitas, como que la madre no quiere o no puede cuidar del bebé (de hecho, la consejera habla de la abuela, ya que la madre se entiende que está trabajando), o que son mejores los cuidados profesionales a los familiares. Sin embargo, en contra de estas posturas tenemos el sentido común, que nos dice que los niños deberían permanecer el mayor tiempo posible con sus padres (o en su defecto, a cargo de algún otro familiar), así como las voces de muchos profesionales que dan motivos para intentar que esto sea así.

Respecto a lo que realmente quieren las madres, cuando se le preguntó en 2010 a mujeres europeas, tras los permisos

---

10. Merino, P. (2017): *Maternidad, igualdad y fraternidad: las madres como sujeto político en las sociedades poslaborales*. Clave Intelectual, Madrid, 2017, p. 300.

11. «Los niños de 0 a 3 años: mejor en el "cole" que en casa», en *Diario Sur*. Accesible desde http://www.diariosur.es/malaga-capital/201610/29/ninos-anos-mejor-cole-20161028225049.html

parentales un 76% de las madres prefieren cuidar a sus hijos a tiempo completo hasta los 12 meses; después, un 31% prefiere trabajar a tiempo parcial y un 57% prefiere seguir cuidando a sus hijos a tiempo completo antes de los 3 años[12]. Por su parte, los estudios sobre el empleo de licencias en España señalan una asociación directa entre el nivel educativo y el uso de excedencias, lo que viene a confirmar que quien puede permitírselo, a menudo valora el poder dedicarle ese tiempo a los hijos[13].

Los pediatras por su parte, recomiendan no llevar a los niños a la guardería antes de los dos años. Según un estudio elaborado por la Asociación Española de Pediatría de Atención Primaria, en niños que van a la guardería se dobla el riesgo de padecer problemas como neumonías, sibilancias recurrentes, otitis o viriasis, y hay un riesgo 1,5 veces mayor para bronquiolitis, bronquitis o enfermedades víricas exantemáticas. En el caso de comenzar la guardería antes de los 6 meses, el riesgo es aún mayor. Paralelamente se incrementa el consumo de antibióticos, broncodilatadores y corticoides inhalados[14]. Además, este estudio señala que el 90% de los casos de niños que van a la guardería, lo hacen porque sus padres trabajan, no por un interés específico en que el niño acuda a la guardería.

Según la psiquiatra Eulàlia Torras de Beà una edad adecuada sería a partir de los dos años y medio o tres, cuando el niño ya tiene algo desarrollado el lenguaje para entender y hacerse entender, y «la casa se le queda pequeña», busca más actividades y más relación con otros niños, y afirma que si un niño

12. Merino, P.: *Maternidad, igualdad y fraternidad: las madres como sujeto político en las sociedades poslaborales*. Clave Intelectual, Madrid, 2017, p. 182.

13. Ibíd., p. 207.

14. Según un estudio de la AEPAP, los niños que van a la guardería presentan más patologías infecciosas que el resto. Acta Sanitaria (2013). https://www.aepap.org/sites/default/files/noticia/archivos-adjuntos/actasanitaria25.07.13.pdf

vive sus primeros años en su casa, la guardería y la escuela resultarán lugares atractivos[15].

Según el informe de la OECD *Doing Better for Families*, se ha observado que el desarrollo de los niños se ve perjudicado cuando no reciben atención personal a tiempo completo durante los primeros 6-12 meses. Asistir a servicios de cuidado formal es beneficioso para su desarrollo cognitivo a partir de los 2-3 años, y los resultados son ambiguos para el periodo intermedio[16]. Además, de la edad a la que comienzan a asistir a estos centros, también es importante el número de horas que asisten a los mismos. A este respecto, se ha observado que largos periodos de tiempo en los mismos se asocia a comportamientos más conflictivos en los niños, observables hasta los 12 años[17].

A veces las familias que no escolarizan a sus hijos en el tramo 0-3 años albergan algunas dudas sobre si no estarán perdiendo unas oportunidades de aprendizaje que luego puedan repercutir en el posterior desempeño escolar. En este sentido, es interesante saber que en Europa los servicios de educación infantil son más frecuentes a partir de los 3 años y que en países como República Checa, Bélgica, Italia, Polonia, Portugal, Eslovaquia, Suiza, Irlanda, Holanda y Francia estos servicios no existen para menores de dos años[18], sino que se entiende que se trata de servicios de cuidados (guardería), no con un modelo de escolarización (escuela infantil). En el caso de Finlandia, con uno de los sistemas educativos mejor valorados del mundo, sus alumnos son de los que más tarde se escolarizan obligatoriamente, a los 7 años de edad, y además, en este país sus ciudadanos cuentan después de los permisos de paternidad

---

15. Torras de Beà, E.: *La mejor guardería, tu casa*. Plataforma, Barcelona, 2010.

16. Merino, P.: *Maternidad, igualdad y fraternidad: las madres como sujeto político en las sociedades poslaborales*. Clave Intelectual, Madrid, 2017, p. 293.

17. Ibíd., p. 295.

18. Ibíd., p. 302.

y maternidad, con unas ayudas disponibles hasta los 3 años, que tiene como condición que el menor no asista a un servicio de educación infantil público. En 2013 esta ayuda consistía en 409€ mensuales. En otros países como Suecia y Noruega existen ayudas similares[19]. En palabras de Jari Lavonen, decano de la facultad de educación de la Universidad de Helsinki: «Los niños de 4 años lo que necesitan es jugar, no ir a la escuela»[20].

¿Son todas las guarderías iguales?

Evidentemente no todas las guarderías son iguales. Si no tenemos con quien dejar al niño, una opción es buscar una buena guardería para que cuiden de él. Puede haber grandes diferencias en cuanto a instalaciones, horarios, proyecto educativo, formación o experiencia de los educadores (habitualmente educadoras), si tienen cocina propia o les sirve una empresa de catering, si es una planta baja en la ciudad o un espacio amplio con arenero y huerto al lado del campo, si son públicas o privadas, monolingües, bilingües, trilingües, y así un largo etcétera. Sin embargo, un aspecto fundamental a la hora de discriminar entre escuelas infantiles de mejor y peor calidad es el ratio de educadores por bebé/niño a su cargo. Las tasas normalmente consideradas adecuadas son de una persona por cada 3 o 4 bebés, y para niños mayores de 2 años, una por cada 5 o 6 niños[21]. Esto es algo teórico, porque luego llevado a la práctica, las ratios las marcan fundamentalmente los máxi-

19. Ibíd., p. 318.

20. «Decano de Enseñanza en Finlandia explica logros: "Niños de 4 años deben jugar, no ir a la escuela"». La Red 21 (2015). Accesible desde http://www.lr21.com.uy/mundo/1219467-jari-lavonen-ninos-deben-jugar-no-ir-a-la-escuela

21. Manifiesto «Más tiempo con los hijos» (2009): http://mastiempoconloshijos.blogspot.com.es/

mos legales. Y en España nos encontramos con que las ratios máximas permitidas están muy por encima de estos números. Las cifras varían ligeramente por comunidades autónomas, pero para las aulas de menores de 12 meses se suele aceptar un máximo de 8 bebés por cuidadora, para 1-2 años un máximo de 12 a 18, y para las clases de 2-3 años 18 a 20 niños[22]. Por poner algunos ejemplos, la ratio para menores de 7 años en Suecia es de 5,5 y en Francia, en las micro-guarderías, las cuidadoras se hacen cargo de un máximo de 4 niños.

Además del ratio de niños por cuidador, otro aspecto fundamental es el número de horas que pasan los bebés y niños alejados de sus padres. No es lo mismo que un bebé tenga que pasar 3 o 4 horas alejado de ellos, a que lo haga 8 o 10 horas. No es lo mismo si esto ocurre una vez a la semana, que si ocurre 5 o 6 días. En el contexto europeo, la asistencia de los menores de 0 a 3 años a los centros de cuidado infantil, se realiza en gran medida a media jornada, mientras que España es uno de los países en los que los horarios para esta etapa son más extensos. Según los trabajos del psicólogo Jay Belsky, experto en desarrollo infantil de la Universidad de Londres, las guarderías (y cualquier otro método de cuidado infantil no materno) pueden no ser tan buenas como pensamos. Según este investigador, ir a la guardería 10 horas a la semana al año de edad es un riesgo, ir 20 horas es seguridad de que habrá problemas, y más de 30 de que habrá problemas graves de agresividad, dificultades de aprendizaje y de conducta[23]. En este sentido, es destacable la aparición de las guarderías 24 horas,

---

22. Fuente: Ministerio de Educación y Ciencia. Accesible desde http://www.mecd.gob.es/dms/mecd/educacion-mecd/mc/redie-eurydice/sistemas-educativos/e-infantil/ratio-primer-ciclo/ratio-primer-ciclo-18012016/ratio-primer-ciclo-18012016.pdf

23. Eulàlia Torras de Beà (2011): «Vale más una guardería ordenada que una familia desordenada», en *Diario de Ibiza*. Accesible desde http://www.diariodeibiza.es/pitiuses-balears/2011/10/08/eulalia-torras-bea-vale-guarderia-ordenada-familia-desordenada/511793.html

que se presentan como «la solución para padres sin horarios», un modelo no muy extendido de momento en España, pero más extendido en Estados Unidos o América Latina. Sobre este tipo de centros, la directora de uno de ellos[24], explica que «la tendencia sobreprotectora» de los padres puede ocultar los beneficios potenciales de esta solución, y explica que «son los padres, y no los niños, los que tardan en aceptar la situación. De hecho, los pequeños llegan al centro demasiado cansados de todo el día como para pensar en ello, y lo acaban viendo como un juego más». El que nos presenten como «sobreprotección» el pretender que niños de 0-3 años duerman en casa con sus padres, y que el cansancio de todo el día les impide darse cuenta de lo que pasa, se presente como bálsamo para calmarles, debería hacernos plantear si estas soluciones son las más adecuadas para criar a nuestros hijos, o si tal vez sería más adecuado ayudar a los padres para que puedan estar más presentes en la vida de sus hijos, al menos durante los primeros años.

Así, a la hora de elegir una escuela infantil, es importante tener en cuenta todos estos factores, así como otros que pueden no resultar tan obvios en un primer momento, pero luego tener su importancia. ¿es una escuela abierta a los padres?, ¿se respetan los ritmos de los niños?, ¿se les fuerza a comer / abandonar los pañales / el chupete...?, ¿cómo es el proceso de adaptación? (si es que se contempla), ¿tienen experiencia en el manejo de la leche materna?, ¿cómo manejan la disciplina?, ¿qué tipo de metodología emplean?, ¿cuál es su visión de la infancia?, etc. Son preguntas que pueden no resultar tan obvias como los horarios, el precio, los idiomas, o la distancia con respecto a casa o al trabajo, pero que tienen importantes implicaciones.

24. «Guarderías 24 horas, la solución para padres sin horarios», en *El Mundo*. Accesible desde http://www.elmundo.es/yodona/2016/01/27/569f6186ca4741bf5d8b45c7.html

Adaptación a la guardería y ansiedad de separación

La ansiedad de separación comienza a ser evidente alrededor de los 6 meses, cuando los bebés comienzan a protestar para atraer la atención de sus padres, se muestra en su máxima expresión hasta los 15-21 meses y va declinando a partir de los dos años. Esta es una respuesta totalmente normal cuando el niño se siente vinculado a un cuidador. De hecho, si estos fenómenos de «mamitis» y «papitis» no aparecen, podría incluso significar alguna forma de patología, ya que esta ansiedad es completamente normal. La diferencia entre la ansiedad normal y la existencia de un trastorno se refiere a la edad del niño (se suele diagnosticar a partir de los seis años), la frecuencia, intensidad y duración de malestar, y en la interferencia que supone el problema en la vida de la familia[25].

Pero aquí estamos hablando de niños menores de tres años. En esta franja de edad no hablamos de un trastorno, sino de la ansiedad normal que experimenta un niño pequeño ante la separación de su figura de apego. A este respecto, sin referirnos a casos patológicos, se ha observado en bebés de entre 11 y 20 meses incrementos del 75-100% en los niveles de cortisol (hormona del estrés) durante la primera hora en la guardería en el periodo de adaptación sin la presencia de la madre, persistiendo estos incrementos durante dos semanas[26]. Si se atiende al tipo de apego mostrado por los bebés, los que mostraban un apego seguro tenían niveles de cortisol menores que los que mostraban un apego inseguro, aunque mostraban más signos de malestar y llanto al separarse de sus madres. Estas respuestas

---

25. González, R.: *Psicopatología del niño y del adolescente*. Pirámide, Madrid, 2000.

26. Ahnert, L.; Gunnar, M. R.; Lamb, M. E., y Barthel, M. (2004): «Transition to child care: Associations with infant–mother attachment, infant negative emotion, and cortisol elevations», *Child Development*, 75(3), 639-650.

pueden entenderse como la respuesta normal al estrés agudo que supone la separación de la madre y la adaptación a la nueva situación. Sin embargo, es muy llamativo que cinco meses después (cuando los signos externos de estrés no son tan evidentes), los bebés seguían manteniendo niveles de cortisol significativamente elevados. En este trabajo también se observó que el número de días que las madres acompañaban a los hijos en el proceso de adaptación se relacionaba con la calidad del apego que estos mostraban con las madres, de forma que las relaciones se mantuvieron en un apego seguro, o cambiaron de inseguro a seguro, cuando las madres pasaban más días acompañándoles durante este proceso. Además los incrementos en los niveles de cortisol durante la primera hora, se observaban cuando los niños permanecían solos en el centro, pero no cuando sus madres los acompañaban en los días de adaptación, de forma que la presencia de la madre funcionaba como «amortiguador» del estrés de los niños. Así, si decidís que vuestro hijo va a acudir a una guardería (o vais a dejarle al cuidado de una persona no familiar), es importante que os permitan pasar un tiempo con él acompañándolo en el nuevo ambiente, para ayudarle a adaptarse a este importante cambio.

¿Existen otras alternativas?

Por supuesto, la alternativa por excelencia es que la madre (o el padre) sea quien cuide al bebé en casa. A veces esto no es una opción, pero otras veces, siéndolo ni siquiera se contempla porque se llega a pensar que es beneficioso para el bebé que reciba cuidados profesionales. Pero como hemos visto, lo que realmente necesita un bebé es el cariño y el cuidado de sus padres.

Cuando la opción de que sean los padres quienes cuiden al bebé durante los primeros años se ha valorado y descartado por el motivo que sea, aún existen otras opciones a valorar además de la guardería. Las abuelas son las grandes cuidadoras en nuestro país cuando los padres no pueden hacerlo. Si las abuelas (también pueden ser los abuelos, pero esto es menos frecuente) no están disponibles, se puede plantear otros familiares. Una fórmula a plantearse también, puede ser el reconocer este trabajo de cuidados mediante un contrato por el cual, el familiar reciba un salario, así como beneficios sociales. De esta forma la solución puede ser más justa para todos. Estas fórmulas que implican a otros miembros de la familia en el cuidado de los hijos, pueden ser muy deseables para el bebé, ya que son personas cercanas que les quieren y que van a estar presentes de una forma constante en su vida, pero por otra parte, puede ser una fuente potencial de conflictos entre los miembros de la familia, ya que se da una redefinición de los roles que puede dar lugar a equívocos.

Si la opción del cuidado por parte de familiares se ha descartado, se puede plantear que sea una persona diferente la que se haga cargo del bebé durante las horas que sea necesario. Esta opción ofrece ventajas e inconvenientes respecto a la guardería. Al igual que al elegir la guardería, habrá que ser muy cuidadoso con la elección de la persona que se hará cargo del pequeño, ya que le vamos a hacer responsable de lo más importante de nuestras vidas. Con esta solución la atención es más individualizada que en una guardería, pero en ocasiones la formación del cuidador no es tan adecuada como la de las educadoras de las escuelas infantiles y la motivación puede ser menor que la de un familiar. Sin embargo, con una buena selección, puede ser una buena manera de encajar las necesidades de los diferentes miembros de la familia.

Otra opción es la de las «madres de día» que son, según la web de la Asociación de Madres de Día de la Comunidad Valenciana, educadoras especializadas en la primera infancia que ofrecen en su propio hogar (adecuadamente adaptado y equipado) un espacio hogareño y cálido donde acompañar a un grupo reducido de no más de tres o cuatro niños por educadora. Lo ventajoso de esta opción suele ser la adecuada formación de las cuidadoras junto con los bajos ratios y el ambiente familiar, por lo que en principio disponen de más margen para adaptarse a las necesidades del pequeño. Como hemos visto antes, estos son los ratios que en realidad serían los deseables también en la escuela infantil, sin embargo, dados los ratios efectivos que encontramos en las de nuestro país, en este aspecto las madres de día ofrecen una ventaja importante. Por contrapartida, al tratarse de una sola persona, esta debe realizar las funciones que en una escuela infantil pueden realizar varias personas (educadora, auxiliar, limpiadora, cocinera, administración y dirección…), en caso de enfermedad puede no haber quien la supla en su puesto, y en caso de accidente, por el mismo motivo de ser una sola persona, puede ser más difícil gestionarlo que en una guardería con un equipo de varias personas. Además, es una opción que, aunque existe en otros países, en nuestro país no está regulada (tan solo existe regulación en las comunidades de Navarra y Madrid), por lo que puede no contar con todas las garantías de una guardería convencional.

Manifiesto «Más tiempo con los hijos»

En el año 2009 un grupo de profesionales de la psicología, la psiquiatría, la enfermería, el trabajo social y de la sanidad en general firmaron el manifiesto «Más tiempo con los hijos»[27]

27. Manifiesto «Más tiempo con los hijos» (2009): http://mastiempoconloshijos.blogspot.com.es/

en el que piden medidas que apoyen verdaderamente a la conciliación de la vida familiar y laboral, ayudando a los padres que deciden cuidar personalmente de sus hijos para que puedan hacerlo, al menos durante los dos primeros años de vida de las criaturas, para aumentar la felicidad de padres e hijos, así como preservar y mejorar la salud mental de la población. Ya que estamos de acuerdo en lo expuesto en este manifiesto, reproducimos algunas de las ideas que nos resultan más interesantes:

> Hoy en día, con la legítima integración de la mujer a la formación y al trabajo remunerado, cada vez más globalizada, existe la indudable necesidad de conciliar el cuidado de los hijos con el trabajo de los padres. Eso significa atender al derecho de los hijos a unos cuidados adecuados para alcanzar un desarrollo personal y mental saludable, así como atender a los derechos de los padres a su propio desarrollo personal y profesional lo cual, entre otras cosas, debe suponer unos ingresos familiares al menos suficientes para el crecimiento y la integración social de niños y familias.
>
> Sabemos que la procreación, además de ser un deseo de los padres, es también una necesidad social. John Bowlby, un experto en estos temas, decía que «la energía que el hombre y la mujer dedican a la producción de bienes materiales aparece cuantificada en todos nuestros índices económicos. Pero la energía que el hombre y la mujer dedican a la producción, en sus propios hogares, de niños felices, sanos y seguros de sí mismos, no cuenta para nada en ninguna estadística. Hemos creado un mundo trastornado».
>
> Las políticas educativas que pretenden arreglar el fracaso escolar con más horas de institución a cualquier edad, transmiten o incluso inculcan a los padres la creencia errónea de que hay que «socializar» a los bebés a los pocos meses; que asistir

muchas horas a la escuela es mejor que los cuidados que ellos mismos pueden brindar, y que los padres deben trabajar más y esforzarse laboralmente aún más para poder pagar muchas actividades extraescolares en aras de supuestas mejorías en la formación de sus hijos.

Se invierten fondos y recursos en más plazas de guarderías (escuelas infantiles) y, después, en más plazas de aulas de refuerzo para niños con fracaso escolar; en más equipos de salud mental infanto-juvenil; en más hospitales de día; en más psicofármacos para la infancia; en más servicios hospitalarios para niños y adultos con problemas, etc. Sin embargo, se está ayudando poco a los padres, a nivel económico y laboral, a que mantengan un tiempo para estar con sus hijos, para realizar actividades con ellos, fomentando así una adecuada evolución personal y social. Es decir, su salud mental. Éstas son las verdaderas medidas preventivas. Y por eso resultan mucho más rentables económica, social, emocionalmente y en otros muchos sentidos.

Los padres y los bebés de nuestras sociedades se merecen la posibilidad de que, si las madres y padres quieren, puedan ser ellos los principales cuidadores de sus hijos, al menos durante los dos primeros años. Sobre todo, teniendo en cuenta que, con los niveles actuales de natalidad, eso solo ocurrirá una o dos veces en la vida.

Igualmente, conscientes de la necesidad que tienen los padres de las guarderías, piden que se mejore oferta y la calidad de las mismas, con personal suficiente para poder atender correctamente, lo que pasa necesariamente por descender los ratios de niños por cuidador, que los educadores sean constantes y estables, que estos recursos sean accesibles a todas las familias, gratuitos para las familias más desfavorecidas, y con horarios adaptados a sus necesidades.

Para saber más...

García, A.: *Otra educación ya es posible. Una introducción a las pedagogías alternativas.* Litera, Valencia, 2017.

Gómez Papí, A. *El poder de las caricias.* Espasa, Madrid, 2011.

Merino, P.: *Maternidad, igualdad y fraternidad: las madres como sujeto politico en las sociedades poslaborales.* Clave Intelectual, Madrid, 2017.

Entrevista a la Dra. Eulàlia Torras De Beà: http://www.ccma.cat/tv3/alacarta/singulars/eulalia-torras-de-bea/video/2790570/

CAPÍTULO 15

Los niños y las pantallas: móviles, *tablets*, TV, etc.

—Sus hijos adorarán el iPad, ¿verdad?
—Todavía no lo han usado. Limitamos la tecnología que usan los niños en casa.
Steve Jobs[1]

MIREMOS A NUESTRO alrededor: estamos rodeados de pantallas, hasta tal punto que a muchos nos costaría un buen esfuerzo adaptarnos a vivir sin algunas de estas cosas que hace pocos años ni siquiera existían: móviles, *tablets*, televisiones inteligentes, ordenadores, etc. Como ahora veremos, desde hace bastantes años, el tiempo que adultos y niños pasamos delante de estas pantallas no ha hecho más que aumentar; lo que en principio era algo puntual, asociado a ciertos momentos de trabajo u ocio, cada vez tiene un papel más central en nuestro día a día. Por ejemplo, pensemos en el uso que la mayoría le damos al teléfono móvil, al que seguimos llamando «teléfono» pese a que llamar es tan solo una de las muchas funciones que tiene: es nuestro despertador, nuestro centro de comunicaciones, la pantalla en la que vemos vídeos, leemos noticias, enviamos mensajes, consultamos la predicción del tiempo, jugamos e incluso trabajamos. Es nuestra cámara de fotos y de vídeo, así como el lugar donde luego veremos la mayoría de esos

1. «Steve Jobs Was a Low-Tech Parent», en *The New York Times*. Accesible desde https://www.nytimes.com/2014/09/11/fashion/steve-jobs-apple-was-a-low-tech-parent.html?_r=0

recuerdos que hemos capturado. Además es la pantalla que en ocasiones cedemos a los más pequeños para que utilicen aplicaciones supuestamente educativas, para que vean sus dibujos favoritos, fotografías, para que estén entretenidos mientras comen o se relajen antes de dormir. Pero, como sucede con otras cosas, el efecto que el uso de estos dispositivos tiene en el cerebro en desarrollo de un niño probablemente será muy distinto al que tendrá en el de un adulto. Porque los menores de dos años necesitan explorar el mundo con sus propios sentidos y tener una interacción directa con sus cuidadores para desarrollar adecuadamente sus capacidades de lenguaje, cognitivas, motoras, sociales y emocionales. A estas edades están experimentando un rápido desarrollo de sus habilidades y pueden aprender mucho mejor del contacto directo con sus cuidadores que a través de una pantalla[2].

Michel Desmurguet es un investigador francés del Instituto Nacional de Salud e Investigación Médica, quien ha analizado[3] ampliamente los efectos de la exposición a pantallas en niños y señala que esta creciente exposición está teniendo una influencia muy negativa en el desarrollo cognitivo de niños y adolescentes, especialmente en áreas como rendimiento académico, lenguaje, atención, sueño y conductas agresivas. Además avisa de que esta situación debe considerarse ya como un importante problema de salud pública y que los médicos de atención primaria deberían informar a padres e hijos acerca de este tema.

En uno de los libros de Desmurget, con el sugerente título *TV Lobotomie: la verdad científica sobre los efectos de la tele-*

2. Anderson D. R., y Pempek, T. A. (2005): «Television and very young children», *American Behavioral Scientific 48*(5), 505–522.

3. Harlé, B., y Desmurget, M. (2012): «Effets de l'exposition chronique aux écrans sur le développement cognitif de l'enfant Effects on children's cognitive development of chronic exposure to screens», *Archives de pédiatrie, 19,* 772-776.

visión, muestra los resultados de un llamativo estudio llevado a cabo por el pediatra Peter Winterstein sobre los niños y la televisión que ha acabado siendo muy mediático. Este pediatra alemán solicitó a casi dos mil niños de entre 5 y 6 años, todos ellos alumnos de escuelas públicas, que dibujaran una figura humana. Luego analizó esos dibujos y los comparó en función del tiempo que los niños veían habitualmente la televisión. Y los resultados son impresionantes:

En la imagen podemos ver ejemplos en los que se comparan dibujos de niños entre 5 y 6 años que ven la televisión un máximo de 60 minutos diarios (en la parte superior) frente a los de niños que ven la televisión más de tres horas (en la parte inferior). La pérdida de detalle y la pobreza en la ejecución de los niños que ven la televisión más de tres horas diarias es muy llamativa. Si tenemos en cuenta que la complejidad de los dibujos de los niños es un reflejo de la complejidad de sus pensamientos, podemos entender lo preocupante que resulta el efecto de la televisión en la mente de los niños.

¿Cuánta televisión o móvil puede ver un niño de menos de tres años?

Vamos a empezar intentando responder esta pregunta práctica que muchos padres se hacen, y luego veremos algunos de los motivos que hay detrás de esa recomendación. Desde hace tiempo, la Academia Americana de Pediatría (AAP) viene abogando a favor de limitar al máximo posible la exposición a pantallas de los niños, especialmente entre los más pequeños. Como señala la AAP[4], «la evidencia sobre los beneficios de la exposición a medios en niños menores de dos años sigue siendo limitada, es crucial la interacción del adulto con el niño durante su uso, y sigue habiendo evidencia del daño que causa un excesivo uso de los medios digitales». De acuerdo con esto, se articulan una serie de recomendaciones en función de la edad de los niños para limitar su exposición a estos medios, que se podrían resumir en lo siguiente:

Por debajo de los 18 meses, nada de pantallas

Hasta ahora la recomendación de la AAP era evitar completamente la exposición a pantallas en cualquier niño menor de dos años, pero en las últimas recomendaciones este límite ha bajado hasta los 18 meses. Este cambio no se debe a que hayan surgido nuevos hallazgos que indiquen que la exposición a medios a estas edades no sea peligrosa, ya que la evidencia sigue estando ahí, sino a motivos prácticos: las pantallas son cada vez más omnipresentes y resulta muy difícil una evitación total de las mismas, como podría hacerse hace algunos años.

La AAP establece una excepción a este límite: los chats de vídeo para comunicarse con familiares o amigos. Se ha obser-

4. Hill, D.; Ameenuddin, N.; Chassiakos, Y. L. R.; Cross, C.; Hutchinson, J.; Levine, A., y Swanson, W. S. (2016): «Media and young minds», *Pediatrics*, e20162591.

vado que esas llamadas por Skype a los abuelos o a los tíos, no tienen un efecto negativo en el niño, como sí lo tienen otros usos de estos dispositivos.

Entre los 18 y los 24 meses

A partir del año y medio no es que se abra la veda, lo más recomendable sigue siendo evitar al máximo la exposición a pantallas, pero los padres que deciden introducir estos medios digitales deberían tener presente algunas recomendaciones: es imprescindible que estén siempre presentes con sus hijos mientras hagan uso de estos medios (nunca debería estar solo el niño delante de la televisión, móvil o *tablet*), y los contenidos que elijan siempre deben ser alta calidad y diseñados específicamente para niños de estas edades. Aunque la AAP no especifica un tiempo máximo de exposición para esta franja de edad, entendemos que de darse un uso de medios digitales este debería ser ocasional y muy restringido. Recordemos que la recomendación anterior era la de evitar totalmente toda exposición a pantallas en menores de dos años.

Entre los 2 y los 5 años

A partir de los dos años el uso de pantallas debe estar limitado a un máximo de una hora diaria y siempre a contenidos de alta calidad. Se sigue recomendando acompañar a los niños mientras ven estos contenidos, ayudándoles a comprender qué están viendo y a aplicarlo al mundo que les rodea.

Recomendaciones generales para las familias

Además del cuándo y cuánto, hay otras recomendaciones de carácter más general que da la AAP a las familias en relación con cómo proteger a los niños en una sociedad en la que cada vez hay más pantallas. Algunas de estas recomendaciones, son:

- No hay que sentirse presionados para introducir de manera temprana la tecnología; los dispositivos y sus interfaces son tan intuitivos que los niños aprenderán rápidamente a desenvolverse con ellos nada más comiencen a usarlos en clase o casa. Cuanto más tarde, mejor.
- Es necesario evitar contenidos de mucha acción (con muchos cambios de plano, que hablen muy rápido, con muchos cambios de imagen, etc.), aplicaciones «educativas» con contenido distractor o cualquier tipo de contenido violento.
- Apagar cualquier televisión o dispositivo que no se esté utilizando.
- Evitar el empleo de los medios como estrategia para calmar al niño. Aunque reconocen que hay momentos puntuales como visitas al médico o viajes en avión, por ejemplo, en los que estos medios pueden resultar útiles como estrategias tranquilizadoras, advierten de que el uso con estos fines puede llevar al desarrollo de problemas relacionados con el establecimiento de límites o la incapacidad de los niños para desarrollar una correcta autorregulación emocional (no se les permite el desarrollo de estrategias propias para calmarse, ya que se les «desconecta» desde fuera con esta estimulación).
- Hay que controlar siempre el contenido al que se expone a los niños, ya sea en televisión, aplicaciones móviles, ordenador, etc. Los padres tienen que asegurarse de que el contenido es adecuado antes de presentárselo a su hijo, así como preguntarle qué piensa o qué le parece una vez lo ha probado.
- Es importante tener espacios libres de pantallas: dormitorios, momento de las comidas y tiempo de juego entre padres e hijos. Y al igual que es importante para los niños, también lo es para los padres. Incluso recomiendan que en los momentos en los que los padres quieren dedicar atención a los hijos, que pongan sus propios teléfonos en modo

avión para evitar las distracciones que, seguro, se acaban produciendo.

- Nada de pantallas en la hora previa a irse a dormir, y nunca tener estos dispositivos en la habitación en la que duermen los niños: no instalarles televisión en la habitación, y los aparatos que requieran carga, centralizados en un lugar común de la casa (salón, cocina, etc.).

¿Qué efectos tiene la exposición a pantallas en los niños?

Una vez vistas cuáles son las recomendaciones actuales, vamos a revisar algunos de los estudios que respaldan esta postura; la mayor parte de los estudios que vamos a mencionar se han realizado en niños menores de tres años, aunque otros se centran en edades algo más avanzadas. Hemos considerado importante incluir también estos últimos ya que, como se dice popularmente, «de aquellos polvos vienen estos lodos»: los problemas que se observan durante la niñez, en la adolescencia o en la edad adulta relacionados con el uso de pantallas son proporcionales al tiempo de exposición a estos medios y es algo que, lamentablemente, comienza mucho antes de las recomendaciones oficiales.

Obesidad

Son muchos los estudios que relacionan los problemas para mantener un peso adecuado con un abuso de la televisión; incluso se ha visto que el Índice de Masa Corporal (IMC) de los niños de dos años se ve incrementado por cada hora semanal de exposición a medios digitales[5] ¿Por qué los niños que ven

5. Wen, L. M.; Baur, L. A.; Rissel, C.; Xu, H., y Simpson, J. M. (2014): «Correlates of body mass index and overweight and obesity of children aged 2 years: findings from the healthy beginnings trial», *Obesity*, *22*(7), 1723-1730.

más televisión tienen mayores tasas de sobrepeso y obesidad? Se cree que el estar más expuestos a anuncios de alimentos superfluos[6], junto al hecho de ver la televisión durante las comidas[7] (por los perjuicios, por ejemplo, que genera el hecho de comer sin pensar[8]), y al tiempo que la exposición a pantallas le resta al ejercicio físico, serían algunos de los factores que explicarían esa fuerte asociación entre televisión y obesidad. Es algo que también se ha comprobado en niños algo mayores, entre uno y cinco años, especialmente en familias de bajo nivel de ingresos[9].

Cada vez son más niños, y más pequeños, los que tienen televisión propia en su dormitorio: pero esto es algo con lo que también deberíamos ser más cautos y al menos retrasarlo durante el máximo tiempo posible, ya que se ha observado que tener televisión en el dormitorio influye en que los niños (los de este estudio, algo más mayores) consuman más bebidas azucaradas y, por consiguiente, tengan más riesgo de desarrollar obesidad, sobrepeso e incluso diabetes[10].

Y si pasamos a la adolescencia, comprobamos como los efectos negativos de la exposición a pantallas siguen observándose (y acumulándose): también a estas edades ver la tele-

---

6. Ibíd.

7. Bellissimo, N.; Pencharz, P. B.; Thomas, S. G., y Anderson, G. H. (2007): «Effect of television viewing at mealtime on food intake after a glucose preload in boys», *Pediatric Research 61*(6), 745–749.

8. Basulto, J. (2013): «Cuanta más tele vemos, más engordamos», en Cadena SER. Accesible desde http://cadenaser.com/programa/2013/10/10/ser_consumidor/1381397166_004739.html

9. Dennison, B. A.; Erb, T. A., y Jenkins, P. L. (2002): «Television viewing and television in bedroom associated with overweight risk among low-income preschool children», *Pediatrics, 109*(6), 1028-1035.

10. Schwartz, M. B.; Gilstad-Hayden, K.; Henderson, K. E.; Luedicke, J.; Carroll-Scott, A.; Peters, S. M., y Ickovics, J. R. (2015): «The relationship between parental behaviors and children's sugary drink consumption is moderated by a television in the child's bedroom», Childhood Obesity, 11(5), 560-568.

visión incrementa el riesgo de padecer sobrepeso y obesidad[11], incluso en aquellos adolescentes que hacían más actividad física o no consumían alimentos obesogénicos.

Sueño

La evidencia es muy clara al respecto: el uso de *tablets* y móviles afecta negativamente en el sueño de los niños menores de tres años. Ya se habían observado hace tiempo los efectos negativos del uso de dispositivos digitales para niños más mayores[12], pero más recientemente[13] se ha publicado un estudio que analiza específicamente el modo en el que afectan estos dispositivos al sueño de los más pequeños (entre 0 y 36 meses). En este estudio se ha visto que a mayor frecuencia de uso de estos dispositivos hay una menor duración del sueño nocturno, así como un incremento de la latencia del sueño (el tiempo que le cuesta al niño dormirse cada noche). Por cada hora adicional que un niño de estas edades usa la *tablet,* se reduce en 26 minutos el tiempo total que dormirá por la noche. Además, también se ha visto que los niños expuestos a pantallas durante las últimas horas del día muestran asimismo una menor duración del sueño nocturno[14].

---

11. Ghavamzadeh, S.; Khalkhali, H. R., y Alizadeh, M. (2013): «TV viewing, independent of physical activity and obesogenic foods, increases overweight and obesity in adolescents», *Journal of Health, Population and Nutrition, 31*(3), 334.

12. Carter, B.; Rees, P.; Hale, L.; Bhattacharjee, D., y Paradkar, M. S. (2016): «Association Between Portable Screen-Based Media Device Access or Use and Sleep Outcomes: A Systematic Review and Meta-analysis», *JAMA Pediatrics,* 170(12), 1202-1208.

13. Cheung, C. H.; Bedford, R.; De Urabain, I. R. S.; Karmiloff-Smith, A., y Smith, T. J. (2017): «Daily touchscreen use in infants and toddlers is associated with reduced sleep and delayed sleep onset», *Scientific Reports,* 7.

14. Vijakkhana, N.; Wilaisakditipakorn, T.; Ruedeekhajorn, K.; Pruksananonda, C., y Chonchaiya, W. (2015): «Evening media exposure reduces night-time sleep», *Acta Paediatrica, 104*(3), 306–312.

Desarrollo del lenguaje y cognitivo

Existe una clara relación entre haber estado expuestos a la televisión desde muy pequeños (antes de los 24 meses) y los problemas en el desarrollo del lenguaje. Por ejemplo, los niños que comienzan a ver la televisión antes de cumplir el primer año durante más de 2 horas diarias tendrían 6 veces más probabilidades de desarrollar problemas del lenguaje que el resto[15].

Pero ¿hasta qué punto puede llegar esta afectación del lenguaje? Se ha visto que en niños menores de año y medio, cada hora diaria de televisión implica una disminución de 17 puntos en una escala que mide el desarrollo del lenguaje (CDI). Sin embargo, no se observa ningún efecto sobre el lenguaje (beneficioso o perjudicial) en los niños mayores de esa edad[16]. Para comprender qué significa esta diferencia de 17 puntos en la escala de desarrollo del lenguaje, tengamos en cuenta que estos puntos equivalen a entre 6 y 8 palabras de las 90 que consta el cuestionario. Por el contrario, se ha visto que los niños de estas edades cuyos padres les leen cuentos todos los días muestran un incremento de 7 puntos en esa escala del lenguaje (en comparación con aquellos a quienes no les leen), mientras que los que ven una hora de televisión diaria, como decíamos, muestran 17 puntos menos que los que no la ven. Ahí es nada.

En 2010 se llevó a cabo un estudio muy interesante[17], en el que se siguió durante varios años a más de 250 familias para analizar la influencia que tiene la exposición a medios digitales

15. Chonchaiya, W., y Pruksananonda, C. (2008): «Television viewing associates with delayed language development», *Acta Paediatrica, 97*(7), 977-982.

16. Zimmerman, F. J.; Christakis, D. A., y Meltzoff, A. N. (2007): «Associations between media viewing and language development in children under age 2 years», *The Journal of Pediatrics, 151*(4), 364-368.

17. Tomopoulos, S.; Dreyer, B. P.; Berkule, S.; Fierman, A. H.; Brockmeyer, C., y Mendelsohn, A. L. (2010): «Infant media exposure and toddler development», *Archives of Pediatrics & Adolescent Medicine, 164*(12), 1105-1111.

en la infancia y el desarrollo posterior durante la niñez. En este estudio se vio que los niños que a los 6 meses ya estaban expuestos a pantallas mostraban un menor desarrollo cognitivo a los 14 meses (¡tan solo 8 meses después!) y un menor desarrollo del lenguaje. Además, en este estudio no encontraron diferencias en función de si el contenido al que habían sido expuestos era educativo o no. En la siguiente imagen, tomada de este estudio, se puede ver de un modo muy claro este efecto: a medida que aumenta el tiempo de exposición a televisión y otras pantallas, disminuyen las puntuaciones en la escala de lenguaje (línea negra) así como en la cognitiva (línea gris).

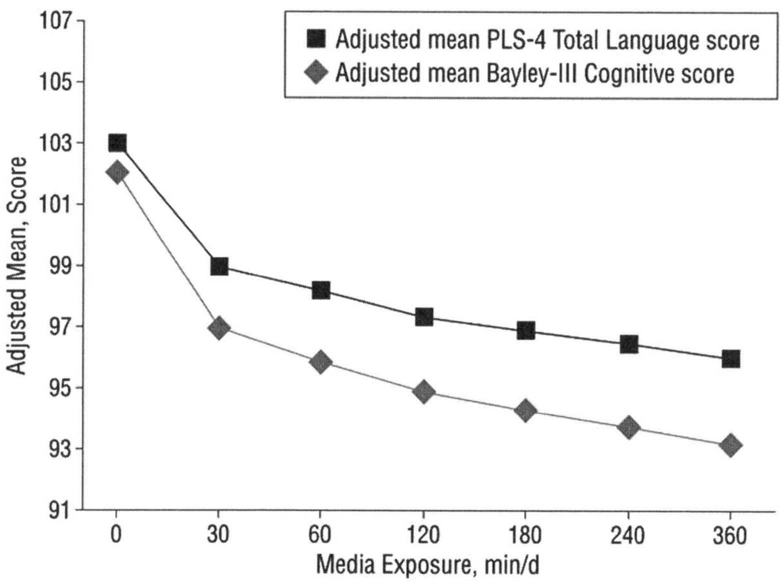

Como puede verse, la diferencia más importante es entre 0 y 30 minutos de exposición, y luego las diferencias son cada vez menores: esto es, la gran diferencia está más entre ver o no ver la televisión, más que en la cantidad en que se ve.

La importancia del contenido

A partir del momento en el que los padres deciden introducir a sus hijos este tipo de entretenimiento, además del tiempo de exposición, es muy importante tener en cuenta el contenido. Cuando estos contenidos son de calidad, y están diseñados específicamente para niños de una determinada franja de edad, se ha visto que incluso pueden darse ciertos efectos beneficiosos. No obstante, hay que tener en cuenta que estas observaciones son para niños mayores de 3 años y empleando, en muchos casos, aplicaciones diseñadas específicamente para la investigación que por lo general no están disponibles comercialmente. Además, muchas de las que sí que lo están y son etiquetadas como «educativas» no tienen ninguna evidencia que apoye su eficacia.

Algunos autores tras revisar numerosos estudios al respecto[18] concluyen que el contenido mostrado por las pantallas puede llegar a ser más importante que la exposición a pantallas en sí: cuando el contenido es adecuado a la edad del niño, los efectos negativos se ven muy disminuidos. No obstante, cautela: no existe apenas evidencia de que estos medios usados como forma de aprendizaje ofrezcan ventajas significativas en comparación con métodos más tradicionales. Es decir, si el contenido es adecuado, pueden no ser perjudiciales, pero no se ha demostrado que presenten ventajas para el aprendizaje frente a los métodos tradicionales no digitales. Los niños más pequeños se benefician más de los aprendizajes en situaciones de la vida real que de la televisión o aplicaciones educativas[19], por muy bien diseñados que estén sus contenidos, ya que esta

18. Schmidt, M. E., y Vandewater, E. A. (2008): «Media and attention, cognition, and school achievement», *The Future of Children, 18*(1), 63-85.

19. Kirkorian, H. L.; Wartella, E. A., y Anderson, D. R. (2008): «Media and young children's learning», *The Future of Children, 18*(1), 39-61.

exposición temprana a medios está asociada, como hemos visto, a un desarrollo cognitivo más pobre. Una vez superada la franja de los dos años de edad, los niños podrían beneficiarse de contenidos educativos que estén correctamente diseñados para ellos, pero la exposición a contenidos puramente de entretenimiento sigue estando asociada en estas edades a un peor desarrollo cognitivo y peores resultados académicos.

Y, para concluir con la importancia del tipo de contenido, es necesario señalar la importancia de evitar los contenidos violentos. Cuando los programas de televisión que ven los niños están orientados a su edad, esto puede tener incluso algunos efectos prosociales como un mayor altruismo, mayor cooperación e incluso mayor tolerancia hacia los demás. No obstante, si estos contenidos son de carácter violento, ya sea televisión o videojuegos, el efecto es perjudicial, pudiendo incrementar el comportamiento agresivo en los niños[20].

Hay hogares en los que la televisión está casi siempre de fondo. Muchos padres se han acostumbrado a esto, y encuentran que la televisión les «hace compañía». Dado que es una práctica relativamente frecuente ha recibido también atención por parte de los investigadores, para analizar los efectos que esto tiene en los niños.

Se entiende la televisión de fondo desde la perspectiva del bebé o niño, y es aquella cuyo contenido es poco comprensible por estos y al que, consecuentemente, le prestan poca o nula atención. Esto ocurre típicamente cuando otro miembro de la familia elige la programación o se deja el televisor encendido con el niño cerca. Y es algo muy frecuente[21]: el 23% de

---

20. Wilson, B. J. (2008): «Media and children's aggression, fear, and altruism», *The Future of Children, 18*(1), 87-118.

21. Zero to Eight: Children's Media Use in America 2013. Accesible desde https://www.commonsensemedia.org/research/zero-to-eight-childrens-media-use-in-america-2013

los padres afirma que habitualmente los niños pequeños están delante mientras ellos ven programas televisivos orientados a adultos, el 40% dice hacerlo ocasionalmente y hasta un 36% de los padres afirman tener encendida la televisión todo el tiempo, esté o no alguien viéndola.

¿Puede tener esto algún efecto en los más pequeños? Sí. ¿Aunque parezca que no la estén viendo? Sí. ¿Aunque estén jugando y no le presten atención? Sí. Por ejemplo, un estudio analizó las interacciones entre los padres y sus hijos menores de tres años[22], y se observó que esa interacción se veía claramente perjudicada cuando hay una televisión encendida junto a ellos.

También se ha estudiado cómo la conducta de juego en niños menores de tres años puede verse afectada por la presencia de la televisión de fondo. En un estudio se observó que, aunque los niños solo prestan atención un 5% del tiempo a los contenidos televisivos orientados a adultos cuando están presentes, su mera presencia es suficiente para interferir en una situación de juego libre[23], reduciendo de manera significativa la duración del episodio de juego con juguetes, e interfiriendo con la localización de la atención durante el juego.

Además, el hecho de tener la televisión de fondo también se ha visto que afecta a la cantidad y calidad del lenguaje que los padres dirigen a sus hijos, algo que está directamente relacionado con el desarrollo del lenguaje de los niños[24]. Estos efectos

---

22. Kirkorian, H. L.; Pempek, T. A.; Murphy, L. A.; Schmidt, M. E., y Anderson, D. R. (2009): «The impact of background television on parent–child interaction», *Child Development, 80*(5), 1350-1359.

23. Schmidt, M. E.; Pempek, T. A.; Kirkorian, H. L.; Lund, A. F., y Anderson, D. R. (2008): «The effects of background television on the toy play behavior of very young children», *Child Development, 79*(4), 1137-1151.

24. Pempek, T. A.; Kirkorian, H. L., y Anderson, D. R. (2014): «The effects of background television on the quantity and quality of child-directed speech by parents», *Journal of Children and Media, 8*(3), 211-222.

de «televisión de fondo» pueden hacerse extensivos a otros medios de información o entretenimiento como ordenadores, periódicos, móviles, etc., que usan los padres en presencia de sus hijos, ya que su uso les distrae de la interacción con ellos y perjudica la calidad de la misma. Y es que no es solo la exposición de los niños a pantallas y medios digitales la que es negativa para su desarrollo, sino que también lo es la exposición de sus padres delante de ellos, porque les resta la atención que podrían estar dedicándoles.

¿Y si no viéramos la televisión?

Imaginemos que decidimos seguir las indicaciones de la AAP y restringimos a nuestro hijo la exposición a pantallas totalmente durante sus dos primeros años de vida y limitamos el tiempo que posteriormente estará expuesto. ¿Qué efecto podría tener esto en su salud?, ¿merecería la pena? En 2005 se hizo un estudio[25] con cerca de 500 personas adultas en el que valoraron su bienestar en relación con la frecuencia con la que veían la televisión. En el estudio analizaron variables como los sentimientos de soledad, desesperanza, timidez, autoestima, depresión, satisfacción con el peso, atractivo físico percibido, satisfacción vital y tendencia al desarrollo de trastornos alimentarios. Y ¿cuáles fueron los resultados? Mientras que en el grupo de hombres no se encontraron diferencias significativas, vieron que sí había grandes diferencias entre las mujeres que veían más de dos horas la televisión y el resto: las mujeres que no veían la televisión o lo hacían menos de dos horas diarias

25. Hammermeister, J.; Brock, B.; Winterstein, D., y Page, R. (2005): «Life without TV? Cultivation theory and psychosocial health characteristics of television-free individuals and their television-viewing counterparts», *Health Communication*, *17*(3), 253-264.

mostraban una mejor salud en todas las variables estudiadas, no existiendo diferencias entre no ver la televisión en absoluto y verla por menos de dos horas diarias. Es muy destacable que las diferencias se encontraron en todas las variables analizadas, lo cual refuerza la idea de que una sobreexposición a medios digitales tiene un efecto negativo en la salud psicosocial en todos los tramos de edad.

Como hemos visto, son muchos los estudios que coinciden en respaldar y dar soporte empírico a las recomendaciones de la AAP, según las cuales los niños menores de año y medio (o dos años) no deberían tener ninguna exposición a pantallas y los mayores de esta edad deberían verla limitada en cantidad y calidad, acompañados siempre por un adulto que les ayude a dar sentido a lo que ven.

La mayor parte de estudios alertan sobre los efectos negativos que puede tener para la salud a diferentes niveles una sobreexposición a pantallas (televisión, móvil, *tablets,* etc.). En el mejor de los casos, y siempre que se respete la edad, el tiempo máximo de exposición, la elección de programas educativos adecuados a la edad del niño o el uso de aplicaciones educativas, parece no tener efecto negativo o incluso mostrar cierto efecto beneficioso, pero este no es superior al que se puede experimentar mediante otros materiales educativos o mediante la experimentación directa con el entorno.

En cualquier caso, lo cierto es que el exceso de exposición a pantallas ocupa un tiempo que, de otro modo, podría haber sido empleado en otras tareas más interesantes para el desarrollo de los niños, como la solución de problemas, lectura, deporte, desarrollo de aficiones o tiempo de relación con familia y amigos, actividades al aire libre o en contacto con la naturaleza, etc. Si habláramos en términos económicos diríamos que la exposición a pantallas tiene un elevado *coste de oportunidad:* mientras el niño está delante de una pantalla no está implicándose en otras actividades alternativas que sí que tienen unos beneficios claros a nivel de desarrollo cognitivo, del lenguaje, psicosocial, etc. Como dice la neurocientífica Daphne Bavelier, «todo lo que hacemos tiene un efecto en el cerebro», a lo que podríamos añadir que todo lo que dejamos de hacer, también.

La tecnología no es mala. No lo es la televisión, ni los móviles, ni los *tablets,* ni los coches. Pero es necesario tener en cuenta a quién va dirigida y regular de un modo consciente su uso. Podríamos poner el ejemplo de los coches: estos en sí mismos no son malos, pero nadie en su sano juicio permitiría a un niño conducir, por muy práctico que pueda ser, y también será siempre más recomendable ir a por el pan andando que hacerlo en coche. Esto no convierte a los coches en «malos», pero sí es verdad que un mal uso de ellos puede tener implicaciones negativas en la salud.

Los niños conocen el mundo a través de sus padres. Las pantallas les desconectan, hacen que «no exista» el niño durante un rato, y aunque esto puede ser cómodo e incluso parecer necesario para algunas familias, en realidad tiene un elevado coste que se traduce en menos oportunidades de interacción y de aprendizaje. Por ese mismo motivo debemos limitar también nuestro propio uso de estos dispositivos delante de ellos: porque del mismo modo estamos reduciendo la cantidad y calidad de nuestra interacción con ellos, además del modelo que les estamos ofreciendo, lo cual, como hemos visto, tendrá consecuencias para su desarrollo.

Para saber más...

Bilbao, Á.: *El cerebro del niño explicado a los padres.* Plataforma, Barcelona, 2015.

L'Ecuyer, C.: *Educar en la realidad.* Plataforma, Barcelona, 2015.

Plan para el consumo mediático de su familia. Accesible desde: https://www.healthychildren.org/spanish/media/Paginas/default.aspx

Black Mirror, Charlie Brooker (2011).

CAPÍTULO 16

Los niños en la sociedad de consumo

«Siempre me las apaño para que os sintáis frustrados [...]. Os drogo con novedad, y la ventaja de lo nuevo es que nunca lo es durante mucho tiempo. Siempre hay una nueva novedad para lograr que la anterior envejezca [...]. En mi profesión, nadie desea vuestra felicidad, porque la gente feliz no consume».
Octave, publicista. Personaje de la novela *13,99 euros,* de Frédéric Beigbeder

El dinero nos hace libres, forma profesionales, financia proyectos, construye sueños... te hace estar donde está el dinero, te trae a quienes hacen crecer el dinero, te ayuda a ser lo que quieras ser. Te lleva diez años atrás, te abre las puertas del mundo, te permite tener a quien mejor gestiona el dinero, te da una segunda luna de miel, o una tercera, te permite tener uno, o dos (bebés), nos hace jóvenes, guapos. El dinero no da la felicidad, pero ayuda mucho. ¿Quieres? Con nosotros puedes. Esto no lo decimos nosotros. Es la transcripción literal de un anuncio publicitario de Caja Madrid (actualmente, Bankia) dentro de su campaña «¿Quieres? Puedes», del año 2006. Justo antes de que la burbuja inmobiliaria saltara por los aires. Quizá esta exaltación del dinero pueda parecer un tanto desproporcionada, pero en realidad hace explícito lo que muchos otros anuncios dejan intuir. Este tipo de mensajes son los que están presentes en las 1.500 horas de televisión que ven de media los españoles al año; mensajes que influyen en nuestros pensamientos, sentimientos y conductas, especialmente en el caso de los niños.

Los niños y la publicidad

Se suele decir que cuando un producto es gratuito, el consumidor es realmente el producto. Muchos de los contenidos que consumimos en la televisión, Internet, radio o prensa, son gratuitos. En principio no pagamos nada por ellos. Pero todos sabemos que esto no es así. Son unos contenidos que se nos ofrecen a cambio de estar expuestos a la publicidad. Los que no saben esto son los niños y, de hecho, muchos de los contenidos audiovisuales orientados a la infancia pueden considerarse en sí mismos anuncios destinados a la compra del *merchandising* asociado al mismo. Prácticamente cualquier categoría de objetos destinados a los niños (material escolar, camisetas, ropa interior, pelotas, toallas, relojes, zapatos, etc. y, por supuesto, comida) tiene entre sus opciones la personalización con la serie o personaje de moda.

Esto es especialmente grave ya que, aunque los datos varían entre diferentes estudios, está claro que al menos hasta los 3 años los niños no distinguen realmente un anuncio del resto del contenido que ven por televisión[1] y a los 6 años de edad solo identifican una cuarta parte de los anuncios de una web[2]. Al menos hasta los 8 años los niños piensan que los anuncios que ven son esfuerzos bienintencionados, orientados a ayudar a los espectadores, y no será hasta llegar a los 11 o 12 años cuando la mayoría de los niños comiencen a ser conscientes del verdadero carácter persuasivo de los anuncios a los que ya llevan años expuestos[3].

1. Levin, S. R.; Petros, T. V., y Petrella, F. W. (1982): «Preschoolers' awareness of television advertising», *Child Development,* 933-937.

2. Ali, M.; Blades, M.; Oates, C., y Blumberg, F. (2009): «Young children's ability to recognize advertisements in web page designs», *British Journal of Developmental Psychology, 27*(1), 71-83.

3. Carter, O. B.; Patterson, L. J.; Donovan, R. J.; Ewing, M. T., y Roberts, C. M. (2011): «Children's understanding of the selling versus persuasive intent of junk food advertising: Implications for regulation», *Social Science & Medicine,* 72(6), 962-968.

Esto, como hemos visto, tiene un importante impacto en la alimentación de los niños, ya que casi uno de cada cuatro anuncios que se emiten en España pertenecen a la industria alimentaria, y el porcentaje de anuncios de productos malsanos (ricos en grasas saturadas, grasas trans, o con elevados contenidos de azúcar o sal) es mayor durante el horario infantil, durante los fines de semana, o en canales especialmente orientados a niños y adolescentes[4]. De este modo no extraña la relación que veíamos en el capítulo anterior entre más horas de visionado de televisión y mayores índices de obesidad en niños.

Pero más allá de la relación entre anuncios y nutrición, hay que tener en cuenta que desde hace tiempo los niños son el blanco de los intereses de grandes corporaciones, dejaron de ser tan solo consumidores en potencia para convertirse en pequeños consumidores, que trasladan a los padres sus deseos y preferencias; unos deseos que han estado forjados según los intereses comerciales de las empresas anunciantes. Si antes los anuncios se dirigían a los padres, que eran quienes debían decidir o no la compra, rápido la industria de la publicidad se dio cuenta de que era mucho más efectivo dirigirse directamente a los niños, quienes tienen mucho menos espíritu crítico, pero mucho más poder de persuasión sobre los padres. Así, los niños son ahora el producto, lo cual es otro motivo para limitar su exposición a estos medios el mayor tiempo posible. Pero incluso en aquellos casos en los que los padres no puedan (o no quieran) mantener a sus hijos aislados de esta influencia, todavía podemos tomar algunas medidas para reducir ese impacto. La idea principal sería evitar la exposición incontrolada a la televisión convencional, en la que nosotros no controlamos

4. Royo-Bordonada, M. Á.; León-Flández, K.; Damián, J.; Bosqued-Estefanía, M. J.; Moya-Geromini, M. Á., y López-Jurado, L. (2016): «The extent and nature of food advertising to children on Spanish television in 2012 using an international food-based coding system and the UK nutrient profiling model», *Public Health, 137,* 88-94.

qué se emite o con qué frecuencia. Un «mal menor» sería ser nosotros quienes establezcamos qué, cuándo y durante cuánto tiempo ven los pequeños la televisión. En vez de encenderla y «ver lo que echan» (anuncios incluidos) es mejor lanzar nosotros directamente los contenidos mediante aplicaciones o plataformas (las hay gratuitas y de pago). De este modo, además de evitar la exposición a anuncios, también minimizamos el «enganche» que favorece la programación televisiva, ya que unos programas se enlazan con otros de forma que sea difícil alejarse de la pantalla.

¿Materialistas e interesados?

Cuando nacen nuestros hijos solo quieren y necesitan una única cosa: a nosotros. Especialmente a su madre, y poco después a su padre y otras personas significativas, pero en resumen lo que necesitan es disponibilidad, cariño, tiempo y dedicación. Conforme pasa el tiempo, la cantidad de cosas que creen necesitar y quieren puede llegar a ser mucho mayor, e incluso el apego que sienten hacia nosotros es cada vez menor, lo que llegará a su cota mínima durante la adolescencia. ¿Cómo se produce ese cambio?, ¿qué sucede para que crezca de ese modo su necesidad materialista? Un factor lo acabamos de ver: la creciente exposición a mensajes publicitarios dirigidos específicamente a ellos, hace que cada vez más pronto y con mayor intensidad generen necesidades consumistas. Pero además, muchas veces la influencia no viene de fuera, sino que somos precisamente nosotros quienes de manera progresiva los empujamos a ir sustituyendo esas necesidades tan puras y simples con las que nacen por otras mucho más materialistas. Sin pretenderlo, y sin ser conscientes de esto, los convertimos en personas materialistas e interesadas.

Lo hemos comentado otras veces: no es fácil criar a los hijos hoy en día; los padres tenemos que enfrentarnos muchos desafíos para salir adelante con nuestros hijos. Y una de las cosas que más nos falta es precisamente lo que más necesitan los niños: tiempo. Por eso llega un momento en el que nos piden brazos y les pedimos que se conformen con otras cosas: les llenamos el carro y la cuna de sonajeros, móviles, doudous, cualquier cosa para que se distraigan ellos solos cuando lo que pedían era nuestra presencia. Más tarde crecen y nos piden jugar, o nos piden un cuento, pero estamos tan ocupados que preferimos ponerles la televisión o darles la *tablet* con una «app educativa». Con estas acciones lo que estamos haciendo es distraerles de lo que verdaderamente quieren y necesitan, y acabamos haciéndoles querer cosas que en realidad no les hacen ninguna falta. Ellos no querían esas cosas, nos querían a nosotros, pero poco a poco van haciendo esa sustitución. ¿Cuántas veces solo querían nuestro tiempo o atención y les hemos dado otra cosa para distraerlos? Esto tampoco es nuestra culpa, o al menos no totalmente, ya que no podemos obviar el contexto en el que vivimos y la sociedad que nos ha educado. A nosotros nos han hecho así, y nosotros les hacemos del mismo modo, casi sin pensarlo. Además, nuestro entorno actúa en la misma dirección.

También les hacemos materialistas e interesados cuando les enseñamos a cambiar afecto por objetos: «dame un besito y te doy esto», «mira cuanto te quiere la tía que te ha comprado este osito». ¿Qué mensaje implícito le estamos trasladando con esto? El afecto es algo que se gana, no se compra. Y se gana con tiempo y dedicación. Si pretendemos que la relación con nuestros hijos (o de estos con sus abuelos, tíos o familiares) se base en un intercambio de afecto por cosas, en verdad el afecto nunca estará presente: solo habrá interés por conseguir esas cosas. Y cuando estas desaparezcan, el afecto (que nunca estuvo) también lo hará.

Si queremos que nuestros hijos sean más afectuosos, comunicativos, que compartan tiempo con nosotros, que no sean tan materialistas, quizá deberíamos invertir menos esfuerzos durante sus primeros meses y años de vida en hacerles así. Porque todo lo que vivimos en esos primeros meses y años crea una huella, un aprendizaje que, aunque no lo procesemos de modo consciente, acaba teniendo su impacto en la edad adulta. En la medida de nuestras posibilidades es mejor darles más tiempo y menos cosas, estar disponibles, jugar con ellos...

¿Dónde pueden jugar los niños?

Pero claro, queremos evitarles esa sobreexposición a los medios, alejarlos (al menos, durante el tiempo que sea posible) del contexto de consumo y generación de necesidades en el que vivimos, queremos que tengan contacto con el «mundo real», con el campo, la naturaleza, los animales... Pero el entorno en el que viven gran parte de los niños no lo facilita. Es una queja frecuente, tanto entre padres como profesionales, el exceso de tiempo que pasan los niños de hoy en día frente a una pantalla, pero ¿qué alternativas reales tienen?

El entorno en el que crecen los niños de hoy en día está caracterizado por una planificación urbanística que les ha dejado de lado, estando más centrada en los coches que en la libertad de movimientos y posibilidades de juego de los más pequeños. Así lo expresa el coordinador de Salud Pública y Medioambiente de la OMS: «(se necesita) espacio para la gente, no para los coches. Toda la planificación urbana del mundo es para los coches. La gente no importa. Fue un modelo que se creó a partir de la idea de que el coche era la solución. No se preveía que iba a generar tantos problemas»[5].

Los que crecimos hace algunos años en entornos rurales recordamos la experiencia de jugar en la calle, pasear tranquilamente en bicicleta o estar jugando en la puerta de casa mientras los mayores «tomaban la fresca», en una época en la que los parques infantiles, cuando existían, tenían poco que ver con los actuales. Por no hablar de los parques de bolas. Y, además, a mayor tamaño de la población, peor; se ha visto que los niños que crecen en un entorno rural tienden a ser más activos que los que crecen en una ciudad, pese a que a mayor tamaño de la población, habitualmente suele haber más recursos e instalaciones[6]. Los niños de los pueblos no suelen necesitar tanto estas instalaciones porque pueden disfrutar más del pueblo en su totalidad. El pueblo es suyo, la ciudad (generalmente) es de los coches.

El parque infantil, entendiendo este como un espacio aislado dentro del entorno urbano, idealmente no debería existir. Es un mal necesario derivado de una planificación urbana (y un estilo de vida) que ha dejado de lado las necesidades de los niños. Estos deberían poder participar de los espacios públicos más allá de unas pocas áreas acotadas (de un modo demasiado similar al *pipicán* de los perros) en las que, en ocasiones hacinados, comparten un rato de juego después del colegio. Estos espacios son aburridos hasta el infinito; se eligen o componen por catálogo según unos módulos prediseñados, se contratan y se instalan, ¡listo! Sin duda, algo muy cómodo para los consis-

---

5. «Toda la planificación urbana del mundo es para los coches; la gente no importa», en *El País*. Accesible desde http://elpais.com/elpais/2017/06/28/ciencia/1498671610_603384.html

6. Torres-Luque, G.; Molero, D.; Lara-Sánchez, A.; Latorre-Román, P.; Cachón-Zagalaz, J., y Zagalaz-Sánchez, M. L. (2014): «Influencia del entorno donde se habita (rural vs urbano) sobre la condición física de estudiantes de educación primaria», *Apunts Medicina de l'Esport, 49*(184), 105-111.

torios, ya que con poco esfuerzo resuelven un espacio público que, en muchos casos por ley, deben destinar a ese fin. ¿Cuál es una consecuencia de esta «producción en masa» de parques infantiles? Que muchos son prácticamente iguales, no siendo extraño encontrar parques idénticos dentro de una misma ciudad o en varios pueblos distintos. Tobogán, balancín, columpio. Tobogán, balancín, columpio. Son espacios tan estructurados y con una función tan limitada para sus elementos que dejan poco espacio para la imaginación o la creatividad.

Además, los hemos hecho tan seguros, tan seguros, que al final se aburren allí hasta los niños, por lo que pequeños y mayores tienen que buscar alternativas para el poco tiempo libre con el que todavía cuentan. Pero como el espacio público no es una opción (¿quién en su sano juicio dejaría jugar libremente a su hijo junto a la avenida de una gran ciudad?), al final hay que hacerlo a cubierto. Para muchos nuestra propia casa no es la mejor opción, ya que los niños necesitan moverse y tampoco queremos que pasen la tarde «enganchados» a la televisión y sus anuncios o con videojuegos. Así que de forma casi inevitable emergen las actividades extraescolares como una solución a un problema doble: por un lado, a la necesidad de tener a los niños atendidos mientras aún perdura la jornada laboral de los padres y, por otro lado, dando respuesta a esa ausencia de alternativas libres y no estructuradas. Tenemos poco tiempo para estar con nuestros hijos, y el poco que tenemos no sabemos muy bien qué hacer con ellos, entre otras cosas, porque parece que nos da miedo que «pierdan el tiempo» o se aburran.

Así, poco a poco, el tiempo de los niños cada vez está más estructurado. Desde que se levantan hasta que se acuestan tienen actividades programadas, adultos controlando, y poco tiempo y espacio para sentirse y moverse libremente. Con este contexto, no es extraño que cerca del 7% de los niños sean considerados hiperactivos en nuestro país[7].

Déficit de naturaleza

Limitar así la actividad de los niños puede tener consecuencias negativas para su desarrollo o, al menos, para el bienestar de la familia, ya que a veces se nos olvida que lo normal (o más frecuente) en niños es ser activos, moverse, explorar, arriesgarse. Es verdad que hay niños más y menos activos, pero la mayoría de los niños comparten esa inquietud por la exploración y el movimiento, que les lleva a comportarse de un modo, en ocasiones, distinto a lo que los adultos esperamos o nos gustaría ver. Si no les proporcionamos el entorno necesario para poder dar rienda suelta a esas necesidades, vamos a encontrarnos con demasiada frecuencia que el niño molesta, que no se sabe estar quieto, que tiene que tocarlo todo, que no se puede ir con él a ningún sitio, etc. ¿Y cuál es ese entorno ideal en el que poder desfogarse? Muchos pensamos que ese entorno no son los parques infantiles, los centros comerciales, las avenidas de las grandes ciudades o los parques de bolas. El entorno ideal para los niños (y también para los mayores) es la naturaleza.

¿Y por qué la naturaleza? La cuestión no es que *si es natural es mejor*, sino que la naturaleza proporciona a los pequeños cosas que es difícil que logren de otro modo. Por un lado, la naturaleza impone un ritmo muy diferente al que estamos exponiendo a los niños en el día a día, un ritmo alejado de la sobreestimulación de las pantallas, dispositivos electrónicos,

7. Catalá-López, F.; Peiró, S.; Ridao, M.; Sanfélix-Gimeno, G.; Gènova-Maleras, R., y Catalá, M. A. (2012): «Prevalence of attention deficit hyperactivity disorder among children and adolescents in Spain: a systematic review and meta-analysis of epidemiological studies», *BMC Psychiatry, 12*(1), 168.

o las prisas a las que estamos acostumbrados. La naturaleza sigue su propio ritmo, un ritmo más parecido al que necesitan los niños. Por otro lado, la naturaleza implica un entorno en el que los límites se expanden y aparece la libertad. En la naturaleza un niño que se mueve no es un niño molesto, es tan solo un niño que se mueve.

Además, en un entorno natural no hay carteles de «no molestar», «silencio», «no tocar», o como el que da la bienvenida a muchos parques infantiles, «prohibido jugar a la pelota o ir en bicicleta», ni tampoco muchos de los riesgos que en entornos urbanos existen. En la naturaleza todo se puede tocar; y si no deberías haberlo tocado, lo sabrás de inmediato en forma de pequeño corte, irritación, pinchazo u otro tipo de dolor. Puedes correr, saltar, trepar, lanzar piedras, coger hojas, jugar con la arena o mojarte (en unas épocas del año mejor que en otras, aunque todas tienen algo que ofrecer a los niños). Es un entorno perfectamente adaptado a la infancia, en el que es muy difícil que un niño «se porte mal».

Y, no menos importante, la naturaleza es el lugar perfecto para arriesgarse y poner a prueba los propios límites, algo que les ayuda a confiar cada vez más en sus propias capacidades. Con cada acierto y cada error se produce un aprendizaje que en el entorno de los parques con suelos acolchados y tan limitadas posibilidades parece más complicado.

En este contexto, desde hace algunos años, se viene hablando del «Trastorno por déficit de naturaleza»[8], para subrayar el precio que están pagando los niños al estar cada vez más privados de contacto directo con la naturaleza y de la experiencia de juego libre en el exterior. Cada vez más niños están sustituyendo la experiencia directa con la naturaleza por una

8. Este concepto fue acuñado por Richard Louv en su libro *Last Child in the Woods* (2008), pero no constituye un diagnóstico oficial como los recogidos en DSM5 o la CIE-10.

experiencia indirecta, mediada a través de pantallas y dispositivos electrónicos, perdiendo de manera progresiva la capacidad de experimentar de primera mano el mundo real[9]. Vemos cómo, de manera paralela a este alejamiento de la naturaleza, se van incrementando las tasas de obesidad infantil, trastorno por déficit de atención, problemas de habilidades sociales o, incluso, trastornos mentales en niños como ansiedad y depresión. Por su lado, la investigación sobre los efectos de una mayor exposición a la naturaleza es creciente, habiéndose encontrado que una mayor cercanía a entornos naturales mejora las habilidades cognitivas de los niños, especialmente en relación con las funciones ejecutivas[10], mejora la capacidad de focalización de la atención, aumenta la creatividad, autodisciplina y autorregulación, así como ayuda a reducir el estrés en niños[11]. Incluso hay estudios que encuentran que reduce los síntomas asociados al TDAH[12].

Pero ¿y si se hace daño? Cada vez más expertos defienden el reconocimiento de los «rasguños, arañazos, heridas e incluso fracturas óseas» como una parte normal de la infancia. De hecho, se ha visto que esos equipamientos de juego que ofrecen pocos retos son los que más accidentes provocan, ya que estas instalaciones tan aburridas llevan a los niños a inventar fines extraños para los que no estaban diseñadas. Por ejemplo, se ha observado que el número de fracturas óseas registradas en los parques infantiles después de instalar un pavimento

9. Driessnack, M. (2009): «Children and Nature Deficit Disorder», *Journal for Specialists in Pediatric Nursing, 14*(1), 73-75.

10. Wells, N. M. (2000): «At home with nature: Effects of "greenness" on children's cognitive functioning», *Environment and Behavior, 32*(6), 775-795.

11. Burdette, H. L., y Whitaker, R. C. (2005): «Resurrecting free play in young children: looking beyond fitness and fatness to attention, affiliation, and affect», *Archives of pediatrics & adolescent medicine, 159*(1), 46-50.

12. Kuo, F. E., y Faber Taylor, A. (2004): «A potential natural treatment for attention-deficit/hyperactivity disorder: evidence from a national study», *American Journal of Public Health, 94*(9), 1580-1586.

amortiguador (como el que hoy en día está en la mayor parte de parques infantiles de nuestro país) no disminuye. ¿Por qué? Porque «los niños creen que el suelo blando resulta más seguro de lo que en realidad es» con lo que quizá arriesgan más de lo que harían si el firme fuera de asfalto o grava[13].

«Vale, de acuerdo, la naturaleza puede ser un entorno ideal para los niños, pero vivimos en el centro de una gran ciudad y bajar al parque de debajo de casa ya nos supone un esfuerzo». Hoy en día cada vez más gente vive en entornos urbanos en los que la montaña, bosque, playa, campos o huerta quedan a más distancia de la deseable, y eso es parte del problema. De hecho, un famoso estudio publicado en Science encontró que los niños eran más capaces de identificar a Pikachu, Metapod o Wigglytuff (personajes del universo Pokémon) que elementos comunes de la flora o fauna de su entorno más próximo[14]. No creemos que la solución pase por un éxodo urbano, en el que abandonemos las ciudades para volver a vivir en núcleos cada vez más pequeños (aunque es una tendencia en alza, todo sea dicho). Pero deberíamos tener en cuenta esta necesidad de naturaleza al planificar nuestras actividades diarias y de tiempo libre, y aprovechar cada oportunidad que tengamos para poder participar de un entorno que a todos nos puede beneficiar. ¿Por qué comer en un centro comercial si podemos hacer un picnic en la montaña?, ¿por qué ir al parque de bolas si podemos acercarnos a la playa?, ¿por qué ir a la piscina, cuando podemos bañarnos en el río? Cada fin de semana, cada periodo de vacaciones, cada día festivo o, incluso dependiendo de dónde vivamos, cada tarde, puede ser una oportunidad para recuperar ese contacto perdido con la naturaleza.

---

13. Ahne, V. (2013): «Derecho al rasguño», *Mente y Cerebro*, *59*, 10-15.

14. Balmford, A.; Clegg, L.; Coulson, T., y Taylor, J. (2002): «Why conservationists should heed Pokémon», *Science, 295*(5564), 2.367-2.367.

Luces y sombras

Retrocedamos en el tiempo, hasta el año 380 a. C. Bajo la luz de la luna pasea Glaucón junto a su maestro Platón quien se dispone a darle una nueva lección. En ella, le habla de unos hombres que viven presos en una caverna desde su nacimiento, encadenados de forma que solo pueden mirar hacia la pared que tienen enfrente de ellos. En esa pared se proyectan las sombras de todo lo que ocurre a sus espaldas, pero como ellos no han conocido nada más que las sombras, piensan que eso es la realidad. Un día, uno de esos prisioneros logra liberarse de sus cadenas, escapa y sufre un *shock* al descubrir la realidad: se da cuenta de que aquello que toda su vida ha dado por real no son más que sombras proyectadas sobre la pared. Rápidamente cuando vuelve a la caverna para contárselo a sus compañeros, todos se ríen de él y, en secreto, conspiran para matarlo cuando este intentaba liberarlos de sus cadenas. Creían que se había vuelto loco. «¿Cómo todo esto no va a ser real?».

Un par de miles de años después, en los años 70, George Gerbner, un profesor de la Universidad de Pensilvania, piensa si tal vez nosotros mismos seguimos siendo como esos prisioneros, sentados durante horas delante de nuestras pantallas, tomando por verdad lo que allí se nos muestra. Esta idea le llevaría a desarrollar lo que después se conoció como Teoría del Cultivo, que propone que cuanto más tiempo pasa la gente viviendo en el mundo de la televisión, más fácil será que crean que la realidad se parece a lo que ven en sus pantallas. Según Gerbner, la televisión es el medio que más imágenes y mensajes ha transmitido en toda la historia de la humanidad (ahora podríamos incluir también el Internet) cultivando desde la infancia nuestras predisposiciones y preferencias: así parte de lo que los niños piensan y sienten está determinado por lo que han visto en una pantalla. Pero hay que tener en cuenta que estos contenidos han sido decididos por otras personas, con unos objetivos e intereses probablemente muy distintos a los que nosotros como padres tenemos a la hora de educar a nuestros hijos.

Todos los padres queremos que en el futuro nuestros hijos sean adultos independientes, que tengan espíritu crítico, y dispongan de recursos para generar su propia visión del mundo. Pero para que puedan lograr esto, es importante ayudarles a experimentar el mundo más en primera persona, y menos a través de las sombras que se proyectan en nuestros televisores o tabletas.

Como hemos visto en el capítulo anterior, hay una edad para todo, y no será la misma influencia la que tendrá la exposición a medios en niños de pocos años que en otros más mayores. No podemos negar que estamos inmersos en la sociedad de la información. Quien más y quien menos lleva siempre encima su teléfono móvil, su *tablet,* quizá un *smartwatch,* etc. Muchos seríamos incapaces de trabajar sin muchas de estas herramientas, al igual que a muchos nos resultaría muy difícil llegar todos los días puntuales al trabajo sin disponer de un vehículo para desplazarnos. Pero de reconocer esta utilidad (o necesidad) a exponer excesiva y tempranamente a los niños a estos medios, hay mucha distancia: como hemos dicho nunca se nos ocurriría dejarles las llaves del coche, por muy práctico que consideremos que sea para desplazarse de un sitio a otro. Así, es necesario reflexionar acerca de la relación que los niños mantienen con la tecnología y los medios.

Si queremos dejar a los niños vivir su infancia tranquilos, deberíamos protegerlos del constante bombardeo al que están expuestos: televisión, anuncios, juguetes interactivos, necesidades materialistas, maratonianas jornadas llenas de clases, extraescolares y deberes, etc. Es obvio que no podemos escapar del contexto en el que vivimos, pero al menos deberíamos tratar de no contribuir a ese bombardeo, no echarle más leña al fuego. Es importante limitar y controlar el acceso que, especialmente los más pequeños, tienen a estos medios digitales, facilitar que entren en contacto con el mundo que les rodea, y que empleen su tiempo en aquellas actividades que tienen un verdadero impacto positivo en su salud física y emocional. Un progresivo acercamiento a la naturaleza, donde todo lleva otro ritmo y los niños pueden ser, simplemente, niños, puede ser una gran bocanada de aire fresco para toda la familia. Un entorno en el que no existe el portarse bien o mal, sino simplemente disfrutar de los que serán vuestros mejores años.

Para saber más...

Freire, H.: *Educar en verde: Ideas para acercar a niños y niñas a la naturaleza, vol. 21*. Grao, Barcelona, 2011.

Honoré, C.: *Elogio de la lentitud*. RBA, Madrid, 2007.

L'Ecuyer, C.: *Educar en la realidad*. Plataforma, Barcelona, 2015.

—, *Educar en el asombro*. Plataforma, Barcelona, 2013.

Comprar, tirar, comprar, Cosima Dannoritzer (2010). Accesible desde http://www.rtve.es/alacarta/videos/el-documental/documental-comprar-tirar-comprar/1382261/

Imagine Elephants: Una experiencia sobre el juego espontáneo, Elena Cruces y Julián Maguna (2015). Accesible desde http://imaginelephants.com/es/

Agradecimientos

En primer lugar nos gustaría agradecer a Íñigo y a la editorial Kailas su confianza en nosotros ya desde antes de haber leído el manuscrito. Para nosotros ha sido una alegría, una sorpresa, una oportunidad, un reto y una responsabilidad. Muchas gracias, de verdad.

Queremos agradecer especialmente a nuestro querido Julio Basulto. Por confiar en nosotros y por habernos animado, apoyado y ayudado con entusiasmo en este proyecto. Siempre disponible para ayudar en lo que hiciera falta, siempre positivo, siempre constructivo, siempre con alegría y energía.

Queremos agradecer el tiempo, el interés, los comentarios y aportaciones realizadas al manuscrito a Irene y Manu (¡son pocas las páginas en las que no han encontrado algo!), Esther y Andrés, Esthertrek, Alberto y Clotilde. Y a Eva y Jordi, por sus siestas sincronizadas que han permitido a Manu e Irene leerse el libro.

También queremos agradecer a todos los pacientes de los que aprendemos día a día, a las personas que nos escriben sugiriendo temas para nuestros vídeos (píldoras de psicología), a los que los ven y los comparten en las redes sociales, a los que nos mandan mensajes de ánimos y agradecimientos. Sin ellos no existirían los vídeos ni tampoco este libro. Aunque no disponemos del tiempo para contestar a todos los correos que recibimos, los leemos y los agradecemos todos.

A todos los profesores que nos han acompañado durante toda nuestra formación. Especialmente a nuestros profesores de Licenciatura y postgrados. Ellos han contribuido a nuestra visión del mundo y de los niños, por lo que les estamos especialmente agradecidos.

A los autores que han aportado ideas para este libro. Algunos ya clásicos como María Montessori, Emmy Pickler, Albert Bandura, John Bowly o Rebeca Wild, o a otros más actuales como Carlos González, Rosa Jové, Julio Basulto, Patricia Merino, María Berrozpe, Beatrijs Smulders, Álvaro Bilbao, Adolfo Gómez Papí, José María Paricio, Daniel Siegel y Tina Bryson o James McKenna. Ellos lo han dicho todo antes y mejor que nosotros.

A las asociaciones de apoyo a la lactancia y la crianza. Especialmente a algunas de las que tenemos más cerca como Amamanta, Sina, Mammalia, Volem Creixer, Criando ando, Foro enlaces o Ameiba, pero son muchas más. Gracias por existir y por hacerles más fácil esta importante etapa a muchas familias, por organizar actividades y eventos para las mamás, para los bebés y para toda la familia. Gracias a algunas de estas asociaciones por invitar a Alberto a dar alguna charla. Merece una mención especial la asociación APILAM que gestiona la web e-lactancia, tan importante para las mujeres que amamantan. Igualmente agradecer la importante labor de la asociación El Parto es Nuestro que trabaja para mejorar las condiciones de atención a madres e hijos durante el embarazo, parto y posparto.

Y por supuesto agradecer a nuestra familia y amigos, gracias a los cuales estamos hoy aquí y somos como somos, pero especialmente a Koke y Sía, nuestros verdaderos maestros de vida.